Ute Spieker / Libanesische Kleinstädte

ERLANGER GEOGRAPHISCHE ARBEITEN

Herausgegeben vom
Vorstand der Fränkischen Geographischen Gesellschaft

Sonderband 3

Ute Spieker

Libanesische Kleinstädte

Zentralörtliche Einrichtungen und ihre Inanspruchnahme
in einem orientalischen Agrarraum

Mit 12 Karten und 16 Bildern

Erlangen 1975

Selbstverlag der Fränkischen Geographischen Gesellschaft
in Kommission bei Palm & Enke

— D 38 —

ISBN 3 920405 35 8

Der Inhalt dieses Sonderbandes ist nicht in den
„Mitteilungen der Fränkischen Geographischen Gesellschaft" erschienen.

Vorwort

Die vorliegende Arbeit wurde auf Anregung und unter Anleitung von Herrn Professor Dr. W. Hütteroth angefertigt. Sie stellt das Ergebnis eines insgesamt siebenmonatigen Aufenthaltes im Libanon in den Jahren 1971 bis 1973 dar.

Herrn Professor Hütteroth danke ich für viele gewinnbringende Diskussionen und einen gemeinsamen Arbeitsaufenthalt im Untersuchungsgebiet, die den Abschluß der vorliegenden Dissertation wesentlich gefördert haben. Ferner gebührt mein Dank Herrn Dr. Kluczka, Bundesforschungsanstalt für Landeskunde und Raumordnung in Bonn-Bad Godesberg, der mich bei der Einarbeitung in das Problem der zentralen Orte durch Literaturhinweise und Ratschläge unterstützte. Ebenso sei Herrn Dr. Richter, Geographisches Institut der Universität Köln, gedankt, der mich besonders im Anfangsstadium der Arbeit beriet.

An dieser Stelle soll auch all denen Dank ausgesprochen werden, die mir im Libanon bei der Feldarbeit, der Beschaffung von Karten, Ortsplänen, Luftbildern und statistischen Unterlagen halfen. Stellvertretend seien genannt die Herren Henry Lahoud, Regierungspräsident in der Provinz Südlibanon (Saida), Omar Addada, Leiter der Abteilung für Regionalplanung im Planungsministerium (Beirut), Mohammed Ali Itana, stellvertretender Direktor des Ministeriums für öffentliche Bauten (Beirut), M. Namar, Direktor der Städtebaudirektion (Beirut), Ibrahim Khalaf und Jean Feghali, Angestellte des Amtes für geographische Karten und Luftbilder (Beirut) sowie Dr. Charles Issa, Beamter im Landwirtschaftsministerium (Zahlé), Hamze Hajj, Angestellter der Provinzregierung des Südlibanon (Saida) und Joseph Choib, Gymnasiallehrer (Zahlé).

Besondere Erwähnung soll die auch über orientalische Sitte hinausgehende Gastfreundschaft und Hilfsbereitschaft von Herrn

Dr. Issa finden, der mich nicht nur auf vielen Fahrten, vor allem in der Bekaa, begleitete und mir dort aufgrund seiner genauen Kenntnis der Region und ihrer Bewohner bedeutende Unterstützung zukommen ließ, sondern auch Kontakte mit Behörden herstellte, Übersetzungen aus dem Arabischen anfertigte und nach meiner Rückkehr nach Deutschland weiteres noch benötigtes Material besorgte und mir zusandte. Ebenso sei Herrn Dr. Wild, dem damaligen Leiter des Orient-Institutes der Deutschen Morgenländischen Gesellschaft in Beirut, gedankt für die Gastfreundschaft, die mir dieses Institut bei jedem meiner Aufenthalte im Libanon gewährte.

Herrn J. Kubelke bin ich zu Dank verbunden für die sorgfältige kartographische Ausführung der thematischen Karten.

Schließlich danke ich der Fränkischen Geographischen Gesellschaft für die Aufnahme dieser Arbeit in die Erlanger Geographischen Arbeiten und Herr F. Linnenberg für die schriftleiterische Betreuung.

Ute Spieker

INHALTSÜBERSICHT

Vorwort V
Inhaltsübersicht VII
Verzeichnis der Abbildungen IX

I. Problemstellung und Aufgabe 1

II. Zur Methodik und zum Kenntnisstand der Zentralitätsforschung 2
   A. Zur Zentralitätsforschung in westlichen Ländern . 2
   B. Übertragungsversuche auf Entwicklungsländer . . . 7

III. Abgrenzung des Arbeitsgebietes und der Arbeitsmethode 11
   A. Wahl des Arbeitsraumes im Libanon 11
   B. Wahl der untersuchten Orte 14
   C. Arbeitsmethode 14

IV. Strukturdaten des Landes in ihrer Bedeutung für das Entstehen zentralörtlicher Systeme mit besonderer Berücksichtigung der Bekaa und des Südlibanon . . . 17
   A. Räumliche Verteilung der Bevölkerung und Wanderungsbewegungen 17
   B. Saisonale Wanderungsbewegungen der libanesischen Bevölkerung und Fremdenverkehr 23
   C. Soziologische Bevölkerungsstrukturen in ihrer Bedeutung für die Zentralität 25
   D. Der wirtschaftliche Entwicklungsstand des Libanon in seiner Bedeutung für die Zentralität 30
      1. Anteil der Arbeitsbevölkerung an der Gesamtbevölkerung 30
      2. Sektorielle Aufgliederung der Arbeitskräfte . 32
      3. Landwirtschaft 33
      4. Gewerbliche und industrielle Struktur des Landes 42
      5. Handel und private Dienstleistungen 46
   E. Einrichtungen des Schulwesens 50
   F. Einrichtungen des Gesundheitswesens 53

G. Administrative Raumeinheiten und ihre Einrichtungen 54
H. Erreichbarkeit der zentralen Orte 59

V. Das zentralörtliche Angebot und seine Inanspruchnahme im Untersuchungsgebiet 62

A. Das zentralörtliche Angebot und seine Inanspruchnahme in der Bekaa 63
   1. Zahlé 63
   2. Chtaura 81
   3. Rayak 85
   4. Joub Jannine 88
   5. Wochenmarkt von El Marj 93
   6. Qabb Elias 95
   7. Machgara 99
   8. Rachaya und der Feldmarkt von Dahr el Ahmar 103
   9. Baalbek 108
   10. Hermel 117

B. Das zentralörtliche Angebot und seine Inanspruchnahme im Südlibanon 125
   1. Saida 125
   2. Jezzine 142
   3. Nabatiyet et Tahta 147
   4. Sour 155
   5. Bent Jbail 166
   6. Marjayoun und Khiam 172
   7. Hasbaya und der Feldmarkt Souk el Khan 178

C. Zusammenfassung zu V. A. und V. B. und Hierarchie der zentralen Orte in der Bekaa 183
   1. Verwaltung 183
   2. Handel und private Dienstleistungen . 186
   3. Einrichtungen des Gesundheitswesens . 192
   4. Staatliche Oberschulen 195

VI. Abgrenzung der in dieser Untersuchung verwandten Arbeitsmethode gegenüber anderen Methoden der Zentralitätsforschung 197

VII. Die Service-Taxi-Dichte, -Fahrtrichtung und Fahrpreisdistanz als Methode zur Zentralitätsbestimmung 199

VIII. Ergebnisse der Gesamtuntersuchung 203

Anhang 215

Literatur 221

VERZEICHNIS DER ABBILDUNGEN

1. Bevölkerung des Libanon 1968
2. Bevölkerung des Libanon nach Altersgruppen von unter 10 und über 60 Jahren
3. Handels- und Dienstleistungskartierung von Zahlé
4. Handels- und Dienstleistungskartierung von Baalbek
5. Handels- und Dienstleistungskartierung von Nabatiyet et Tahta
6. Handels- und Dienstleistungskartierung von Sour (Altstadt)
7. Handels- und Dienstleistungskartierung von Hasbaya
8. Handel und private Dienstleistungen
   Zentrale Orte und ihre Einzugsbereiche
9. Einrichtungen des Gesundheitswesens
   Standorte und ihre Einzugsbereiche
10. Staatliche Oberschulen
    Standorte und ihre Einzugsbereiche
11. Heutige und ehemalige Verwaltungsgrenzen in der Bekaa und im Südlibanon
12. Service-Taxi-Dichte, Fahrtziele und Fahrpreisentfernungen
13. Zahlé
    Luftbild, Stadtentwicklung und Lage der Geschäftsstraßen
14. Baalbek
    Luftbild und Lage der Geschäftsstraßen
15. Hermel
    Luftbild und Lage der Geschäftsstraßen
16. Saida
    Luftbild, Religionsstruktur und Bevölkerungsdichte in der Altstadt, Stadtentwicklung und Lage der Geschäftsstraßen
17. Nabatiyet et Tahta
    Luftbild und Lage der Geschäftsstraßen
18. Sour
    Luftbild und Lage der Geschäftsstraßen

Die Abbildungen 3 bis 12 befinden sich als Kartenbeilagen in der Rückentasche.

I. PROBLEMSTELLUNG UND AUFGABE

Die vorliegende Arbeit hat sich zur Aufgabe gesetzt, libanesische Mittel- und Kleinstädte unter dem Aspekt ihrer zentralörtlichen Funktionen und Einzugsbereiche zu untersuchen.

Das Problem zentraler Orte hat bereits in der wissenschaftlichen Literatur, besonders des deutschsprachigen Bereiches, eine eingehende Erörterung erfahren. Die bisherigen Untersuchungen beschränken sich jedoch vor allem auf westliche, industriell entwickelte Räume. Nur wenige Versuche wurden gemacht, diese Fragestellung auf unterentwickelte Gebiete zu übertragen. Besonders der orientalische Raum hat unter diesem Aspekt noch kaum Beachtung gefunden. Sinn dieser Arbeit ist es daher, zentralörtlichen Problemen in einem orientalischen Land nachzugehen. Als Beispiel wurde der Libanon gewählt. Die sehr starke zentrale Vorrangstellung der Landeshauptstadt, ein Phänomen, das für viele Entwicklungsländer typisch ist, hat die Frage nach dem Ausmaß der Umlandbedeutung mittlerer und kleiner zentraler Orte in den Mittelpunkt treten lassen.

Im Mittelpunkt dieser Arbeit steht also die Erfassung der zentralörtlichen Systeme mittlerer und unterer Stufe in Beispielsregionen des Libanon und, darauf basierend, die Herausarbeitung der für diesen Raum zentralitätsrelevanten Faktoren und ihres Funktionierens. Es gilt, folgende Fragen zu klären:

1. Welche Funktionen der kleinen Orte wirken erkennbar zentrierend?
2. Wie lassen sich Einzugsbereiche (zentralörtliche Funktionsbereiche) abgrenzen und gegebenenfalls in der Intensität ihrer Durchdringung unterscheiden?
3. Lassen sich verschiedene Stufen der Zentralität in den untersuchten Räumen feststellen?
4. Welche Kriterien gibt es zur Abgrenzung der verschiedenen Zentralitätsstufen gegeneinander?

Als letztes sollen die in dieser Studie angewandten Arbeitsverfahren gegen andere in der Zentralitätsforschung bekannte Forschungstechniken abgewogen bzw. jene auf ihre Verwendbarkeit in einem orientalischen Land untersucht werden. Zur Erleichterung eines solchen Vergleiches soll im folgenden zunächst ein Überblick über die für diesen Zweck methodisch wichtigste Zentralitätsliteratur für den europäischen und nordamerikanischen Raum bzw., soweit vorhanden, aus dem Bereich der sogenannten Entwicklungsländer gegeben werden, wobei als Gliederungskriterium die jeweils gewählte Methode zur Erfassung der Zentralität dienen soll.

II. ZUR METHODIK UND ZUM KENNTNISSTAND DER ZENTRALITÄTSFORSCHUNG

II. A. Zur Zentralitätsforschung in westlichen Ländern [1)]

Nachdem BOBECK (1927) in seinem Aufsatz "Grundlagen der Stadtgeographie" bereits auf die vielseitigen Beziehungen zwischen Stadt und Umland hingewiesen hatte, leistete CHRISTALLERS Arbeit (1933) einen ersten grundlegenden Beitrag in der Erfassung des Stadt-Umlandproblems. Zum ersten Mal wurde dabei der Versuch gemacht, die Bedeutung eines Ortes für sein Umland durch ein repräsentatives Kriterium zu erfassen, hier die Anzahl der Telefonanschlüsse in Relation zur jeweiligen Einwohnerzahl der zentralen Orte bzw. des Umlandes. Später wandten auch andere deutsche Geographen diese Methode an, z.B. P. SPITTA (1949), E. NEEF (1950) und H. BECKER (1957).

Christallers Gedanken wurden ebenfalls im Ausland aufgegriffen. H. E. BRACEY (1952) versuchte z.B. den Einzugsbereich zentraler Orte durch die Reichweite der Methodist Church zu bestimmen. Die Verkehrsverbindungen wurden von J. E. BRUSH (1953) als Kriterium herangezogen.

Diese Arbeitsmethode bringt jedoch die Schwierigkeit mit sich,

---

1) Die im folgenden aufgeführten Methoden folgen einer Systematik, die G. KLUCZKA 1967 für einen Überblick über die deutsche Zentralitätsliteratur aufstellte.

ein für die Zentralität wirklich repräsentatives Kriterium zu finden, eines, das nicht von Zufälligkeiten abhängt. NEEF (1950), der den Einzelhandel als Kriterium für die Umlandbedeutung eines Ortes gewählt hat, kommt schließlich zu der Ansicht, daß sich die landschaftliche Stellung und das besondere Wesen eines Zentrums sowie seine besonderen Aufgaben als Funktionszentrum nicht durch ein repräsentatives Element erfassen lassen.

Dies führte dazu, daß anstelle einer Funktion ein ganzer Katalog von repräsentativen Einrichtungen aufgestellt wird, um die zentrale Bedeutung eines Ortes zu erfassen. Diese Methode, auf die bereits CHRISTALLER als weitere Möglichkeit 1933 hinwies - 1950 stellte er selbst einen Katalog auf -, wird in der deutschen Literatur besonders von SCHÖLLER (1953) vertreten, der folgenden Katalog von zentralitätsrelevanten Faktoren aufstellt:

1. Verwaltungsstelle, Ämter, Wirtschaftsverbände
2. Krankenhäuser, Zahl der Krankenbetten
3. Ärzte
4. Zahnärzte und Dentisten
5. Apotheken
6. Höhere, Mittel- und Fachschulen
7. Theater und Lichtspielhäuser
8. Rechtsanwälte und Notare
9. Steuerberater und Helfer in Steuersachen
10. Autoreparaturwerkstätten
11. Hotels und Gasthöfe
12. Banken und Sparkassen

Auch im Ausland findet die "Katalogmethode" in vielen Arbeiten Verwendung. In der englischsprachigen Literatur basiert z.B. R. E. DICKINSONS Studie (1932) darauf. Auch A. E. SMAILES (1944) und P. R. ODELL (1944) greifen darauf zurück. O. TUOMINEN (1949) benutzt diesen Weg ebenfalls in seiner bekannten Untersuchung über Turku als einen Ansatzpunkt zur Zentralitätsbestimmung. Sein Katalog umfaßt die verschiedenen Einrichtungen auf dem Einzelhandelssektor, die sanitären und die kulturellen Einrichtungen bzw. die Vermarktungsartikel der Umlandsproduktion. In Finnland stellt SIGVARD LINDSTAHL (1962) einen Katalog von 22 Kriterien auf, die in folgende Bereiche zusammengeschlossen sind: 1. Zahlen zur Bevölkerung, 2. Industriebetriebe, 3. Institutionen wirtschaftlicher Aktivität, 4. Institutionen sozialer Aktivität und andere Institutionen.

Die einfache Katalogmethode, die bei einer regionalen Betrachtung mehrerer zentraler Orte die Gesamtzahl der zentralen Einrichtungen in den einzelnen Orten miteinander vergleicht, wird von verschiedener Seite zu verbessern gesucht. R. KLÖPPER (1952 a, b) z.B. untersucht eine Siedlung auf die dort mögliche Vergesellschaftung von zentralen Einrichtungen, von der Voraussetzung ausgehend, daß der Grad der Vergesellschaftung zentraler Einrichtungen auch die Zentralität des Ortes entscheidend beeinflußt. Er stellt folgende Gruppierung zentraler Funktionen auf (1952 a) :

1. Stufe: Ärzte, Tierärzte, Zahnärzte, Sparkassen
2. Stufe: Rechtsanwälte, Buchhandlungen, Zeitungsverlage, Amtsgerichte
3. Stufe: Krankenhäuser, Weinhandlungen, Mittelschule, Landratsämter
4. Stufe: Architekten, höhere Schulen

(Die jeweils niedrigeren Stufen befinden sich mit in den höheren.)

Etwas anders verfährt A. SCHÜTTLER (1952), der die zentralen Funktionen in 8 Klassen teilt, die er außerdem mit Wertzahlen von 1 bis 100 belegt. Nach der Summe der Wertzahlen für die zentralen Orte stellt SCHÜTTLER dann eine zentralörtliche Hierarchie auf.

W. K. D. DAVIES (1965, S. 223) erarbeitet einen Zentralitätsindex $C = \frac{t \times 100}{T}$ [1], den er auf die im Katalog enthaltenen Funktionen anwendet. Die Summe der Zentralitätsindizes erlaubt dann ebenfalls eine Klassifizierung der Zentren. Einen komplizierteren Zentralitätsindex, der bereits auf statistisches Material über den Untersuchungsraum zurückgreift, entwickelt SVEN GODLUN (1956). In Anlehnung an CHRISTALLER und WILLIAM-OLSSON kommt er schließlich zu folgendem Zentralitätsindex

$$C = B_t \times m_t - P_t \times Kr \quad [2]$$

[1] C = Centrality for any particular type of good t
T = total number of autlets of good t

[2] C = Zentralitätsindex, B_t = Zahl der Einzelhandelsgeschäfte im Ort, m_t = Umsatz der Geschäfte, P_t = Bevölkerungszahl des zentralen Ortes, Kr = Konstante, die sich aus der Gesamtzahl des Einzelhandels im Umland, ihres Umsatzes und der Umlandbevölkerungszahl ableitet.

Eine andere Methode der Verarbeitung von Katalogangaben versucht H. LEHMANN (1952), indem er die zentralen Orte und ihren Zentralitätsgrad kartographisch erfaßt. 28 ausgewählte zentrale Einrichtungen werden durch Darstellung in Sektoren in einem dreifachen Ringsystem (drei Intensitätsstufen) sichtbar gemacht. Diese Arbeitsweise hat unter Geographen recht großen Anklang gefunden.

Andere Zentralitätsforschungen, wie die G. ALEXANDERSSONS (1956), J. MORISSETTS (1958) oder die der Holländer KLAASEN, TORMAN, KOVEK (1949), ziehen statistische Angaben heran und arbeiten besonders mit Zahlen zur aktiven Bevölkerung, indem sie die Arbeitsbevölkerung eines Ortes in ihrer Verteilung auf den Industrie- und Dienstleistungssektor sehen. E. L. ULLMANN und M. F. DACEY (1962) entwickeln aus diesem Ansatz die zentrale Bedeutung eines Ortes durch Errechnung der prozentualen Differenz des städtischen aktiven Bevölkerungsteiles in Industrie und Dienstleistung zu der Gesamtzahl der aktiven Bevölkerung. Diese Differenz entspricht der Zahl der Auswärtigen und soll die Umlandbedeutung eines Ortes widerspiegeln.

Auch in Deutschland wird mit Statistiken zur aktiven Bevölkerung gearbeitet. Bereits 1937 wertet O. SCHLIER die Volks-, Berufs- und Betriebszählung von 1933 aus und ermittelt zentrale Orte durch das Vorhandensein einer "zentralen Schicht", die sich aus den Beamten und Angestellten der Wirtschaftsabteilung Industrie und Handwerk, den Angestellten im Großhandel, Verlags- und Versicherungswesen, den im Verkehrsbereich Beschäftigten (ohne die Gruppe der Arbeiter) und allen in der Wirtschaftsabteilung öffentlicher Dienst und private Dienstleistung hauptberuflich Tätigen zusammensetzt. Ähnliche Versuche unternehmen H. ARNOLD (1951) und O. BOUSTEDT (1952).

Mit statistischen Werten anderer Art arbeitet REINER AJO (1944). In seinen Untersuchungen über das Verkehrsgebiet von Turku zieht er als Kriterium für die Zentralität das Verkehrsaufkommen zu dem Zentrum, den durchschnittlichen Verdienst der Bevölkerung und die Bevölkerungsdichte im Umland heran, mit denen er die einzelnen Einzugsbereiche zentraler Orte gegeneinander abgrenzt. Einen ganz anderen Weg schlägt P. SPITTA (1949) ein. Sie versucht, die Zentralität durch eine landeskundlich synthetische Betrachtung meist genetischer Art zu erfassen, d. h. sie geht von der "komplexen kulturgeographischen Wirklichkeit" (G. KLUCZKA 1967, S. 301) des Raumes aus und leitet daraus für die Zentralität relevante Faktoren ab. MÜLLER-WILLE (1952) arbeitet in gleicher Weise.

Neben den bisher beschriebenen Methoden hat sich eine andere Arbeitsweise entwickelt, die versucht, zentrale Orte und ihre Einzugsbereiche durch empirische Untersuchung des Umlandes, ausgehend von der landeskundlichen Wirklichkeit, festzustellen. Diese Möglichkeit, auf die bereits CHRISTALLER (1933, S. 147) hinwies, wird in Deutschland vor allem erst 1957 in den Gutachten über "Rheinland-Pfalz in seiner Gliederung nach zentralörtlichen Bereichen" (MEYNEN, KÖRBER, KLÖPPER) angewandt.

In der Folgezeit hat besonders G. KLUCZKA (1967, 1970, 1971) die Umlandbefragung in die Zentralitätsuntersuchungen eingeführt, die auf einem inzwischen detaillierten Befragungsbogen beruht, der an Schlüsselpersonen im Umland geschickt wird. Diese Methode wurde zu einer heute allgemein anerkannten Arbeitsmethode zur Erfassung zentraler Orte und ihrer Einzugsbereiche. Im Ausland hat diese Umlandmethode schon lange, bevor sie sich in Deutschland durchsetzen konnte, Anwendung gefunden. Von H. E. BRACEY (1952, 1953) wird sie auf England übertragen, nachdem bereits LOOMIS und BEAGLE (1950) nach dieser Methode in den USA gearbeitet hatten. In Nordeuropa findet diese Untersuchungsmethode besonderen Anklang. TUOMINEN benutzt in seiner Studie über Turku (s. o.) bereits 1949 Umlandfragebogen. SVEN DAHL (1955) baut seine "Karte zur Geographie des Schwedischen Innenhandels" darauf auf. Auch IGOR SVENTO (1968) benutzt den Fragebogen, um den Handel mit ländlichen Erzeugnissen und anderen Konsumgütern bzw. Dienstleistungen festzustellen. Ebenfalls sei hier RUNE BENGTSSON (1962) genannt.

Die Umlandmethode hat dann einen Wandel des Arbeitszieles in der Zentralitätsforschung gebracht. Stand in der ersten Forschungsperiode besonders ein einzelner Ort und dessen Umland

im Mittelpunkt der Untersuchungen und ging es primär um die
Erarbeitung von Methoden zur Erfassung zentralörtlicher Funktionen, selbst wenn großräumige Gebiete untersucht wurden, beschäftigt sich die heutige Zentralitätsforschung mit regionalen und überregionalen Räumen zur lückenlosen Erfassung des
Systems zentraler Orte, die hierarchisch gegliedert werden in
"Kleinzentren, Mittelzentren und höhere Zentren", mit den entsprechenden Einzugsbereichen (KLUCZKA 1967, S. 303).

Auch eine neue, vor allem von amerikanischer Seite vertretene
Forschungsrichtung betrachtet das Zentralitätsproblem in erster
Linie nach der Art der räumlichen Verbreitung zentraler Orte.
Ziel ist, mathematische Modelle zu entwickeln, die den Verbreitungsarten zentraler Orte möglichst gerecht werden. Einblick in
diese Arbeitsweise geben z.B. B. J. L. BERRY (1967), G. OLSSON
(1970) oder J. G. LAMBOOY (1972). Auf ihre Arbeitsweise soll
hier nicht weiter eingegangen werden, da sie für die spezielle
Fragestellung des Zentralitätsproblems in Entwicklungsländern
nur wenig Ansatzpunkte bietet.

II. B. Übertragungsversuche auf Entwicklungsländer

Mit diesem ausschließlich in den Ländern der westlichen Welt
entwickelten Arsenal von Fragestellungen und Arbeitstechniken
steht die Geographie vor der Aufgabe, die Übertragbarkeit auf
Entwicklungsländer zu untersuchen oder gegebenenfalls neue,
auf derartige Kulturräume zugeschnittene Techniken zu entwickeln.

Bisher gibt es nur wenige Arbeitsansätze dieser Art. Der geringe Kenntnisstand zur Landeskunde in Entwicklungsgebieten hat
dazu geführt, daß die Erarbeitung dieser Wissenslücken noch im
Vordergrund steht, während Spezialfragen, wie die des Systems
der zentralen Orte und ihrer Umlandbeziehungen, bisher oft aus
Mangel an Material kaum Beachtung fanden. So behandeln einige
Arbeiten in einer thematisch auf die allgemeine Landeskunde
oder einige ihrer Aspekte ausgerichteten Untersuchung randlich
manchmal das Problem der Zentralität mit, dies meist jedoch
ohne vorausgehende rein auf diesen Fragenkomplex zugeschnittene

Studien (Vgl. z.B. ROTHER 1971; CAROL 1952; KOPP 1972).

In der neueren Zeit befaßt sich zwar die Entwicklungspolitik stärker mit der Frage der zentralen Orte, dies geschieht jedoch nur aus der Sicht der Regionalplanung, d.h. das Umland wird analysiert, um eine möglichst den Erfordernissen entsprechende Zentrumslage neu zu wählen. Es erfolgt meist jedoch keine Untersuchung der bisher bestehenden Zentren. Arbeiten solcher Art sind unter anderem von D. B. W. M. van DUSSELDORP (1971) oder auch von E. PRESTON ANDRADE und SUNIL GUHA (1972) geliefert worden.

Die wenigen geographischen Zentralitätsstudien mit diesem Thema als Kernproblem (ABIODUN 1967, 1968; Meyfield 1962, 1963; SCOTT 1964) verwenden meist die Katalogmethode als Arbeitsweise, wobei der Katalog überwiegend aus den Funktionen des Handelssektors und den öffentlichen und privaten Dienstleistungen besteht, d. h. aus Funktionen, die sich in der Physiognomie des Ortes widerspiegeln oder durch Beobachtung und Befragung weniger Personen feststellbar sind. Dies erklärt sich aus den bekannten schwierigen Feldarbeitsmöglichkeiten. K. VORLAUFER (1968) stellt z. B. einen umfassenden und besonders auf Entwicklungsländer zugeschnittenen Katalog auf, der folgende Einrichtungen enthält:

Gemischtwarenläden - große Lebensmittelläden - Fleischläden - Eßhäuser - Restaurants, Bars - große Textilläden - Hausrat - Wäschereien - Schneiderbetriebe - Schusterbetriebe - Tischlerbetriebe - Autoreparaturbetriebe - Ersatzteile, Metallverarbeitung - Tankstellen - Friseure - Radio, Feinmechanik - Chemische Reinigung, Annahme - Fotogeschäft - Apotheke - Genossenschaftsbüro, Parteibüro - Architektenbüro - Arztpraxen - Post - Banken - Holz und Holzkohle mit Märkten - Obst, Gemüse, Fisch an Marktständen.

Ein auf die besonderen Verhältnisse eines Entwicklungslandes zugeschnittener Katalog wird ebenfalls von M. D. AL-SAMMANI (1971) aufgestellt, der auch das Umland mit einbezieht. Er muß hier allerdings mit statistischen Werten arbeiten, deren Exaktheitsgrad unter Umständen sehr gering ist:

  I. Zahl der umliegenden Dörfer - Bevölkerungsanzahl im Umland - Bevölkerungszahl des zentralen Ortes

 II. Wasserquellenzahl, Vielfalt der landwirtschaftlichen Produktion - Vermarktung

III. Menge der über den Großhandel vermarkteten Anbauprodukte - Anbaumenge

IV. Vorhandensein eines Landmarktes - Vorhandensein eines Tiermarktes - Anzahl von Markttagen in der Woche - Zahl der den Markt besuchenden Lastwagen; - Anzahl der Mehlmühlen - Anzahl der Bäcker; - Anzahl der Dienste städtischer Natur

V. Landwirtschaftsbüro - landwirtschaftliche Außenstelle

VI. Veterinärdienst (Dispensary) - Dressing Station

VII. Kooperativen

VIII. Grundschule für Jungen, Grundschule für Mädchen - entsprechende Mittelschulen

IX. Krankenhaus, Gesundheitsamt - Krankenversorgungsstation - Dressing Station

Die Verfasser der Zentralitätsstudien bemühen sich z. T. auch in den Arbeiten über Entwicklungsländer, von der einfachen Aufzählung zentraler Funktionen und ihres summarischen Vergleiches abzugehen. So bemüht sich MEYFIELD (s. o.), den Katalog zu verbessern, indem er eine Gruppierung der Einrichtungen des Handels- und Dienstleistungssektors in 22 immer in Verbindung miteinander auftretenden Aktivitäten aufteilt. VORLAUFER dagegen führt einen Zentralitätsindex in Anlehnung an DAVIES (s. o.) ein: $Z = \frac{V}{VE}$,
wobei V der Gesamtzahl der Nebenversorgungszentren von Groß-Kampala entspricht, VE der Zahl der Zentren, die Standort einer speziellen Einrichtung seines Kataloges sind. In seinem Vortrag über zentrale Orte in Tanzania (1972) entwickelt er den Zentralitätsindex weiter fort: Grundlage seiner Untersuchung sind die zentralen Einrichtungen wirtschaftlicher Art. Nachdem er zunächst möglichst alle in Tanzania angebotenen Güter in die 22 von ihm aufgestellten Konsumgütergruppen eingeteilt und die Läden nach ihrer verschiedenen Ausstattung in eine untere, mittlere und obere Güteklasse von Wareneinheiten aufgegliedert hat, wird die Zentralität eines Ortes anhand dieser drei Güteklassen bestimmt. Die Berechnung der Zentralität (Z-Index) erfolgt, indem der Wert 100 durch die Summe aller im Untersuchungsraum auftretenden Wareneinheiten dividiert wird. Die Bedeutung eines Ortes setzt sich dann aus der Summe der unteren, mittleren und oberen Zentralitätsindizes zusammen.

GUNNAR KADE (1969) endlich versucht, die zentrale Bedeutung eines Ortes durch zusätzliche Befragung von Betriebsinhabern und von Angestellten der Sozial- und Verwaltungseinrichtungen auf die Herkunft ihrer Kunden, Patienten usw. zu erfassen.

Häufig beschränkt sich in Entwicklungsgebieten die Zentralitätsforschung auf eine landeskundliche, meist unter historischem Aspekt stehende Betrachtung. Ziel ist, bestehende zentralörtliche Systeme aus der Landeskenntnis und der historischen Entwicklung zu erklären. Dazu gehören z. B. MAZNETTERS Arbeit über Portugiesisch Guinea und Südwest Angola (1966) oder MILTON SANTOS' Untersuchungen über Brasilien (1965). Auch R. KAR (1962) arbeitet in Lower West Bengal (Indien) in landeskundlich historischer Sicht.

Auf statistischem Material basierende Untersuchungen gibt es im Entwicklungsraum kaum, da es an fundierten wissenschaftlich brauchbaren Unterlagen fehlt. Eine gewisse Ausnahme stellt hier nur BERRYS Studie (1969) über Chile dar, die mit Landesstatistiken zur Bevölkerung und Wirtschaft versucht, ein zentralörtliches System zu erstellen. Auch GORMSENS Arbeit über Mexiko (1966) ist hier zu nennen, in der eine Hierarchisierung der Zentren nach CHRISTALLERS Telefonmethode vorgenommen wird.

Die Umlandbefragung wird in Entwicklungsländern meines Wissens noch nicht angewandt. Dies erklärt sich aus den mit dieser Arbeitsweise verbundenen Schwierigkeiten: Fragebogenversand ist nur selten möglich, die Umlandmethode erfordert vielmehr eine persönliche Befragung in dem zu untersuchenden Raum, die oft auf Unverständnis und daraus resultierenden Unwillen bei der einheimischen Bevölkerung stößt[1]. Es zeigt sich, daß unter den bisherigen Untersuchungen der schwarzafrikanische Raum am stärksten bearbeitet wurde. Der Orient, und besonders der Vordere Orient, entzieht sich weit mehr unserer Kenntnis. Grundsätzliche Unterschiede zwischen dem schwarzafrikanischen Entwicklungsraum und dem Orient, vor allem in der Geschichte, aber auch in der Wirtschafts- und Sozialstruktur, lassen nicht zu, die für Afrika erstellten Ergebnisse ohne weiteres auf orien-

---

1) Vgl. dazu: E. GORMSEN (1971).

talische Gebiete zu übertragen.

III. ABGRENZUNG DES ARBEITSGEBIETES UND DER ARBEITSMETHODE

III. A. Wahl des Arbeitsraumes im Libanon

Dem in Beirut ankommenden Reisenden erscheint dieses Land zunächst keineswegs als "Entwicklungsland". Die modernen Geschäftsstraßen und Hotels des neuen Beirut erwecken den Eindruck einer der westlichen Welt sehr nahestehenden Lebensform und Wirtschaftskraft. Die erst 1920 zum historischen Libanon hinzugefügten, vorwiegend nicht-christlichen Landesteile dagegen wirken - so wird man schon bei einer Fahrt nach Baalbek oder Tyr[1] feststellen - weit rückständiger. Von den Hausformen über die agrarischen Betriebsformen bis hin zu den Vermarktungsformen in lokalen Bazaren sind die Analogien und formalen Ähnlichkeiten mit Syrien oder Jordanien[2] ausgeprägter als gegenüber Beirut und dem umgebenden Bergland. Daher lassen diese Teile des Libanon eine zentralörtliche Untersuchung als Beispiel für den orientalischen Raum durchaus noch zu.

Beirut bringt eine interessante Komponente in die Untersuchung mit ein. Dem Innovationszentrum Beirut, das als Hafen- und Flugplatzstadt bzw. als Banken- und Handelsschwerpunkt des östlichen Mittelmeeres in engem Kontakt mit der westlichen Welt steht, kommt ständig zunehmende Bedeutung für das ganze Land zu, als Arbeitsplatz, Vermarktungsort der Landesproduktion und als Verteiler der für das Land bestimmten Konsumgüter. Durch die Verbesserung der Verkehrsbeziehungen zur Metropole deutet sich ein Wandel im System der zentralen Orte an, der sich auch

---

1) Mit Ausnahme von Beirut ist die Schreibweise aller topographischen Bezeichnungen an die der amtlichen libanesischen "Carte administrative du Liban au 200 000e", herausgegeben 1965 von der "Direction des Affaires Géographiques (Armée Libanaise)" angepaßt worden.

2) Verf. hatte 1971 und 1973 auf verschiedenen Reisen Gelegenheit, Teile Syriens und Jordaniens zu Vergleichszwecken zu bereisen.

in anderen Entwicklungsländern abzeichnet.

So läßt sich im Libanon das Problem zentraler Orte und ihrer Einzugsbereiche als Beispiel für Entwicklungen in der traditionsverhafteten orientalischen Welt durchaus noch analysieren; gleichzeitig wird dort aber auch der Wandel im Zentralitätssystem der Orte, bedingt durch den Einfluß moderner Wirtschaftsstrukturen und westlich geprägten Lebensstil, erkennbar.

Der Libanon bietet darüber hinaus weitere interessante Aspekte, die in die Fragestellung mit eingehen und auch auf andere Räume übertragbar sein können:

- Die Reliefgestaltung des Libanon beeinflußt die Kommunikationsmöglichkeit und damit die Anordnung zentraler Orte und ihrer Einzugsbereiche.
- Bestimmte Typen von Siedlungslagen sind Erbe historischer Funktionen; besonders ist dies der Fall bei der hier wie im ganzen Orient verbreiteten Schutzlage von Städten und Dörfern abseits agrarischer Gunstgebiete. Ihre Persistenz beeinflußt die heutigen Zentralitätsstrukturen, auch nach Verlust der ursprünglichen Funktionen.
- Die verschiedenen Religionsgruppen im Lande, die nach H. BARAKAT (vgl. LECHLEITNER 1972, S. 28) zu einer "Mosaikgesellschaft" aus Maroniten, Griechisch-Orthodoxen, Griechisch-Katholischen, Protestanten, Armeniern, Assyrern, Chaldäern, Sunniten, Schiiten und Drusen führen, haben trotz räumlicher Durchmischung als soziale Konsequenz das Entstehen getrennter gruppenspezifischer Kommunikationskreise zur Folge, ein Phänomen, das ebenso in anderen Ländern des Orients, wenn auch nicht so extrem wie im Libanon, zu finden ist (WIRTH 1965).
- Auch andere, die Zentralität im östlichen und südlichen Libanon beeinflussende Faktoren, wie Bevölkerungsdichte und -wachstum, Besitzstruktur in der Landwirtschaft, physische Bedingungen in der Agrarwirtschaft, Verhältnis von agrarem zu gewerblichem Arbeitsplatzangebot u.a.m. (vgl. Abschnitt IV), finden in anderen Entwicklungsländern, besonders denen des Orients, Analogien.

Es gibt jedoch auch Kriterien, die als Besonderheiten des Libanon angesehen werden müssen und die Übertragbarkeit der vorliegenden Untersuchung einschränken. Hier ist in erster Linie die geringe Landesgröße zu nennen, die sich in der Entfernung der zentralen Orte zueinander und vor allem zu Beirut widerspiegelt. Daraus folgt von vornherein die Vermutung, daß die allgemein in Entwicklungsländern dominierende Stellung der Hauptstadt hier besonders stark ausgeprägt sein muß.

Auch die für einige Gebiete des Libanon typische starke Emigrationsbewegung (Abschn. IV. A.), die vor allem in christlichen Siedlungsräumen ausgeprägt ist, findet in dem System der zentralen Ausstattung und deren Reichweite ihren Niederschlag. Nicht zuletzt wirkt auch die sommerliche Wanderungsbewegung besonders der Libanesen aus der Küstenregion in das umliegende Bergland zentralitätsbeeinflussend (Abschn. IV. B.). Das Kerngebiet der Sommerwanderung, das Bergland um Beirut, soll daher aus der Untersuchung herausgenommen werden.

Auch der Norden (Provinz Nordlibanon) soll in dieser Arbeit nicht eingehend untersucht werden, da in einigen Regionen, besonders um Tripoli, die industrielle Entwicklung weiter als in anderen Landesteilen vorangeschritten ist und damit Probleme hätten angeschnitten werden müssen, die das Programm dieser Untersuchung überschritten hätten.

Da geplant ist, nicht nur einzelne Orte nach ihren zentralen Funktionen und Einzugsbereichen zu untersuchen, sondern auch eine Hierarchie zentraler Orte aufzustellen, sollen folgende Räume des Libanon bearbeitet werden, die nach Meinung der Verfasserin den verschiedenen Landschafts- und damit auch Siedlungs- und Wirtschaftstypen mit traditionell-orientalischer Ausrichtung im Land entsprechen:
- die *Bekaa*, die durch das Libanongebirge, den Anti-Libanon und den Hermon ein in sich abgeschlossenes Gebiet bildet, das auch administrativ, als Mohafaza (entspr. Regierungsbezirk) Bekaa, eine alte Einheit darstellt,
- die *Küstenzone* südlich Beiruts mit den Orten Saida und Tyr,
- der an die südliche Küstenebene östlich anschließende Teil des *Jabal Lubnan*, der *Jabal Amel* und das westliche *Hermon-Gebirge*. Aufgrund ihrer verschieden guten Durchgängigkeit

und ihrer Lage zur Landesgrenze schaffen sie unterschiedliche Voraussetzungen für das Entstehen von zentralen Einzugsbereichen. Administrativ bilden sie zusammen mit der Küstenebene die Mohafaza Südlibanon mit der Hauptstadt Saida.

III. B. Wahl der untersuchten Orte

Die Bearbeitung des Themas der Zentralität orientalischer Orte wirft die Frage auf, welche Siedlungen als mögliche zentrale Orte einer Untersuchung unterzogen werden sollen. Eine Abgrenzung nach der Ortseinwohnerzahl hat sich schon in Mitteleuropa nicht bewährt, wie wir seit CHRISTALLER (1933) wissen. Darüber hinaus wäre sie hier undurchführbar, da keine genauen diesbezüglichen Angaben vorliegen[1]. Darüber hinaus macht das libanesische Meldesystem die Erfassung der tatsächlichen Bevölkerungszahl eines Ortes schwierig, da ein Libanese ständig in seinem Heimatort gemeldet bleiben kann, selbst wenn er bereits über Jahre hinaus in einem anderen Ort wohnt. *Als Kriterium für die Einbeziehung eines Ortes in die Zentralitätsuntersuchung wurde daher zum einen das Vorhandensein einer administrativen Funktion der Siedlung mindestens auf Cazaebene (entspr. Landkreis) zur Bedingung gemacht, da aufgrund der Verwaltung mindestens Umlandbeziehungen administrativer Art hervorgerufen werden müssen. Zum anderen wurden diejenigen weiteren Orte in die Untersuchung einbezogen, die in Größe und Ausstattung über das normale dörfliche Maß hinausragen.*

III. C. Arbeitsmethode

Um die zentralen Funktionen in den untersuchten Orten festzustellen, wurden die beiden wichtigsten methodischen Ansätze der bisherigen Zentralitätsforschung gleichermaßen versucht: Zuerst erfolgte eine Kartierung des Geschäftsbereiches eines Ortes. Ferner wurden anhand der Befragungen u.a. des jeweiligen Bürgermeisters, des Caimakam (Landrat) bzw. des Mohafez

---

[1] Die letzte Bevölkerungszählung wurde 1932 im Libanon durchgeführt. Seitdem gibt es nur noch Schätzungen, die zuletzt 1964 auf eine in ausgewählten Orten durchgeführte Zählung gestützt wurden.

(Regierungspräsident) die vorhandenen öffentlichen Dienststellen der Verwaltung sowie des Schul- und Gesundheitswesens festgestellt. Über die Reichweite dieser Funktionen gaben Befragungen in den einzelnen Institutionen Auskunft. Zur Erfassung des Funktionsbereiches von Einzel- und Großhandel wurden Händler und in größeren Orten auch Straßenpassanten befragt, letztere kurz nach Heimatdorf, Beruf und Besuchszweck (s. Anhang). Diese unverdächtigen Fragen wurden daher meist zufriedenstellend beantwortet. Insgesamt wurden ca. 3.200 Interviews durchgeführt (vgl. Fragebögen im Anhang).

Schließlich erbrachte eine systematische Befragung der dörflichen Siedlungen im Umland (ca. 50 % der Dörfer des Untersuchungsgebietes wurden erfaßt, vgl. Anhang) eine Bestätigung des Bildes über die Reichweite der im zentralen Ort angebotenen zentralörtlichen Einrichtungen ("Umlandmethode", s. Fragebogen im Anhang). In den Dörfern wurden jeweils mindestens drei Personen befragt, der Bürgermeister oder Muhtar, ein Lehrer und ein Geistlicher bzw., falls nicht erreichbar, eine andere angesehene Persönlichkeit im Ort.

Die Befragung in den Dörfern zielte darauf ab, die Bedeutung der zentralen Orte für die Landbevölkerung festzustellen, d. h. für die selbständigen Bauern, Landpächter und Landarbeiter, die den weitaus größten Bevölkerungsanteil auf dem Lande bilden. Stichprobenbefragungen ergaben, daß selbst auf dem Lande eingesetzte nichtlandwirtschaftliche Berufsgruppen zumindest in den Regionalzentren wohnen. Die meisten nichtlandwirtschaftlichen Berufe zwingen darüber hinaus selbst eine ursprünglich ländliche Bevölkerung zur Abwanderung in die wenigen größeren Städte oder deren nächstes Umland. Im Untersuchungsgebiet trifft dies für Zahlé und Saida zu. In ihrer unmittelbaren Umgebung wohnen Bevölkerungskreise auf dem Lande, die nichtlandwirtschaftlichen Berufen nachgehen. Auf sie wird besonders eingegangen.

Generell soll also, wenn im folgenden von der Landbevölkerung als Nachfrager nach zentralen Einrichtungen die Rede ist, die Gruppe der in der Landwirtschaft Beschäftigten gemeint sein. Die Befragung der ländlichen Bevölkerungskreise brachte es mit sich, daß die Fragen meist auf arabisch gestellt werden mußten. Daher wurde die Verfasserin fast ständig von einem Dolmetscher[1]

---

[1] In der Beekaa erhielt die Verfasserin Unterstützung von dem Veterinär Dr. Issa, dem Lehrer J. Choib, den Angestellten der Bezirksregierung F. Kreidi und T. Kadry, im Südlibanon von den Angestellten der Bezirksregierung H. Hajj, B. Khodr, A. Zayour, B. Tannous, M. Arab und A. Salha sowie ebenfalls wieder von Dr. Issa.

begleitet, dem außerdem als Ortskundigem die Funktion zukam, die Verfasserin in den zu befragenden Kreis einzuführen, d. h. das Mißtrauen der Bevölkerung zu verringern, so daß eine auswertbare Befragung möglich war.

Trotz dieser Unterstützung ergaben sich gelegentlich Schwierigkeiten bei der Geländearbeit, besonders in dem noch weitgehend unabhängigen Gebiet der Caza Hermel und in dem Grenzraum zu Israel. Hier war die Bevölkerung aufgrund israelischer Militäraktionen sehr mißtrauisch gegenüber Europäern. Gelegentlich wurde die Geländearbeit in den hauptsächlich muselmanisch besiedelten Zentren, wie Baalbek und Saida, infolge der Fremdenfeindlichkeit der Bevölkerung erschwert.

Die vorliegende Arbeit basiert also in erster Linie auf eigener Geländearbeit. Statistisches Material konnte nur randlich, besonders zur Darstellung der Landesstruktur (Abschn. IV), herangezogen werden, da kaum Studien und Statistiken für kleinräumige Verwaltungseinheiten (Dörfer, Kleinstädte) vorliegen. Selbst die 1960 erschienene Studie der französischen Mission Irfed, die sich unter anderem auch um eine Analyse der Verwaltunszentren und anderer Siedlungen mit städtischem Charakter bemüht, behandelt Stadt-Umlandbeziehungen nur randlich ohne empirische Grundlagenuntersuchung. Da auch an den Hochschulen des Libanon bisher keine Untersuchungen in der Richtung des hier zu behandelnden Themas vorgenommen wurden, dienten als weitere Informationsquellen für internen Gebrauch bestimmte unveröffentlichte statistische Unterlagen und mündliche Auskünfte der Regionalbevollmächtigten in den Ministerien bzw. der Beamten in den regionalen Zweigstellen.

An erster Stelle sei hier der "Service des Activités Régionales" und die "Direction de Statistique" im Planungsministerium genannt. Angaben zur Ortsentwicklung und Ortspläne erhielt die Verfasserin von der "Direction d'Urbanisme". Weiteres Material stammt vom Ministerium für Verkehr und öffentliche Arbeiten. Außerdem gewährte der "Office de'Developpement Social" Einblick in interne Unterlagen zu sozialen Hilfeleistungen auf dem Lande. Der "Plan Vert"[1]) und das Landwirtschaftsministerium lieferten mit Karten und Studien Material zur landwirtschaftlichen Situation im Land.

---

1) Es handelt sich um ein autonomes Büro, das Pläne zur Verbesserung der landwirtschaftlichen Situation erarbeitet.

IV. STRUKTURDATEN DES LANDES IN IHRER BEDEUTUNG FÜR DAS ENTSTE-
HEN ZENTRALÖRTLICHER SYSTEME MIT BESONDERER BERÜCKSICHTIGUNG
DER BEKAA UND DES SÜDLIBANON

Den Einzeluntersuchungen der zentralen Orte und ihrer Einzugsbereiche soll eine Analyse derjenigen Strukturdaten des Landes
vorausgehen, die besondere Bedingungen für die Ausbildung zentralörtlicher Systeme im Libanon schaffen. Diese Daten werden
nur soweit Berücksichtigung finden, wie sie unmittelbaren Bezug zum Thema haben. Eine gewisse Kenntnis des Raumes, insbesondere seiner physischen Struktur, muß daher vorausgesetzt
werden[1].

*IV. A. Räumliche Verteilung der Bevölkerung und Wanderungsbe-
wegungen*

Das im folgenden verwandte Material beruht auf einer in ausgewählten Orten durchgeführten Zählung von 1964[2], die durch weitere Fortschreibung auf den Stand von 1968[3] gebracht wurde.
Für 1968 gibt das Planungsministerium eine Einwohnerzahl von
2.407.350 Libanesen plus 166.264 Palästinensern an. Man schätzt
die Gesamtzahl der Palästinenser jedoch auf 240.000 Menchen,
da sich die obige Zahl auf die Unterhaltsempfänger (durch die

---

1) Zur allgemeinen landeskundlichen Information sei auf die
   einschlägige Literatur verwiesen: KLAER, W.: Libanon. In:
   Geogr. Taschenbuch 1966-69; KLAER, W.: Eine Landnutzungs-
   karte von Libanon. Heidelberg 1963; EDDE, J.: Manuel de
   Géographie, Liban.Beirut 1964; SALIBI, K.S.: The Modern
   History of Lebanon. London 1965; THOUMIN, R.: Géographie
   Humaine de la Syrie Centrale. Tours 1936; WEULERSSE, J.:
   Paysans de Syrie et du Proche Orient. Paris 1946.

2) République Libanaise, Ministère du Plan: La population du
   Liban, Enquête par Sondage 1964, Service des Activités
   Régionales. Beyrouth 1967.

3) Von der Verfasserin eingesehenes, unveröffentlichtes
   Material des Planungsministeriums.

UNO) beschränkt. Hinzu kommen etwa 100.000 illegal in den Libanon Eingewanderte (besonders Syrer). Diese Anzahl basiert auf Zählungen der Arbeitskräfte im Bausektor und in der Landwirtschaft, Sektoren, in denen illegal Eingswanderte erfahrungsgemäß Arbeit finden. Die Gesamtzahl der im Libanon faktisch anwesenden Bevölkerung beläuft sich somit auf ca. 2.747.000 Personen.

Bevölkerungsverteilung (vgl. Abb. 1):

Schätzwerte zur Bevölkerungszahl sind nur bis zur administrativen Ebene der Caza aufgegliedert. Die für die Ausbildung zentralörtlicher Bereiche aussagekräftigen Räume der Bevölkerungsagglomeration bzw. -verdünnung innerhalb einer Caza lassen sich nicht darstellen, da neuere exakte Ortseinwohnerzahlen für Kleinstädte und Dörfer fehlen. Allerdings ermöglicht es die in zahlreiche Cazas aufgeteilte kleine Landesfläche des Libanon, erhebliche Dichteunterschiede in der Bevölkerungsverteilung zu verdeutlichen, wie die Tabelle für 1968 auf Seite 19 zeigt.

Aus ihr ist zu ersehen:

- Nur Groß-Beirut mit 9.198 E/km^2, die Caza und Stadt Tripoli mit 660 E/km^2, die Caza und Stadt Saida mit 473 E/km^2 und entsprechend Aley mit 288 E/km^2 liegen über dem Landesdurchschnitt von 269 E/km^2.

- Die libanesische Bevölkerung ist vor allem in wenigen Zentren bzw. deren unmittelbarer Umgebung konzentriert, wobei Groß-Beirut mit 42 % der Bevölkerung auf ca. 0,3 % der Landesoberfläche noch mit weitem Abstand vor Tripoli, Saida und Zahlé liegt (19,3 % der Bevölkerung auf 11,2 % der Gesamtfläche). Nur ca 49 % verteilen sich auf 87,5 % der Landesfläche mit noch erheblichen Dichteunterschieden.

- In der Bekaa ist nur der zentrale Teil, d. h. die Caza Zahlé mit der Stadt Zahlé, recht dicht besiedelt (225 E/km^2). Der südlich anschließende Teil der Bekaa hat nur noch 88 E/km^2, in den peripheren Gebieten der Mohafaza Bekaa sinken die Werte noch stärker ab (Caza Rachaya 34 E/km^2, Caza Hermel 25 E/km^2). Damit ist dieser Teil des Untersuchungsgebietes in der Bevölkerungsdichte großen Teilen des Orients nicht unähnlich.

- In der Mohafaza Südlibanon liegen die Bevölkerungsdichtewerte höher. Die höchsten Beträge gibt es in der Küstenzone mit fast 250 E/km^2 bzw. mehr als 450 E/km^2 (Sour und Saida). Selbst in dem besser durchgängigen südlichen Plateau-Bergland bewegen sich die Dichtewerte zwischen 150 und 200 E/km^2 (Cazas von Nabatiyet, Marjayoun, Bent Jbail). Nur die abgelegenen Gebirgsgebiete, im Osten Caza Hasbaya und im Norden Caza Jezzine, liegen mit 88 E/km^2 bzw. 111 E/km^2 weit unter den übrigen Dichtezahlen.

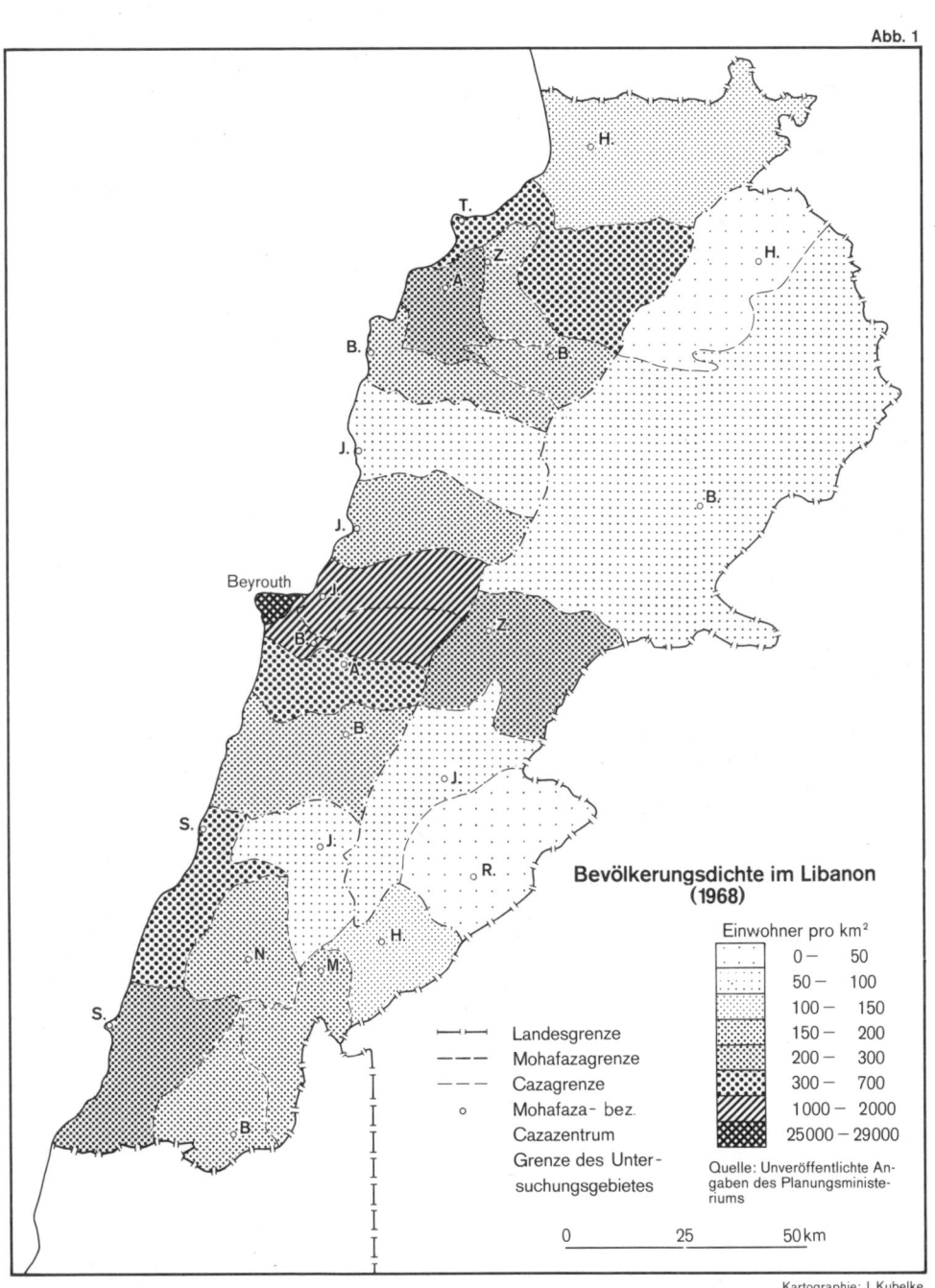

Zusammensetzung der Bevölkerung nach Kreisen (Caza)

Mohafazat oder Caza	Liban.Bev. 31.12.68	Paläst. Bev.	Illegale Bev.	Gesamt-Bev. 31.12.68	% der Gesamt-Bev.	Caza in km²	Bev.-Dichte pro km²
Groß-Beirut	1 037 292	100 000	40 000	1 177 292	42,1	128	9 197,6
Mont Liban	307 196	2 000	10 000	319 196	11,6	184	173,5
Baabda	26 824	1 000	1 000	28 824	1,04	145	197,9
Aley	57 646	1 000	1 000	59 646	2,17	207	288,3
Chouf	84 408	–	2 000	86 408	3,14	464	186,4
Jbail	29 214	–	2 000	31 214	1,13	388	80,4
Kesrouan	70 239	–	2 000	72 239	2,62	409	193,7
Metn	38 865	–	2 000	40 865	1,5	229	178,4
Liban Nord	492 562	30 000	15 000	537 562	19,6	1 981	271,3
Tripoli	274 666	27 000	8 000	309 666	11,3	469	660,6
Akkar	84 542	3 000	3 000	90 542	3,3	713	126,9
Zghorta	27 888	–	1 000	29 888	1,1	181	159,4
Koura	36 950	–	1 000	37 950	1,4	174	217,6
Bcharré	26 443	–	1 000	27 443	1,0	158	174,8
Batroun	42 673	–	1 000	43 073	1,6	286	150,8
Bekaa	266 567	8 000	10 000	284 567	10,4	4 280,3	66,5
Zahlé	89 984	–	3 000	92 984	3,4	413,7	224,8
Baalbeck	105 338	8 000	2 000	115 338	4,2	2 176,5	53,0
Hermel	15 719	–	1 000	16 719	0,6	681,8	24,5
Bekaa ouêst	38 221	–	3 000	41 221	1,5	467,3	88,2
Rachaya	17 305	–	1 000	18 305	0,7	541,1	33,8
Liban Sud	303 733	100 000	25 000	428 733	15,6	2 000,6	214,3
Sayda	86 879	35 000	5 000	126 879	4,6	268,0	473,4
Nabative	40 369	5 000	5 000	50 369	1,8	269,9	186,6
Jezzine	19 774	–	3 000	22 774	0,8	259,6	87,7
Sour	56 994	45 000	2 000	101 994	3,7	415,1	245,7
Marjayoun	41 195	7 000	4 000	52 195	1,9	313,6	166,4
Bent Jbail	43 258	4 000	3 000	50 258	1,8	255,6	196,6
Hasbaya	17 264	14 000	3 000	24 264	0,9	228,8	110,9
Gesamt	24 073 350	240 000	100 000	2 747 350	99,3	10 230,2	286,6

Quelle: Unveröffentlichtes Material des Planungsministeriums, Service des Activités Régionales.

Abgesehen von den peripheren Räumen lebt die Landbevölkerung in der Bekaa und im Südlibanon in recht eng beieinanderliegenden kleinen bis mittelgroßen Dörfern (mittlere Entfernung ca. 5 km). Während diese sich im Südlibanon dispers im Bergland verteilen, sind sie in der Bekaa vor allem linear entlang den Grabenrändern aufgereiht. Selbst die wenigen in der Ebene liegenden Siedlungen sind durch die Längserstreckung der Bekaa entsprechend ausgerichtet.
Die geringe Bevölkerungsdichte der Bekaa, ihre Verteilung und andere noch zu diskutierende Faktoren bringen es mit sich, daß sich außer Zahlé und Baalbek nur noch Qabb Elias zu einem größeren Zentrum entwickeln konnten.
Im Südlibanon dagegen hat die größere Bevölkerungsdichte bei disperser Dorfverteilung zur Folge, daß zwei städtische Zentren in der Küstenebene liegen und drei weitere (Nabatiyet, Bent Jbail, Marjayoun) im Bergland.

Alle ländlichen Gebiete im Nord- und Südlibanon und in der Bekaa weisen nur ein ganz geringes Bevölkerungswachstum auf von ca. 0,4 % pro Jahr. Die Grenzräume zu Syrien und Israel (Cazas Rachaya, Hasbaya, Marjayoun, Hermel) gehören sogar zu Gebieten mit rückläufiger Bevölkerungsentwicklung.

Das geringe Bevölkerungswachstum im ländlichen Raum geht in erster Linie auf die immer mehr an Bedeutung gewinnende Landflucht zurück, die vor allem auf das Hauptwirtschaftszentrum des Landes, Beirut, ausgerichtet ist. Im Zeitraum von 1932 bis 1964 sind insgesamt 223.900 Personen aus den vier Mohafazas nach Beirut zugewandert[1].

Demgegenüber konnte Zahlé in der Bekaa innerhalb dieser Zeit nur einen Zuzug von 5.000 Personen verzeichnen, nach Baalbek zogen ca. 2.000 Menschen. Im Südlibanon schätzt man die Zuwanderungsrate für Saida auf ca. 2.500, für Sour auf etwa 500 und für Nabatiyet et Tahta auf rd. 1.000 Personen im gleichen Zeitraum. Die starke Dominanz Beiruts als Zielort macht die in vielen Entwicklungsländern auftretende Attraktivität der Landeshauptstadt für die Landbevölkerung deutlich.

Seit 1970 wird die Landflucht noch verstärkt durch die Abwanderungsquote aus dem libanesisch-israelisch-syrischen Grenzraum. Verstärkte Guerillatätigkeit der Fedajin und israelische Gegenangriffe treiben die ansässige Bevölkerung zum Abzug aus diesem Krisengebiet. Über die Höhe der Abwanderung liegen noch

---

1) La population du Liban, a.a.O., Tab. V.

keine Zahlen vor, man schätzt jedoch die Zahl der geflohenen
Bevölkerung auf mehrere tausend Einwohner.

Es ist anzunehmen, daß diese Landflucht zu einem Bedeutungsverlust und zu einer Bedeutungsstagnation der ländlichen Zentren führt. In einigen Orten, besonders in Saida und in Sour
innerhalb der Küstenebene, aber auch im Norden in der Ebene
von Akkar, gelingt es, durch die in der Umgebung der Städte
gelegenen Palästinenserlager eine gewisse Kompensation zu
schaffen. Arbeitsmöglichkeit vor allem in den Obstplantagen
der Küste, ein fester Wohnsitz in den Lagern und die von der
UNO gewährte Unterstützung für Lagerbewohner bewirken, daß die
Palästinenser weniger leicht abwandern als Libanesen.

Im ganzen gesehen gehören die Untersuchungsgebiete der Bekaa
und des Südlibanon jedoch überwiegend zu den Räumen, aus denen
mehr als 50 % des Bevölkerungszuwachses von 1932 - 64 nach
Beirut und in seine unmittelbare Umgebung abgewandert sind.
Einzige Ausnahme in dieser starken Abwanderungsbewegung
stellt die nördliche Bekaa dar. Trotz schlechter Lebensbedingungen liegt hier die Abwanderungsquote des Bevölkerungszuwachses in demselben Zeitraum unter 50 %, in der Caza Hermel
sogar unter 20 %. Starkes Familienzusammengehörigkeitsgefühl,
überwiegende Beschränkung auf Selbstversorgerwirtschaft, Abneigung gegen den libanesischen Staat und seine Institutionen
neben der durch die Religion motivierten Abneigung gegen ein
abhängiges Arbeitsverhältnis bei "Ungläubigen" bedingen diese
Einstellung (vgl. WIRTH 1965).

Emigration: Noch älter als die Abwanderungsbewegung in die
Hauptstadt ist die Emigration. NABIL HACHEM (1969, S. 29)
schreibt darüber:

> "Einen ersten Höhepunkt erlebte die Emigrationsbewegung in den
> ersten Jahren der zweiten Hälfte des 19. Jahrhunderts nach der
> bürgerlichen bewaffneten Auseinandersetzung im Jahre 1860. Ab-
> gesehen davon wurde die libanesische Auswanderung vor allem
> durch einen permanenten Bevölkerungsdruck und das Joch der Os-
> manenherrschaft sowie der eigenen Feudalherren gefördert.
> Zwischen 1860 und 1900 betrug die jährliche Auswanderungsquote
> durchschnittlich 3.000 Personen. Zwischen 1900 und 1914 er-
> reichte diese Zahl mehr als 15.000, um zu Beginn der Gründung
> des heutigen Libanon (Großlibanon) Anfang der zwanziger Jahre

auf rd. 4.400 Menschen jährlich abzufallen. Berücksichtigt man die Rückwanderungsquote von etwa 1.400 Personen seit dem Ende des Zweiten Weltkrieges, so ergibt sich eine allmählich rückläufige Jahresquote von fast 3.000 Personen, die den heutigen Stand der Auswanderung widergibt."

Besonders stark war die Emigration aus christlich besiedelten Gebieten, da diese aus verschiedenen historischen Gründen (s. WIRTH 1965) "gebildetere" Gruppe mit progressiver Einstellung eher das Wagnis auf sich nahm, in einem anderen Land eine neue Existenz zu suchen.

In der Bekaa gilt dies
- für Zahlé und das umliegende Bergland,
- die christlichen Dörfer am südlichen Ostabhang des Libanongebirges,
- die christlichen Orte im Nordteil (Ras Baalbek, Qaa, Jdaidé usw.) und
- die christlichen Siedlungen in der Caza Rachaya.

In der Südprovinz sind christliche Dörfer in der Caza Jezzine und in der Caza Hasbaya davon betroffen (s. Abb. 11)

Der Anteil der libanesischen Moslems an der Emigration nahm erst später zu, wobei die sunnitische Bevölkerung eher bereit war auszuwandern als Schiiten. Auch unter Drusen ist die Abwanderungsbewegung nur gering.

Bevorzugten die Christen vor allem Überseegebiete, so wanderten die Moslems besonders in arabische Länder aus, d. h. zur Zeit König Farouks nach Ägypten, in neuerer Zeit besonders nach Kuwait, Irak, Iran und Saudi Arabien. Dort werden spezialisierten Arbeitskräften gut bezahlte Positionen geboten. Meist leben sie nur einige Jahre dort. Nach der Rückkehr wird der Verdienst in der Regel im Handelsbereich oder auch in der Landwirtschaft (besonders in der zentralen Bekaa und in der südlichen Küstenebene) angelegt.

Das Geld ehemaliger Emigranten kommt nicht nur der Landwirtschaft zugute, sondern auch sozialen Einrichtungen: Heimgekehrte Emigrierte finanzieren Kirchen, Moscheen, Schulen und Krankeneinrichtungen (vgl. WIRTH 1965). Nicht zuletzt stärken ihre finanziellen Unterstützungen an die zurückgebliebenen Angehörigen oft über Jahre hinaus die Konsumkraft dieser

Gruppe[1]. Trotzdem muß Emigration und Landflucht als nachteilig für die Entwicklung von Zentralität niederer Ordnung angesehen werden. Denn die Bevölkerungsverminderung schwächt das potentielle Einzugsgebiet eines zentralen Ortes, dies um so mehr, da es sich bei der abwandernden Schicht meist um eine junge, progressive, dem Angebot zentraler Orte positiv gegenüberstehende Bevölkerungsschicht handelt[2].

IV. B. Saisonale Wanderungsbewegungen der libanesischen Bevölkerung und Fremdenverkehr

Die in Anlehnung an das französische "Estivage" im Arabischen als "Estivia" bezeichnete Wanderungsbewegung der libanesischen Küstenbevölkerung und einiger reicher Familien aus der Bekaa in das Bergland muß erwähnt werden, da sie zu einer saisonalen Verlagerung des sonst üblichen Zentralitätsgefüges führt.

Diese ca. seit der Jahrhundertwende von reichen Beiruter Christen ausgeübte Sitte, in den Sommermonaten das klimatisch günstigere Bergland aufzusuchen, entwickelte sich mehr und mehr zu einer Prestigeangelegenheit. In das Gebirge ging und geht, wer es sich leisten kann, ein Haus oder eine Wohnung für vier Monate dort zu mieten oder sich dort ein Sommerhaus zu errichten (vgl. THOUMIN 1936, WIRTH 1965).

Von Juni bis September entwickelt sich in den Berglandorten ein Angebot an Konsumgütern und Dienstleistungen (Hotels, Restaurants, Bars, Cafés, moderne Bekleidungsgeschäfte, Banken, Friseure usw.), das normalerweise nur in gut entwickelten großen Zentren anzutreffen ist. In der Bekaa bildet die Restaurantstraße von Zahlé im Wadi Bardouni einen solchen Anziehungspunkt. Die Sommerwanderung in das Bergland führt gleichzeitig zu einem

---

1) ELIE SAFA (1960, S. 18) berichtet z. B.: "En 1911 - 12 les habitants de Zahlé recevaient une moyenne de 500 dollars environ par jour à titre de remises, rien que de leurs parents des Etat-Unis."

2) Die Studie des Planungsministeriums (1966) stellt fest, daß zwischen 1944 und 1966 55,6 % der Emigrierten zwischen 15 und 44 Jahre alt waren, 39,1 % davon sogar zwischen 15 und 29 und 16,5 % zwischen 30 und 44 Jahre alt.

Rückgang der Zentralität in den Winterzentren. Während der
"Estivia"-Monate ist z. B. auf Beiruts Prachtstraße, der Rue
Hamra, eine deutliche Verringerung des sonst nicht abreißen-
den Passantenstroms festzustellen. Noch stärker zeigt sich
dies im Dienstleistungssektor der kleineren Zentren (z. B.
Saida). Die fehlende städtische Bevölkerung kann hier kaum
durch hinzukommende Touristen, wie in Beirut, ersetzt werden.

Die "Estivia"-Bewegung umfaßt nach einer Zählung von 1964[1]
fast 400 000 Menschen, d. h. über 16 % der Gesamtbevölkerung.
Da es sich dabei vor allem um die kaufkräftigeren Bevölkerungsschichten handelt, diese aber besonders in den Städten leben,
dürfte der Prozentsatz der saisonalen Abwanderung aus den
Städten noch erheblich höher als 16 % liegen.

Das größte Sommeraufenthaltszentrum ist das Gebiet des "Jabal
Lubnan". Dorthin ziehen 65,3 % der Sommerfrischler. Besonders
gefragt ist der Aufenthalt in der Caza Aley (29,5 %) und in
der Caza Metn (15,2 %), bedingt vor allem durch die Nähe zu
Beirut. Berufstätige Familienmitglieder können von dort noch
täglich zu ihren Arbeitsplätzen fahren. Die bekanntesten,
z. T. exklusiven Zentren, sind Aley, Bhamdoun, Beit Meri,
Brummana und Hammana.

Im Süden haben sich Jezzine und seine umliegenden Dörfer
zum bevorzugten Sommeraufenthaltsgebiet für die Bevölkerung
von Saida entwickelt. Im Norden des Libanon sind Ehden und
sein Umland sommerlicher Aufenthaltsraum für Tripoli und die
Küstenebene der Caza Zghorta. In der Bekaa richtet sich die
Wanderungsbewegung vor allem auf Zahlé und Chtaura; in jünge-
rer Zeit gewinnen auch die am Ostabhang des Libanon in der
Südbekaa oberhalb des Stausees von Qaraoun gelegenen Dörfer,
wie Saghbine und Machgara, Bedeutung als "Estivia"-Zentren.

Diese Sommerzentren werden, anders als die mondänen Orte um
Beirut, besonders von dem libanesischen Mittelstand aufgesucht. Analog zu der geringeren Finanzkraft dieser Sommerbe-
sucher ist die Ausstattung der Orte einfacher (vgl. z. B.
Jezzine, V. B. 2.). Die libanesischen Sommerfrischenorte werden in zunehmendem Maße von Arabern aus den Nachbarländern
aufgesucht. Je nach ihren finanziellen Möglichkeiten bevorzugen sie vor allem Aley oder Zahlé als Ferienort. Sie geben der

---

1) La population du Liban, a.a.O., Tab.V-2. Auch die folgenden
   Zahlenangaben stammen aus dieser Veröffentlichung.

libanesischen Sommerwanderung einen touristischen Aspekt.

Der "Estivia" in das Bergland wird mit steigendem Wohlstand, vor allem unter der städtischen Bevölkerung im Libanon und im arabischen Ausland, wohl noch eine Zeitlang wachsende Bedeutung zukommen, die besonders den kleineren Zentren in größerer Entfernung zu Beirut zugute kommen wird. Hier ergibt sich vielleicht für bisherige Agrarsiedlungen eine zusätzliche Einnahmequelle. Es ist aber auch anzunehmen, daß die "Estivia" in der Nähe der Hauptstadt besonders wegen der Überlastung der Verkehrswege von und nach Beirut in den täglichen Stoßzeiten stagnieren oder nachlassen wird.

Eine Änderung der Freizeitgewohnheiten setzt bereits unter der jüngeren Bevölkerung Beiruts ein. Sie zieht es vor, an Beiruts Stränden ein Wochenendhaus zu mieten.

IV. C. Soziologische Bevölkerungsstrukturen in ihrer Bedeutung für die Zentralität

In diesem Abschnitt soll nur auf die religiöse Gliederung der Bevölkerung und ihren Altersaufbau eingegangen werden. Andere Faktoren, wie die Ausbildungs-, Berufs- und Einkommensstruktur, werden in Zusammenhang mit der Schilderung des Entwicklungsstandes der libanesischen Wirtschaft erörtert.

Religionsstruktur im Libanon: Wie bereits mehrfach beschrieben - stellvertretend seien hier FRICKE (1959), HAHN (1950, 1958) und WIRTH (1965) genannt -, können Religionsgruppen ausgeprägte "Kommunikationskreise" bilden. Besonders markant tritt dies im Libanon zutage, da die aus mehreren muselmanischen und zahlreichen christlichen Gruppen zusammengesetzte Bevölkerung diesen Raum zu dem stärksten religiösen Mischgebiet des Orients macht. Vor allem geschichtliche Ereignisse, die mehr oder minder große Auseinandersetzungen zwischen den einzelnen Religionsgruppen brachten, und der daraus resultierende stärkere Zusammenschluß der einzelnen Gruppen bzw. auch der Anschluß an ausländische Schutzmächte (vgl. WIRTH 1965, S. 269) haben die jeweilige Gemeinschaft psychologisch, soziologisch und auch räumlich gegeneinander abgetrennt. Letzteres wurde besonders durch den der Abkapselung entgegenkommenden Gebirgsraum des Jabal Lubnan erleichtert (vgl. PLANHOL 1957, S. 79 ff.). Obwohl heute die verschiedenen islamischen und christlichen Gruppen meist friedlich in den Städten und Dörfern zusammenleben, besteht immer noch, vor allem bei der Landbevölkerung, eine bemerkenswert große Affinität zur eigenen Religionsgruppe.

Man kann daher davon ausgehen, daß die Verbreitung der Religionsgruppen im besonderen Maß die zentralörtliche Gliederung des Landes mitbeeinflußt. Selbst die Ausstattung der einzelnen zentralen Orte steht in Relation zu der religiösen Zugehörigkeit der zu versorgenden Bevölkerung. Im folgenden sollen daher diejenigen Religionsgemeinschaften kurz charakterisiert werden, die eine Rolle in der Landesentwicklung und damit auch in der des zentralörtlichen Systems gespielt haben. Auf ausführliche Aussagen über Herkunft, geschichtliche Entwicklung und Verbreitung der einzelnen Religionsgruppen soll verzichtet werden.
Die Arbeiten von ZIMPEL (1959), KEWENIG (1965), VAUMAS (1965), WIRTH (1965) sowie einschlägige Artikel der Enzyklopädie des Islam (1936, Bd. III) können für nähere Auskünfte herangezogen werden.

Christen: Die Christen des Libanon gliedern sich in vier große Gruppen: Maroniten, Griechisch-Orthodoxe, Griechisch-Katholische und Armenier. Nur in geringer Anzahl und ohne größere Konzentrationsräume - daher in diesem Zusammenhang irrelevant - gibt es als weitere christliche Gruppen Jakobiten, Syrisch-Katholische, Chaldäer, Lateiner und Protestanten.
Die im Libanon stärkste Gruppe bilden die *Maroniten*, die in den Untersuchungsgebieten jedoch nur in der Caza Jezzine und in der Caza Baalbek, hier um das Dorf Deir el Ahmar am Ostabhang des Libanon, vertreten sind. Die Maroniten stellen hier, wie auch in ihrem Hauptverbreitungsgebiet, dem Nordlibanon, eine unabhängige bäuerliche Kleinbesitzerschicht.
Geschichtliche Ereignisse bedingen, daß diese Religionsgruppe besonders westlich orientiert war und ist. Demzufolge sind sie Träger entsprechender Innovationen, die ihnen in den Augen andersgläubiger Libanesen zu größerem Sozialprestige verholfen haben (WIRTH 1965, S. 273 ff.). Aus dem Kontakt mit der westlichen Welt und den zahlreichen Emigranten dieser Sozialgruppe ist - nach Meinung von Nichtmaroniten - ein Bewußtsein der Superiorität gegenüber anderen Gruppen entstanden. Allerdings erkennt man im allgemeinen ihre meist gute Bildung und hohe Kulturstufe an. Ihre Aufgeschlossenheit gegenüber Innovationen hat sicher mit dazu beigetragen, daß sich das vorwiegend von Maroniten bewohnte Jezzine zu einem Sommerfrischenort für den

südlichen Küstenraum entwickeln konnte. In der nördlichen Bekaa ragt ihr Hauptort Deir el Ahmar ebenfalls an Größe und Ausstattung über die übrigen dörflichen Siedlungen der Umgebung hinaus.

Die *Griechisch-Orthodoxen* bilden z. T. städtische Bevölkerungsgruppen. Sie stellen in unserem Untersuchungsgebiet besonders die wohlhabende Schicht in Zahlé mit Tätigkeitsbereichen in Handel und Geldwesen. Man sagt ihnen Progressivität und Einsatzbereitschaft nach.
Diese Gruppe hat zweifellos einen wesentlichen Einfluß auf die moderne Ausstattung der Innenstadt von Zahlé (vgl. Abschn. V. A. 1. a). Andererseits stellen die Griechisch-Orthodoxen auch eine Landbewohnerschicht, die in der Caza Rachaya mit 25 % und in der Caza Marjayoun mit 14 % an der Gesamtbevölkerung beteiligt ist (VAUMAS 1965, S. 528).
Übereinstimmend bezeichnen VAUMAS und HAURANI (1947, S. 66) diese Bevölkerungsgruppe als eine durch traditionelle Denk- und Handelsweise und sehr große Kirchentreue gekennzeichnete Schicht. Ihr Lebensstil ist dementsprechend bescheidener als der der Maroniten. Auch die Ausstattung ihrer Zentren, wie Rachaya oder Marjayoun, ist auf eine mehr traditionelle Nachfrage eingestellt (Abschn. V. B. 6., B. 7.).

Die *griechisch-katholischen Christen* unterscheiden sich wenig in ihrer Sozialstruktur von den griechisch-orthodoxen. Ihre städtische Bevölkerung lebt innerhalb der Untersuchungsgebiete in Zahlé, Saida und Sour. Der auf dem Lande lebende Bevölkerungsteil ist vor allem in der Caza Jezzine anzutreffen. Der Kontakt zur römisch-katholischen Kirche hat ihre Öffnung nach Westen begünstigt. Sie gelten als gebildete Gruppe mit großer Innovationsfreudigkeit und genießen ein recht hohes Sozialprestige.

In der Bekaa, besonders in Zahlé und in dem Dorf Anjar, treten als weitere christliche Gruppe *Armenier* auf. Die ihnen nachgesagte Strebsamkeit hat trotz ihrer noch meist großen nationalen Eigenständigkeit dazu beigetragen, ihnen zum Teil einflußreiche Stellungen zu öffnen. In Zahlé wird die Ausstattung im privaten Dienstleistungssektor und im Handwerk nicht unbedeutend von Armeniern bestimmt.

Die Religionsgruppen der *Moslems*, hauptsächlich durch Schiiten, besonders Metualis, Sunniten und Drusen im Libanon vertreten, besiedeln den größten Teil der Untersuchungsgebiete sowohl in der Bekaa als auch im Südlibanon.

Bei den *Sunniten*, der im Gesamtraum des Orients dominierenden Bevölkerungsgruppe, handelt es sich im Libanon um eine besonders in Städten lebende Gemeinschaft. In der Hauptstadt der Südprovinz Saida stellen sie über 80 % der Einwohner. Hier umfaßt die sunnitische Konfession alle Sozialschichten. Generell jedoch stellt diese Gruppe besonders die vor allem in Städten (Saida, Sour, Beirut) ansässige Schicht der Großgrundbesitzer. Nach VAUMAS (1965, S. 540) besitzt sie eine "mentalité d'aristocrates d'ancien régime". Zum anderen bilden Sunniten eine meist kapitalschwache, in Abhängigkeit lebende ländliche Bevölkerung, sporadisch auftretend im Süden, in größerer Zahl

dagegen in der zentralen und südlichen Bekaa. In den Augen fortschrittlicher Libanesen sind für jene Konfessionsgruppe reaktionäre Verhaltensweisen typisch.
Man sagt den Sunniten außerdem nach, sie unterstützten die Fedajin und leisteten der panarabischen Idee Vorschub. Sie sollen noch heute zum Teil größere Sympathien für Damaskus, Kairo oder Bagdad entwickeln als für ihr eigenes Land. Allerdings schwindet diese Einstellung langsam, besonders unter der jungen Bevölkerung.

Die *Schiiten* sind vor allem durch die Gruppe der *Metualis* im Libanon vertreten. Sie haben außer der nördlichen Bekaa auch den Hauptteil des südlichen Berglandes besiedelt. Sie stellen vorwiegend eine ländliche Bevölkerungsschicht kleiner, abhängiger Pächter bzw. ihrer Landbesitzer. In größeren Siedlungen sind Metualis nur in Baalbek, Sour und Nabatiyet et Tahta als Majorität vertreten.
Ihre Hauptwohngebiete weisen ungünstige Lebensbedingungen auf. Die physischen Verhältnisse erlauben nur eine karge Nutzung des Bodens. Außerdem siedeln die Metualis entfernt von den heutigen Aktionszentren des Landes. Dies bedingt eine sichtbare Rückständigkeit, die oft gepaart ist mit Mangel an Bildung, mit Fremdenfeindlichkeit und Skepsis gegenüber Innovationen. Besonders in der nördlichen Bekaa leben sie zum Teil noch in einer vorwiegend auf Subsistenz ausgerichteten Wirtschaftsweise. Ihr noch heute sehr großer Gruppenzusammenhalt zeigt sich bei dem jährlich in Nabatiyet stattfindenden Gedenktag zur Ermordung ihres Propheten Hussein. Schiiten aus dem ganzen Land kommen dorthin.

Als letzte islamische, großräumig auftretende Gruppe sind die *Drusen* zu nennen, die in dem Untersuchungsgebiet vor allem in der Caza Rachaya und in der Caza Hasbaya leben. Sie bilden dort eine reine Landbevölkerung. Die Abgeschiedenheit ihres Wohngebietes hat die Entwicklung dieser Gruppe und ihres Lebensraumes gehemmt. Die trotz moderner Verkehrsmittel noch oft schlechte Erreichbarkeit der heutigen Zentren und die rückständige Landwirtschaft mit wenig marktorientierten Anbauarten lassen die Drusen immer mehr den Anschluß an die moderne Entwicklung verlieren. Dies zeigt sich deutlich in der Ausstattung ihrer traditionellen Verwaltungszentren und in der Beschränkung auf Wochenmärkte zur Befriedigung des Konsumbedarfs.

Altersaufbau der Bevölkerung (Abb. 2): Bekanntlich ist die Bevölkerungsschicht im Arbeitsalter die der Entwicklung von Zentralität förderlichste Gruppe, denn sie verfügt meist über ein festes Einkommen und kann Handels- und Dienstleistungsfunktionen eines Ortes in Anspruch nehmen. Darüber hinaus fährt man unter Umständen zum Zweck der Arbeit in das Zentrum oder sucht es zum Absatz der eigenen Produktion auf. Auch administrative Einrichtungen werden meist von dieser Gruppe in Anspruch genommen.

Abb. 2

Bevölkerung des Libanon nach Altersgruppen (1964) von unter 10 und über 60 Jahren (in %)

Anteil der unter 10jährigen:
- < 27%
- 27 – 28
- 29 – 30
- 31 – 32
- 33 – 34
- > 34%

8,5 Anteil der über 60jährigen

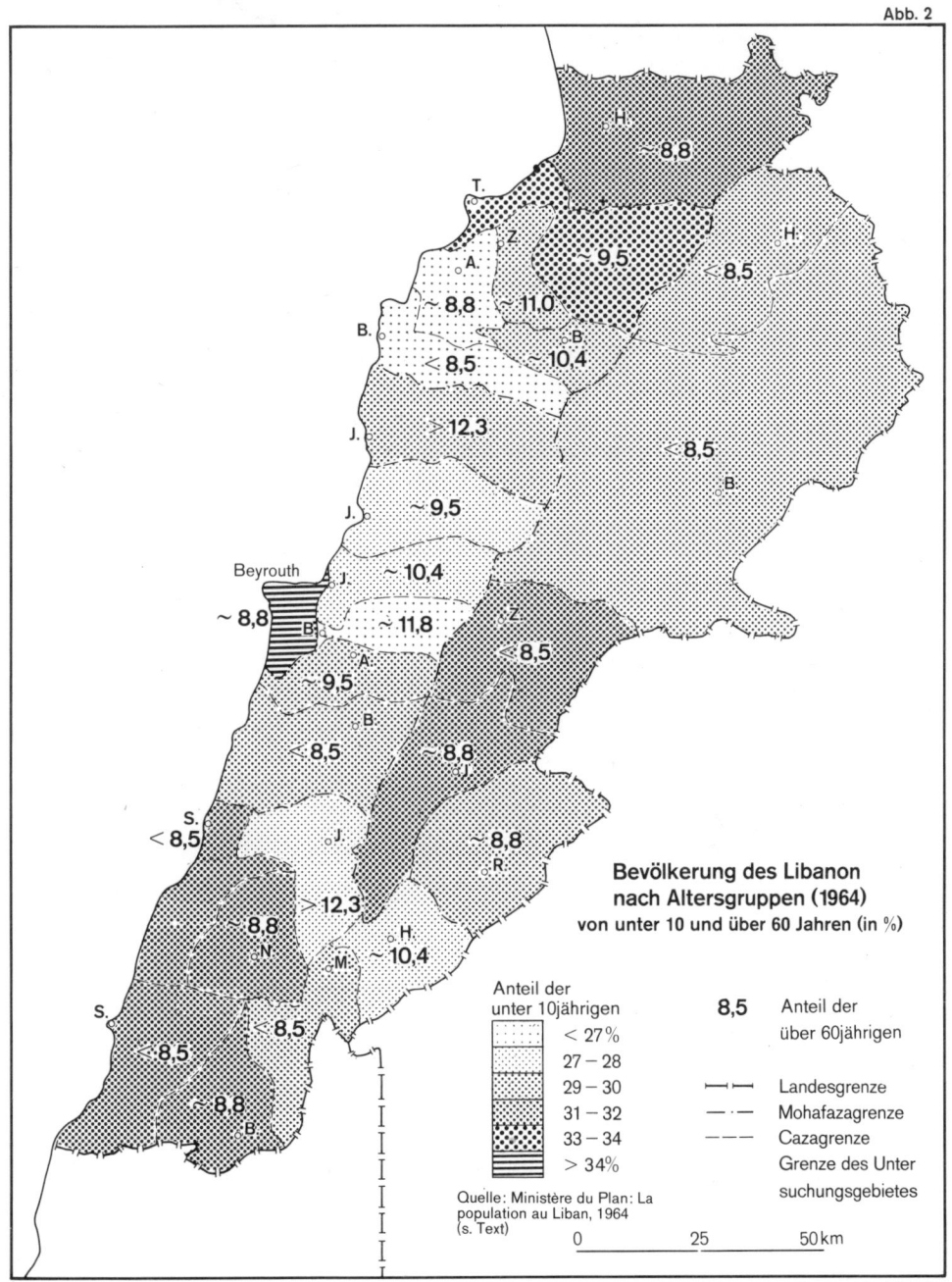

- Landesgrenze
- Mohafazagrenze
- Cazagrenze
- Grenze des Untersuchungsgebietes

Quelle: Ministère du Plan: La population au Liban, 1964 (s. Text)

0   25   50 km

Kartographie: J. Kubelke

Die in Entwicklungsländern meist hohe Kinderzahl[1], die eine nicht aktive Gruppe repräsentiert, bewirkt dagegen, daß eine geringere Zentralitätsintensität besteht, als es die formale Bevölkerungszahl erwarten ließe. Da in Entwicklungsländern eine Altersversorgung erst in Ansätzen besteht, senkt auch ein hoher Anteil an nicht mehr am Arbeitsprozeß Teilnehmenden den Konsum.

Für den Libanon insgesamt ergibt sich 1964 folgendes Bild (vgl. Abb. 2). Der Anteil der mit größter Wahrscheinlichkeit nicht aktiven Gruppe, der Kinder bis zu 10 Jahren (Ende der Schulpflicht), beträgt durchschnittlich 31,5 %[2], inklusive der bis zu 14jährigen sogar 33,9 %. Der Bevölkerungsanteil der über 60jährigen macht durchschnittlich 8,9 % der Gesamtbevölkerung aus (bzw. 5,9 % bei einem Rentenalter ab 65 Jahren)[3]. Der Anteil der potentiellen aktiven Bevölkerung beträgt demgegenüber 59,7 % bis zu einem Alter von 60 Jahren bzw. 62,7 % bis zu 65 Jahren.

Die flankierenden Werte: hohe Zahl der Jugendlichen, relativ niedrige Altenzahl rücken den Libanon in größere Nähe zu den sogenannten Entwicklungsländern als zu den westlichen Industriestaaten. Sie beeinflussen im obigen Sinne die Fragen der Zentralität.

Die Karte macht deutlich, daß gerade in den relativ am stärksten unterentwickelten Gebieten des Landes (Nord- und Südteil) die Zahl der unter 10jährigen hoch ist. Die relativ höchsten Werte korrespondieren dabei mit den vorwiegend islamisch besiedelten Regionen. Dies gilt besonders für große Teile des Untersuchungsgebietes im Südlibanon und auch in der südlichen

---

1) In Südamerika liegt der Anteil der Altersklasse von 1-14 Jahren 1964 bei 41,7 % der Gesamtbevölkerung (aktive Bevölkerung 55 %), in Afrika liegt der Wert bei 43,1 % (54,2 % Aktive), in Spanien erreicht er gar 46,1 % (bei 49 % akt. Bev.). In Westeuropa beträgt die Zahl der Kinder von 1-14 Jahren nur 23,8 % (65 % akt. Bev.-Anteil). Vgl. United Nations, World Populations Prospect, New York 1966, S. 37.

2) Von der Verfasserin eingesehenes, unveröffentlichtes Material des Planungsministeriums. Die folgenden Werte entstammen ebenfalls dieser Quelle.

3) Dieser Wert ist gemessen an anderen Entwicklungsländern verhältnismäßig hoch. Die Vereinten Nationen (s. o.) geben für Südamerika 3,3 % der über 65jährigen an, für Afrika 2,7 %, für Syrien 4,7 %. In Westeuropa liegt diese Altersgruppe bei 11,2 %.

und zentralen Bekaa. Im letztgenannten Gebiet senkt die hohe Kinderzahl allerdings die Konsumkraft der Bevölkerung weniger, da in diesem landwirtschaftlich gut nutzbaren Raum mit zusätzlichen Industrieansiedlungen die Einkommensverhältnisse besser sind als in den anderen genannten Gebieten.

Stärker christlich besiedelte Gebiete im Untersuchungsraum weisen ein umgekehrtes Bild auf, d. h. geringere Kinderzahl und höheren Altenbevölkerungsanteil. Auf der Karte kommt dies nur in der Caza Jezzine und der Caza Hasbaya zum Ausdruck, da in den übrigen Kreisen Christen nur Minoritäten bilden.

IV. D. Der wirtschaftliche Entwicklungsstand des Libanon in seiner Bedeutung für die Zentralität

Der Anteil der potentiellen Arbeitsbevölkerung von 59,7 % an der Gesamtbevölkerung gibt wenig Aufschluß über die wirtschaftliche Lage der Libanesen. Erst der Anteil der tatsächlich Aktiven - in Relation zur Berufsstruktur und zur Arbeitslage im Land - läßt Rückschlüsse auf die Konsumkraft der Menschen zu. Sie wiederum bestimmt die Nachfrage nach kommerziellen, zentralörtlichen Einrichtungen und Diensten mit.

IV. D. 1. Anteil der Arbeitsbevölkerung an der Gesamtbevölkerung

Der Anteil der effektiven Arbeitsbevölkerung an der Gesamtbevölkerung wird für 1968 auf 34,4 % geschätzt[1] (ca. 950 000 Menschen). In diesen Angaben sind 350 000 Ausländer enthalten, davon fast 250 000 Syrer und ca. 40 000 Palästinenser. Selbst diese als wohlwollend veranschlagten Werte für 1968 (s. Fußnote 1) zeigen einen großen Abstand zu industrialisierten Ländern, bei denen der aktive Bevölkerungsanteil 42 - 48 % der Gesamtbevölkerung erreicht.

Mitverantwortlich für die geringen Werte im Libanon sind:
- die starke Emigrationsbewegung, die besonders die Bevölkerung im Arbeitsalter erfaßt,
- der hohe Kinderanteil an der Gesamtbevölkerung. Er soll eine

---

1) Die genannten Zahlen wurden vom Planungsministerium errechnet. 28,25 % schätzte die MAROUN-Studie (1966); die BUTEC-Studie (1970) gibt 27,5 % an. Die Angabe von 34,4 % enthält, dies sei noch erwähnt, nicht den Anteil der arbeitenden Kinder zwischen 10 und 14 Jahren.

Senkung der Aktiven-Werte um 5 - 7 % hervorrufen[1].
- die mit 3,7 % Anteil an der Arbeitsbevölkerung hohe Arbeitslosenquote im Libanon[2] und
- ein geringer Anteil der gewerblichen Frauenarbeit, der typisch für orientalische Länder ist und sich selbst im weitgehend christlichen Libanon noch bemerkbar macht.

Ferner wird die Konsumkraft der Bevölkerung dadurch verringert, daß ein großer Teil der ausländischen Arbeitskräfte, besonders Syrer, ihren Verdienst so weit wie möglich nach ihrer meist nur saisonalen Arbeitszeit im Libanon mit in die Heimat nehmen wollen.

Es muß außerdem berücksichtigt werden, daß libanesische Statistiken zur aktiven Bevölkerung alle Werktätigen zählen, die ab 180 Tage im Jahr arbeiten. Besonders die Arbeitsbevölkerung in der Landwirtschaft bewegt sich an der Grenze dieser Werte. Gerade sie bildet den überwiegenden Teil der aktiven Bevölkerung im Untersuchungsgebiet. Auch die Gruppe der Fischer, in der südlichen Küstenebene vertreten, erreicht kaum mehr als 180 Arbeitstage im Jahr.

Aber auch in anderen Bereichen gibt es eine starke strukturelle Unterbeschäftigung, wie z. B. in der Verwaltung, im Bank- und Schulwesen, desgleichen im völlig übersetzten Einzelhandel. Hier werden meist nicht mehr als 5 Stunden am Tag gearbeitet. Entsprechend gering ist der Verdienst. So erhält ein junger Volksschullehrer 200,- LL (libanesische Pfunde, 1 LL = ca. 1,10 DM) im Monat, ein mittlerer Bankbeamter in der gleichen Zeit 400,- LL.

Das geringe Gehalt solch eines Berufstätigen entspricht allerdings nicht immer seinem gesamten Einkommen. Viele im Arbeitsleben Stehende gehen einer weiteren Beschäftigung nach, so daß Berufskombinationen entstehen, wie Beamter und Landwirt, Unter-

---

1) Ministère du Plan: Enquête par Sondage sur la population active, Fascicule No 5, Tab. 55. Beyrouth 1972.
2) ebenda, Tab. 57.

nehmer oder Händler; Lehrer und Journalist; Land- und Bauarbeiter, Handwerker und Händler usw.[1]. Weiterhin werden Familien durch emigrierte und abgewanderte Angehörige, wenn möglich, unterstützt (vgl. Abschn. IV. A.).

Folglich ist die Finanzlage libanesischer Familien schwer zu erfassen. Es läßt sich nur generell feststellen, daß in muselmanisch besiedelten Landgebieten finanzielle Unterstützungen durch Verwandte seltener und niedriger sind als in christlichen Gebieten.

IV. D. 2. Sektorielle Aufgliederung der Arbeitskräfte

Auch die sektorielle Aufgliederung der Arbeitskräfte beeinflußt das Konsumverhalten der Bevölkerung und spielt eine Rolle in Fragen der Zentralität. Bäuerliche Schichten im Libanon entwickeln z. B. aufgrund traditionellerer Lebensweise auf dem Lande bei knappem Einkommen eine geringere Nachfrage nach zentralen Einrichtungen als eine eher mit Innovationen in Berührung kommende Arbeitskraft im Dienstleistungs- oder Gewerbesektor, die außerdem meist über ein, wenn auch geringes, so doch regelmäßiges Einkommen verfügt.

Zwar stellt der *Dienstleistungssektor* im Libanon mit 471.000 von 900.000 Personen (fast 50 %)[2] scheinbar den Hauptteil der aktiven Bevölkerung und müßte nach den obigen Ausführungen eine fast "westliche" Berufsstruktur und damit voll ausgebildete zentrale Einzugsbereiche widerspiegeln; tatsächlich aber zeigt sich in diesen Werten die für den Orient typische Aufblähung des Dienstleistungssektors, da auch kaum verdienende Soukhändler und Schuhputzer mit einem Tagelohn von 5,-L.L.(!) mit erfaßt werden. Für die Ausbildung der Zentralität sind diese Bevölkerungsschichten jedoch wenig förderlich.

Der Anteil der in der *Landwirtschaft* Tätigen erreicht demgegen-

---

1) Derartige Ungereimtheiten der offiziellen Beschäftigungszahlen sind über den Libanon hinaus typisch für alle orientalischen Länder. Dies ermöglicht es, im Untersuchungsgebiet gewonnene Erkenntnisse nicht nur auf den Libanon zu beziehen.

2) Diese und folgende Werte basieren auf unveröffentlichtem Material des Planungsministeriums, und den Statistiken: Recensement de l'Industrie au Liban, Résultats pour 1964; Recueil de Statistiques Libanaises, Années 1965, 1968, 1969, 1970.

über im Landesdurchschnitt nur 37 %. Da er aber in dem Untersuchungsgebiet sehr hohe Werte erreicht - Südlibanon ca. 70 %, Bekaa ca. 63 % der aktiven Bevölkerung - wird deutlich, daß die von der Landwirtschaft lebende Bevölkerung Hauptnachfrager in den zentralen Orten des ländlichen Raumes ist und somit wesentlich die Ausstattung und die Einzugsbereiche dieser Orte mitbestimmt.

Der *industrielle Sektor* umfaßt nur ca. 13 % der Arbeitskräfte im Libanon. In erster Linie handelt es sich um Beschäftigte im Bauwesen, in Handwerksstätten und kleinen Industriebetrieben. Der Anteil der Betriebe mit über 50 Beschäftigten am Industriesektor beträgt dabei nur 7 %. Einige größere Betriebe liegen in der zentralen Bekaa. Es wird später zu prüfen sein, ob sie die Zentralität der nahegelegenen Zentren Zahlé und Qabb Elias beeinflussen.

Der Landwirtschaft als wichtigstem Wirtschaftssektor im Untersuchungsgebiet soll im folgenden zuerst Aufmerksamkeit gewidmet werden.

IV. D. 3. Landwirtschaft

Der landwirtschaftliche Entwicklungsstand des Libanon ist bereits u. a. von GAUTHIER und BAZ (1960 - 61), KLAER (1962), SANLAVILLE (1963), HACHEM (1967) und LECHLEITNER (1972) mehr oder weniger eingehend geschildert worden. Fragen zur Landwirtschaft sollen im Untersuchungsgebiet daher nur soweit näher betrachtet werden, wie es notwendig ist, um die Produktivität der Landwirtschaft und damit den Lebensstandard der ländlichen Bevölkerung zu charakterisieren. Er bestimmt letztlich den Bedarf der Landbevölkerung an zentralen Einrichtungen.

Die Angaben über die *Landnutzungsfläche* im Libanon schwanken zwischen 27 und 38 % [1]. Davon entfallen auf die Bekaa nach GAUTHIER (1960/61, Bd. II) 141.200 ha und auf den Südlibanon 74.200 ha. Staatliche Statistiken geben dagegen für den Süden 98.200 ha an und für die Bekaa 167.000 ha (1970, S. 82 f).

---

1) Eine Fläche von 274.000 ha (ca. 27 %) wird von der Industrie- und Handelskammer in Beirut für 1959 angegeben (vgl. HACHEM 1967, S. 83), auch KLAER greift auf diese Flächenangabe zurück. GAUTHIER gibt 325.000 ha an, während LECHLEITNER (S. 4) die statistischen Angaben von 1968 mit 391.000 ha = 38 % verwendet. Nach den letzten der Verfasserin zur Verfügung stehenden Statistiken von 1970 wird die Landnutzungsfläche auf 390.923 ha geschätzt ("Statistiques Libanaises").

Beide Quellen weisen die Bekaa und den Südlibanon als die Provinzen mit dem größten Anteil an der landwirtschaftlich genutzten Fläche im Libanon aus (z. B. GAUTHIER: Nordlibanon 69.700 ha, Jabal Lubnan 39.500 ha).

Die *Nutzungsmöglichkeiten* der einzelnen Agrargebiete im Untersuchungsgebiet sind aufgrund ihrer unterschiedlichen physischen Ausstattung jedoch sehr verschieden. Landwirtschaftlich bestgenutzte Fläche in der Bekaa ist der zentrale Teil, ca. zwischen Zahlé - Rayak bis Joub Jannine - Kafraya. Hier liegt das große libanesische Feldbaugebiet mit Zuckerrüben, Kartoffeln, Weizen, Gemüse und Obst. Gute Bodenbedingungen und günstige Bewässerungsmöglichkeiten (aus Pumpen) erlauben einen intensiven Anbau meist ohne Brachen. Zahlreiche Traktoren und andere landwirtschaftliche Geräte (z. B. moderne Pumpenanlagen) und zum Teil größere zusätzliche Viehwirtschaftsbetriebe (vor allem Hühnerfarmen) zeigen den relativen Wohlstand weiter bäuerlicher Kreise.

Den Ostabhang des Libanongebirges in diesem Teil der Bekaa nimmt das größte zusammenhängende Weinbaugebiet des Landes mit Tafel- und Keltertrauben ein, das sich der zur Zeit günstigen Ertragslage wegen in den letzten Jahren weiter nach Norden und Osten ausgebreitet hat.

In der nördlichen Bekaa (Gebiet nördlich der Cazagrenze Zahlés) werden die Anbaubedingungen aufgrund abnehmender Niederschläge und nur begrenzter Bewässerungsmöglichkeiten zusehends schlechter. Demzufolge herrscht Trockenfeldbau mit 80 % Getreide vor.

Etwas bessere Anbaubedingungen schaffen dagegen austretende Quellen am Ostabfall des Libanongebirges ungefähr zwischen Chmistar und Deir el Ahmar. Hier nimmt der Haschischanbau trotz Bemühungen seitens der Regierung, ihn durch Sonnenblumen zu ersetzen, immer noch einen beträchtlichen Teil der Bewässerungsfläche ein. Er trägt wesentlich mit zu den im Vergleich zur nördlichen Bekaaebene besseren Lebensbedingungen der Bevölkerung bei. Wesentliche Rolle spielt auch die Besitzstruktur. Vorherrschender Kleinbesitz schafft ebenfalls bessere Voraussetzungen als der in der Bekaaebene weitgehend dominierende Großgrundbesitz.

Noch weiter nördlich, in der Caza Hermel, werden die Bedingungen für eine intensive landwirtschaftliche Nutzung so schlecht, daß die Produktion (Weizen, Gerste) fast nur noch der Eigenversorgung dient. Nur am Orontes[1] und an einigen Quellen ist eine bescheidene Oasenkultur möglich, deren Produkte vorwiegend auf dem lokalen Markt angeboten werden. Wichtigste landwirtschaftliche Einnahmequelle ist die Viehwirtschaft (Ziegen, Schafe), die zwischen dem nördlichen libanesischen Bergland und den in die Bekaa führenden Wadis mehr oder weniger halbnomadisch durchgeführt wird.

Ähnlich ungünstig sind die Anbaubedingungen im Südteil der Bekaa und im Übergangsbereich zum Hermonmassiv. Geringe Niederschläge auf verkarsteten Böden und oft nur kleine Anbauflächen in gebirgigem Umland machen Feldbau (Getreide und Wein) nur zur Eigenversorgung möglich. Begrenzte Produktionsüberschüsse werden allein durch Viehwirtschaft erreicht.

Im Südlibanon ist die Küstenebene aufgrund natürlicher Gunstfaktoren (Schwemmland, leichte Bewässerungsmöglichkeiten, vollmediterranes Klima) dem übrigen Südraum weit überlegen. Hier liegt eines der beiden Intensivkulturgebiete des Libanon mit Agrumen und Bananen (das zweite liegt in der Ebene von Akkar). Mit Hilfe moderner Bewässerungsanlagen hat es sich über die Küstenebene hinaus in die Täler und flacheren Hanglagen des südlichen Berglandes vorgeschoben und den dortigen Getreide- und Kernobstanbau verdrängt.

Das anschließende Bergland gliedert sich in verschiedene Natur- und damit auch Agrarräume:
Im Norden der Südprovinz reichen noch die z. T. schroffen, bis über 1300 m ansteigenden Höhen des Jabal Lubnan im Bergland von Jezzine in die Südprovinz hinein. Auf schmalen Terrassen wird bei Bewässerungsmöglichkeit besonders Kernobst und Gemüse an-

---

[1] Das Flußwasser kann jedoch nur schwer genutzt werden, da sich das Flußbett tief in den Untergrund eingeschnitten hat und das Wasser somit durch Pumpen hinaufbefördert werden müßte. Dies geschieht wegen der damit verbundenen Kosten kaum. Zwar sieht ein staatliches Projekt eine großräumige Nutzung des Oronteswassers vor, seine Ausführung scheiterte bisher aber an finanziellen Faktoren und der Uneinigkeit mit Syrien über die Höhe der im Libanon abzuzweigenden Wassermenge.

gebaut, während auf unbewässerten Flächen der weniger rentable Olivenanbau neben Wein vorherrscht.

Weiter südlich schließt das Plateaubergland des Jabal Amel an. Geringe Niederschläge, wenig Bewässerungsmöglichkeit und der karge Boden auf verkarsteten Kalken des Jura und der Unterkreide schaffen schlechte Anbaubedingungen. Nur noch die flachen Talböden sind relativ gut nutzbar. Hier herrscht der Tabakanbau, Hauptfeldfrucht im Südlibanon, vor. Er verhilft der Landbevölkerung zu recht guten Erträgen. Allerdings ist die Anbaufläche limitiert, da die Tabakverarbeitung allein über staatliche Institutionen läuft ("Régie Libanaise des Tabacs et Tombacs"). Sie verfügt nur über begrenzte Weiterverarbeitungskapazitäten.

Im Übergangsbereich vom südlichen Plateauland zum Hermongebirge werden Bewässerungsmöglichkeiten durch Litani- und Hasbanywässer aufgrund des stark zertalten Reliefs und des steinigen Bodens kaum wirksam. Nur an einigen Stellen in Flußnähe ist Bewässerungsanbau mit Obst und Gemüse möglich. Den größten Teil der Anbaufläche nehmen unbewässerte Kulturen ein, u. a. Oliven, Feigen und Getreide.

Insgesamt lassen sich nur zwei Agrarräume ausgliedern, die günstige physische Voraussetzungen für vielfältigen und intensiven Anbau bieten: die zentrale Bekaa und die südliche Küstenebene. Zwar erlaubt auch der Tabakanbau im südlichen Bergland hohe Einkünfte, die Limitierung der Anbaufläche ermöglicht es dem Landwirt jedoch nicht, maximale Gewinne zu erzielen.

Gleiches gilt auch für den Zuckerrübenanbau. Auch hier werden Anbaulizenzen vergeben, die sich nach der Verarbeitungskapazität der einzigen Zuckerfabrik des Libanon, bei Anjar in der zentralen Bekaa, richten. 1971 wurden dort 18.000 t Zucker hergestellt, 50.000 t mußten importiert werden! (Auskünfte des Fabrikdirektors).
Einbußen für die Landwirtschaft sind oft auch eine Folge der wenig marktorientierten Produktion. Dies gilt besonders für die Intensivkulturgebiete. Bei reichen Ernten können große Mengen der Produktion nicht abgesetzt werden. In den letzten Jahren galt dies besonders für Äpfel, Kartoffeln und Zwiebeln. Der Absatz von Agrarprodukten unterliegt im Libanon allerdings nur schwer voraussehbaren Schwankungen. Der Hauptteil der Erzeugnisse wird in den übrigen arabischen Raum exportiert. Politische Schwierigkeiten können leicht zu einem Exportstopp füh-

ren. Der kleine Inlandsmarkt kann dann keine Kompensation schaffen. Exporte in die westliche Welt werden durch mindere Qualität der Produktion und ihre Verpackung meist erschwert.

Daraus resultierende Einkommensschwankungen der Landbevölkerung wirken sich auf ihre Kaufkraft aus und haben entsprechende Folgen in der Inanspruchnahme zentraler Einrichtungen und Dienste.

Zu den *Besitzverhältnissen* ist zu sagen, daß das im Arabischen als "Mulk" bezeichnete bäuerliche Eigentum an landwirtschaftlicher Nutzungsfläche im Libanon traditionellerweise im Vergleich zu anderen arabischen Ländern wesentlich stärker verbreitet ist. Allerdings handelt es sich in erster Linie um Klein- und Kleinstbesitz, der außerdem vorwiegend im Bergland liegt.

Besitzklasse (in ha)	Anbaufläche (in ha)	Anbaufläche (in %)	Zahl der Grundbesitzer	Durchschnittl. Anbaufläche pro Besitzer (in ha)
unter 0,5	98.510	21,1	180.896	0,50
1,5 - 10	168.000	36,0	95.000	1,68
10 - 40	143.000	30,6	?	?
40 und mehr	57.317	12,3	830	69,05

Quelle: Statistische Mitteilungen des Planungsministeriums für 1964, zitiert nach HACHEM 1967, S. 86

Ebenenbereiche in der Bekaa und um Akkar im Nordlibanon, aber auch im südlichen flacheren Bergland, waren ursprüngliche Großgrundbesitzgebiete mit dem für den orientalischen Raum typischen in der Stadt lebenden rentenziehenden Landbesitzer und der Schar der Pächter. Letztere bearbeiteten das Land meist nur kurzfristig. Je nach der finanziellen Beteiligung des Grundbesitzers traten sie 75 % bis 50 % der Ernte ab. Heute gibt es dieses Landnutzungssystem fast nur noch in landwirtschaftlichen Ungunstgebieten, wie besonders in der nördlichen Bekaa und der Hermelregion. Dort nämlich finden die meist zum Verkauf bereiten Großgrundbesitzer, mit Haupteinkommensquellen bereits aus nicht-landwirtschaftlichem Bereich, keine Kaufinteressenten für ihr Land. Daher fällt in Ungunstgebieten großer Landbesitz z. T. brach, oder er wird von der Landbevölkerung teilweise genutzt, ohne Abgaben zu entrichten.

In besser zu bewirtschaftenden Gebieten, wie im südlichen Plateaubergland, bietet sich den Großgrundbesitzern eher die Möglichkeit, an die Pächter zu verkaufen. Aber auch in den gut nutzbaren Agrarräumen verkaufen in der Stadt lebende Besitzer an bisherige Pächter; besondere Kaufbereitschaft zeigen die oft aktiveren und finanziell besser gestellten christlichen Pächter. Die Besitzer verkaufen unter anderem deshalb, weil hier kostspielige Investitionen vor allem für Düngung und Bewässerung vorgenommen und die Pächter kontrolliert werden müssen, wenn der Anbau unter heutigen Bedingungen rentabel sein soll.

Allerdings ist gerade in der zentralen Bekaa neuerdings Gegenteiliges feststellbar. Die Besitzer von mittelgroßen bis größeren Betrieben (ca. 100 ha), die nicht bereits in andere Berufe abgewandert sind und meist auch noch in dem Regionalzentrum Zahlé leben, geben das Pachtsystem auf und übernehmen die Bearbeitung ihrer Flächen mit Lohnarbeitern (besonders mit Palästinensern und Syrern).

Diese Betriebsart wird auch in den meisten Obstgärten der südlichen Küstenebene angewandt. Ursprünglich hier vorherrschender Kleinbesitz wird aus Mangel an Investitionsmöglichkeit mehr und mehr an kapitalkräftigere größere Besitzer abgegeben, die zur Eigenbewirtschaftung mit Lohnarbeitern übergehen. Auch zurückgekehrte Emigrierte kaufen Obstgärten auf, um sich in diesem Zweig der Landwirtschaft zu etablieren.

Insgesamt ist festzustellen, daß der ursprünglich in den meisten Ebenengebieten (außer der südlichen Küstenebene) anzutreffende Großbesitz rentenkapitalistischer Form heute nur noch in agraren Ungunstgebieten vorherrscht. In den anderen Gebieten werden die Flächen entweder von den ehemaligen Pächtern als neue Besitzer bewirtschaftet (Vermehrung des Kleinbesitzes!), oder die Bewirtschaftung erfolgt unter familiärer Leitung mit Lohnarbeitern, so daß es in diesem Fall zu einer fortschreitenden Ausbildung modernen Mittelbesitzes und größeren Besitzes kommt. *Beide Formen führen zu einer Einkommenssteigerung der Landbevölkerung (Landbesitzer bzw. Landarbeiter) und dürfen daher als positiv für die Entwicklung der Zentralität im ländlichen Raum angesehen werden.*

Die Besitzstruktur beeinflußt wesentlich die *Einkommensverhältnisse* auf dem Land. Über das Einkommen der rentenziehenden Grundbesitzer waren verständlicherweise keine Auskünfte zu erhalten. Die Befragung der ländlichen Bevölkerung ergab allerdings, daß diese Besitzergruppe bereits vorwiegend in den größeren Regionalzentren, wie Zahlé oder Saida, wenn nicht schon in Beirut, lebt. Daher kann sie aus der Betrachtung der zentralörtlichen Einzugsbereiche mittlerer und kleinerer Zentren ausgeklammert werden.

Das Einkommen der Kleinbauern und Pächter liegt durchschnittlich bei 3000 LL/Jahr. Fehlen Viehwirtschaftsbetriebe modernerer Art oder befinden sich die Betriebe in agrarischen Ungunstgebieten, so kann das Jahreseinkommen auf unter 2000 LL pro Familie absinken. (Ergebnisse eigener Dorfbefragungen.) Mittlere und größere Betriebe in bäuerlichem Besitz (bis 100 ha) in günstigeren Agrargebieten erlauben Einkünfte zwischen 4000 LL und 10.000 LL/Jahr, je nach der Größe des Betriebes und der Intensität des Anbaus bzw. der Viehzucht. Moderne Betriebe über 100 ha Fläche erwirtschaften bis zu 50.000 LL und mehr im Jahr.

Insgesamt gesehen bilden jedoch Kleinbesitzer und Pächter bei weitem die Mehrheit der Landbevölkerung, wie folgende Tabelle, wenn auch grob, deutlich macht:

Betriebsgrößenklasse in ha	Zahl der Betriebe
bis 10	123.600
10 - 20	3.700
20 - 50	1.100
50 - 100	160
über 100	110
Insgesamt	128.670

Quelle: Report on Agriculture Credit in Libanon, prepared by the Economic Research Institute of the Conference on Agricultural Credit, Beirut, Oct. 12 - 14, 1953, zitiert nach KUHNEN (1962, S. 177).

Die Kaufkraft der kleinen Landbesitzer und Pächter bestimmt daher wesentlich die zentralörtliche Ausstattung und Inanspruchnahme der Zentren im ländlichen Raum.

Marktorientierung der Agrarprodukte: Nicht nur als Käufer, sondern auch auch als Verkäufer bedarf der Landwirt des Marktes, und zwar umso mehr, je weiter die Entwicklung von der Subsistenzwirtschaft zur Marktwirtschaft fortgeschritten ist. Dementsprechend ist die Funktion regionaler Kleinzentren als Vermarktungsort bis zu einem gewissen Grad Indikator für den Stand der Modernisierung der Landwirtschaft in dem betreffenden Umland.

Dem libanesischen Landwirt ist nur noch die freie Vermarktung von Obst, Gemüse, Vieh und Viehprodukten aus seiner Produktion möglich.

Das Getreide wird an staatliche Sammelstellen zu einem Festpreis abgegeben. In dem größten Getreideanbaugebiet der Bekaa befindet sich diese Sammelstelle in der landwirtschaftlichen Versuchsstation Tell Amara bei Rayak.
Gleiches gilt für Tabak- und Zuckerrübenanbau. Während die Zuckerrüben direkt in die Fabrik bei Anjar in der zentralen Bekaa transportiert werden, läßt die besonders im Südlibanon aktive "Régie Co-Intéressé Libanaise des Tabacs et Tombacs" die Produktion in drei Sammellagern, Nabatiyet et Tahta, Marjayoun und Ghazziyé bei Saida anliefern. Die Verarbeitung erfolgt vor allem im Nabatiyet.

Direkter Verkauf vom Bauern zum Käufer auf Regionalmärkten erfolgt vor allem in rückständigen Gebieten. Er ist oft auf die Vermarktung des Viehs beschränkt, da Obst und Gemüse, wenn Großhändler vorhanden sind, vorwiegend an sie abgegeben werden. In beiden Fällen ist die Vermarktung der landwirtschaftlichen Erzeugung noch ein echtes zentrierendes Moment.

Großhändler für Obst und Gemüse gibt es im Untersuchungsgebiet in mehreren Zentren (Saida, Sour, Zahlé, Baalbek, Nabatiyet et Tahta). Sie werden von den Produzenten aufgesucht.

Die regionalen Großhändler erfahren mehr und mehr Konkurrenz durch ihre Standesgenossen aus Beirut, die sich direkt an die Bauern wenden und die Erzeugnisse zum großen Teil bereits vor der Ernte aufkaufen[1]). Die Produkte werden dann entweder im Herkunftsgebiet bis zum Weiterverkauf gelagert oder direkt nach Beirut oder ins Ausland transportiert. Dies gilt besonders für intensiv bewirtschaftete Gebiete.

Hier gehen die Landwirte auch verstärkt dazu über, die Produkte, wenn sie nicht bereits von einem Großhändler an Ort und Stelle gekauft wurden, selbst nach Beirut zu transportieren, da dort bessere Preise zu erzielen sind als auf einem Regionalmarkt. Kleine Mengen befördert man mit im Service-Taxi, dem gebräuchlichsten öffentlichen Verkehrsmittel. Für den Transport größerer Mengen mieten mehrere Bauern gemeinschaftlich einen LKW. Die Transportkosten sind sehr gering: Bis zu einer Entfernung von 40 km kostet das Kilo Ware 0,01 LL, für weiter gelegene Gebiete 0,02 LL. Der Beiruter Großmarkt verfügt über ca. 150 - 200 kleine Lieferwagen, die von den Bauern in Anspruch genommen werden können. (SADAKA und BOJILOV 1967, S. 6).

So kommen auf dem Beiruter Großmarkt allein rd. 370.000 t (1967) Obst und Gemüse zum Verkauf zusammen. Selbst der nächstgrößere Markt Tripoli hat demgegenüber nur ein entsprechendes Aufkommen von 126.000 t, von dem ca. 50 % der Zitrusfrüchte und 75 % des Kernobstes und Gemüses an den Beiruter Einzelhandel weiterverkauft werden.
Der Großmarkt von Saida empfängt nur 15.500 t Obst und Gemüse, von denen ca. 40 % an Beiruter Händler abgeführt werden.
Für die einzigen noch vorhandenen Großhändler von Sour und Zahlé ließen sich keine Zahlen über das Aufkommen des Umsatzes feststellen. Ihre geringere Bedeutung wird jedoch aus der Anzahl der Großhändler, Zahlé 9 und Sour 10 gegenüber Saida mit 12, Tripoli 70 und Beirut 239, deutlich. (SADAKA und BOJILOV 1967, S. 15 ff.).
Die Großhändler Zahlés unterscheiden sich darüber hinaus noch von den übrigen genannten, indem sie nicht nur an den Einzelhandel, sondern auch an Privatpersonen Waren abgeben. Gleiches gilt für Baalbek und Nabatiyet et Tahta.

Die Landwirte stehen auch direkt mit der weiterverarbeitenden Industrie in Kontakt. Die Firmen wenden sich an den einzelnen Bauern und kaufen die Erzeugnisse meist bereits vor der Ernte

---

1) Dies hat allerdings zur Folge, daß der Bauer nur einen Mindestpreis für die Ernte erhält, bei dem der Großhändler auch bei schlechten Ernten und ungünstigen Marktverhältnissen kein Risiko eingeht.

sogar selbst (vgl. Großhandel). Dies gilt unter anderem für die Obstverpackungsfirmen bei Saida (vgl. Abschn. V. B. 1. b.). Darüber hinaus haben Landwirte auch eigene Verkaufsorganisationen gegründet. Zu nennen sind besonders die Kooperativen in der Bekaa zur Vermarktung des Kartoffelanbaus mit 300 Mitgliedern und ein Zusammenschluß zur Absatzförderung der Eierproduktion. Sie hat von den 1972 erzeugten 400 Mill. Eiern in der Bekaa ca. 40 % verkauft.

In den meisten Fällen sind die von den Kooperativen vermarkteten Produkte für den Export bestimmt. Manchmal kommt es dabei zu einer Zwischenlagerung in Beirut, besonders bei Transporten per Schiff oder Flugzeug bzw. wenn eine längere Lagerung in Kühlhäusern notwendig ist. Von 11 Kühlhäusern im Libanon mit 130.300 m^3 stehen 7 mit insgesamt 60.580 m^3 im Beiruter Gebiet (SADAKA und. BOJILOV 1967, S. 15 ff.). Im ganzen zeigt sich deutlich eine *zunehmende Vorrangstellung Beiruts in der Vermarktung der Agrarproduktion*, besonders in dem (zunehmenden) über Großhändler und Exporteure vermarkteten Teil. Die kleineren Zentren als Zwischenhandelsstationen werden mehr und mehr umgangen, so daß ihre zentralörtliche Stellung geschwächt wird. Wieweit dieser Vorgang im einzelnen vorangeschritten ist, soll die Untersuchung der Regionalzentren erbringen.

IV. D. 4. Gewerbliche und industrielle Struktur des Landes

Bei der gewerblichen und industriellen Struktur des Landes muß die Betrachtung des Wirtschaftssektors auf das ganze Land ausgedehnt werden, da die auch in mittleren und kleinen Orten bestehenden traditionellen handwerklichen Betriebe immer mehr zugunsten moderner größerer Werke an Bedeutung verlieren. Diese sind bisher nur an wenigen Stellen im Lande angesiedelt, vor allem in Beirut. Sie fördern die Bevölkerungsabwanderung dorthin. Das führt zu einem relativen Bedeutungsschwund der kleineren Zentren.

Noch immer liegen die handwerklichen *Kleinbetriebe*, typisch für den ganzen Orient, mit 58,5 % Anteil an der libanesischen "Industrie" an der Spitze der entsprechenden Statistik. Ihr wirklicher Anteil dürfte noch weit höher liegen, da in der Statistik nur Betriebe mit fünf und mehr Arbeitskräften genannt werden, das Gros dieser Werkstätten aber weniger Beschäftigte aufweist.

Die wichtigsten Zweige des traditionellen Gewerbes und ihre Lokalisierung sind folgende:

Im Bereich der Lebensmittelherstellung ist vor allem die Getränkeproduktion, besonders mit Arak und Wein, zu nennen. Es gibt zahlreiche sehr kleine Verarbeitungsstätten, bevorzugt um Zahlê (11 für Arak, 5 für Wein), im Libanongebirge (29 für Arak, 3 für Wein) und in Beirut (14 für Arak, 2 für Wein). Weiterhin ist die Herstellung von Olivenöl zu nennen. Verarbeitungsbetriebe sind entsprechend den natürlichen Wachstumsbedingungen des Ölbaum verteilt, mit Schwerpunkt im Bergland (nordlibanesische Provinz: 74 Hersteller, Provinz Südlibanon: 31 Hersteller, Provinz Jabal Lubnan: 10 Hersteller, Beirut: 1 Hersteller, Bekaa: 3 Hersteller).

Die traditionelle Textilindustrie (Weberei von Stoffen und Herstellung einfacher Kleidung und Unterwäsche) knüpft an die ehemals bedeutende Seidenraupenzucht im Lande an. Heute werden Rohstoffe vor allem importiert. Die Vielzahl der Kleinbetriebe (nur um Beirut liegen ein paar größere Werke) bringt mit sich, daß ihre Kapazität meist nicht ausgelastet ist. Trotzdem wird die Textilindustrie staatlich gefördert, vor allem im ländlichen Raum, um der weiblichen Bevölkerung eine - wenn auch nur bescheidene - Verdienstmöglichkeit zu geben (vgl. Teppichknüpferei in der nördlichen Bekaa). Diese Maßnahme soll helfen, die Landflucht zu bremsen.

Druckereibetriebe, ebenfalls zahlreich im ganzen Land, leiden unter Nichtauslastung der Kapazität.

Die Glasindustrie, schon von den Phöniziern begründet, ist heute mit zahlreichen Kleinbetrieben und zwei großen Werken in Beirut bzw. Tripoli vertreten. Sie verdrängen die kleinen Werkstätten mehr und mehr vom Markt. Schwerpunkt in der Herstellung ist die Spiegelproduktion.

Während in den meisten größeren Orten die verschiedenen traditionellen Gewerbe in erster Linie dem lokalen und regionalen Bedarf dienen, gibt es auch Orte, die sich auf einen bestimmten Produktionszweig spezialisiert haben. Hier ist z. B. Machgara zu nennen mit der dort ansässigen Gerbereiindustrie, die sich aufgrund günstiger Wasserverhältnisse und eines relativ großen Eichenbestandes im umgebenden Bergland entwickeln konnte. Auch Bent-Jbail gehört dazu. Hier haben sich geflohene Schuhmacher aus Palästina nach 1948 niedergelassen und in über 100 Betrieben ihr Gewerbe weitergeführt. Außerdem sind Saidas

Möbelindustrie, die Silberverarbeitung in Rachaya und das alte Töpferhandwerk in Rachaya el Faouqa zu nennen.

Seit jeher sind diese Gewerbe auf den Absatz in einem größeren Zentrum eingestellt. Ehemals waren es besonders Damaskus und Homs, heute ist es vor allem Beirut. Sie stellen daher, anders als die verschiedenen Gewerbebetriebe eines Regionalzentrums, kaum ein die Zentralität des Standortes vergrößerndes Moment dar.

Die Produktion dieser Zweige des traditionellen Gewerbes geht stark zurück[1]. Zum Teil wird das ländliche Gewerbe nur noch durch staatliche Förderung am Leben erhalten. Dies gilt besonders für kunstgewerbliche Arbeiten (Teppichknüpferei, Silberarbeiten, Töpferei usw.), die fast vollständig durch das "Office du Développement Social" in Beirut vermarktet wird (Souvenirhändler und das staatliche "Maison des Arts" in Beirut). Gebrauchsgegenstände werden besonders von Exporteuren aufgekauft und wegen der geringwertigen Qualität in das arabische Ausland exportiert.

Auch die *moderne, automatisierte Industrie* wird vorwiegend durch kleinere Betriebe repräsentiert. Werkstätten mit 5 bis 9 Beschäftigten stellen 51,3 % der Arbeitskräfte dieses Industriesektors, solche mit 10 bis 20 Werktätigen 33,1 % (Durchschnitt bei 12,4 Arbeitskräften). Betrieben mit 50 und mehr Arbeitskräften kommt weniger als 7 % Anteil zu (unveröffentlichtes Material des Planungsministeriums).

Die wichtigsten modernen Industriezweige gliedern sich wie folgt auf:

- Lebensmittelindustrie: Herstellung von Konserven, Konfitüren, und Saucen: Es gibt zwei große Werke im Bereich von Beirut und eines in Chtaura, südlich Zahlés an der Straße nach Da-

---

1) WIRTHS (1972) sehr anschauliche Darstellung des ländlichen Heimgewerbes in Syrien gilt auch für den Libanon. Auch dort ist das Heimgewerbe nach dem Zweiten Weltkrieg in den Dörfern fast völlig verschwunden und hat zu Arbeitslosigkeit und Verdienstausfall geführt.

maskus. Ihre Verarbeitungsmenge beträgt täglich ca. 200 t Obst und Gemüse.

Herstellung von Obst- und Tomatensäften: Es gibt fünf Werke, von denen die drei bedeutendsten in Vororten Beiruts liegen.
- Mechanische und metallurgische Industrie: Es werden im Libanon vor allem Materialien für den Bausektor hergestellt. Einige andere Betriebe beschäftigen sich mit dem Bau von Autokarosserien, Kühlschränken, Fahrstühlen. Die Herstellung ist jedoch so gering, daß große Importmengen noch notwendig sind. Es gibt drei Stahlwerke, eines seit 1961 in Beirut, die übrigen beiden seit 1962 bzw. 1968 in und bei Tripoli.
- Zementindustrie: Es gibt zwei Werke in der nördlichen Küstenebene bei Chekka. Aufgrund der fast allgemein großen Bautätigkeit im Libanon hat diese Industrie einen großen Aufschwung erlebt.
- Chemische Industrie: Es werden vor allem Düngemittel in zwei größeren Werken und Farben und Lacke in zwei großen und ca. 50 Kleinbetrieben hergestellt.

Obige Ausführungen zeigen, daß die modernen Industriewerke vor allem in der Küstenebene mit Schwerpunkten um Beirut und Tripoli liegen. (Das Gebiet um Tripoli soll zum Industriegebiet Libanons ausgebaut werden.) Diese Verteilung ist leicht begründbar: Fast alle Rohstoffe müssen in den Libanon eingeführt werden. Daher ist eine hafennahe Lage (Beirut, Tripoli) der Werke bedeutsam. Die Industrieansiedlung setzt außerdem ein zahlreiches qualifiziertes Arbeitskräfteangebot, gute Verkehrserschließung (Straße, Hafen, Flughafen), stabile elektrische Leitungen, gute Post- und Telefonverbindungen und relative Nähe zum Absatz- bzw. Exportmarkt voraus. Diese Prämissen sind am ehesten in der Küstenzone vorhanden, besonders in und um Beirut. Hier befinden sich daher auch 83 % der libanesischen Industrie, gegenüber ca. 10 % um Tripoli.

Im letzten Jahrzehnt hat sich die Industrie, vor allem aus Raumnot um Beirut, an der Straße Beirut - Damaskus in die zentrale Bekaa ausgedehnt. Es befinden sich hier Werke, die besonders auf den syrischen Raum ausgerichtet sind. Die Standortwahl

der modernen Industriebetriebe macht deutlich, daß höchstens
Zahlé in der Nähe der Werke an der Straße nach Damaskus von
der Industrie profitieren kann, wenn auch nur evtl. in der Versorgung der Industriearbeiter, die mit einem regelmäßigen
durchschnittlichen Einkommen von ca. 2800 LL/Jahr eine relativ
kaufkräftige Gruppe bilden (Auskünfte in den Industriebetrieben, 1972).

IV. D. 5. Handel und private Dienstleistungen

In der europäischen Zentralitätsforschung kommt dem Handel und
den privaten Dienstleistungen große Bedeutung zur Erfassung der
zentralen Bedeutung eines Ortes zu. Studien über Entwicklungsländer ziehen Handels- und Dienstleistungseinrichtungen oft als
einzige Kriterien heran, um die Zentralität einer Siedlung zu
bestimmen (vgl. Abschn. II. B.). Auch im Libanon kann daher
davon ausgegangen werden, daß Handelsgeschäfte, Reparaturwerkstätten, Gaststätten, Barbiere, Kinos, Arztpraxen usw. für das
Entstehen von Umlandbeziehungen einer Siedlung mit ausschlaggebend sind.

Während die Umlandrelevanz von Dienstleistungsbetrieben meist
nur durch Befragung der Betriebsinhaber bzw. der Landbevölkerung möglich ist, ließen im Handel physiognomische Unterschiede der *Geschäfte* bereits auf mehr oder weniger große Zentralität schließen. Zu berücksichtigen sind Art des Geschäftes, Warenangebot, Aufmachung und Lage.

Art des Geschäftes:

Als meist wenig zentralitätsrelevant erwiesen sich Lebensmittelläden, besonders solche, die die Agrarproduktion des Landes
anbieten.

Ausnahmen bilden Bäckereien und Konditoreien sowie Läden für
Getreide, Mehl und Hülsenfrüchte, da es sie in Dörfern kaum
gibt. Dies gilt besonders für die Intensivkulturgebiete für
Obst und Gemüse in der zentralen Bekaa und im Südlibanon.

Geringe Zentralität entwickeln auch Läden westlicher Konsumgüter bzw. entsprechende Dienstleistungen, wie Blumenhändler,
Fotogeschäfte, Damenfriseure und Schönheitssalons. Ihr Angebot
entspricht kaum der Nachfrage aus dem ländlichen Raum. Alle übrigen Geschäftstypen lassen eine mögliche zentrale Bedeutung zu.

Warenangebot:

Läden, die von Landbewohnern aufgesucht werden, bieten meist
ein breites Warensortiment und oft auch große Stückzahlen. Besonders gilt dies für Gemischtwarenläden, die eine breite Pa-
lette von Lebensmitteln, Hausbedarf, Seifenartikeln, Schreibwaren u. a. m. anbieten (im folgenden als Typ I bezeichnet).
Bei Textilien, Schuhen oder Hausrat besteht oft eine Spezialisierung auf einen dieser Sektoren. Die Warenmenge ist jedoch
auch hier groß (im folgenden als Typ II bezeichnet). Alle Waren gehören vor allem niederer Qualitätsstufe an.
Geschäfte für Käufer aus gehobenen städtischen Schichten sind
generell wesentlich stärker spezialisiert, z. B. auf Wäsche,
Wollkleidung, Handarbeitswaren, Damenoberbekleidung, Herrenoberbekleidung, Kinderkleidung, Sportartikel usw. Die Qualität entspricht europäischem Maßstab (im folgenden als Typ III
bezeichnet).

Aufmachung der Läden:

Es gibt zwei Ladentypen, deren Aufmachung auf ländliche Käu-
ferschichten schließen läßt:
- Läden in traditionell orientalischem Stil, d. h. ohne Zur-
  Schau-Stellung der Waren: Sie sind zur Straßenseite entweder ganz offen oder durch eine Holzverkleidung mit kleinen
  eingesetzten Fenstern und einer Ladentür von der Straße abgetrennt. Beide Formen sind bei Ladentyp I festzustellen.
- Geschäfte mit einer Holzverkleidung zur Straße, einer Ladentür und ein- oder beiderseitig der Tür angebrachten kleinen
  Schaufenstern. Die Schaufenster sind, wenn überhaupt, einfach dekoriert, d. h. mit Regalen versehen, die mit den angebotenen Waren vollgestopft sind. Dieser Form entspricht
  besonders Ladentyp II.
  Nach Ladenschluß werden in beiden Fällen die Geschäfte durch
  ein einfaches Metallgitter verschlossen.

  In rückständigen Gebieten gibt es manchmal noch die älteren
  Holzklapptüren vor der Ladenfront. Diese Ladenform weist auf
  generelle Rückständigkeit des Ortes hin. Die Innovation des
  Metall-Rollgitters ist "noch nicht durchgedrungen".
Die Geschäfte für Käufer einer höheren Sozialschicht (fast
ausschließlich in der Stadt ansässig) sind z. T. wesentlich
größer. Sie nehmen nicht nur die Straßenfront ein, sondern erstrecken sich, entsprechend den Läden in westlichen Ländern,
weiter in das Hausinnere. Meist haben sie recht geschmackvoll
dekorierte Schaufenster. Auch eine Ladentür ist immer vorhanden (Ladentyp III).

Ein anderes Indiz für den Modernitätsgrad der Läden und damit
seine Bevorzugung durch städtische oder ländliche Kunden sind
Aushängeschilder und Inschriften an den Geschäften: Moderne
Geschäfte tragen außer arabischen auch französische Beschriftungen, wobei das Französisch meist in größeren Buchstaben mit
leuchtenden Farben gehalten ist. Leuchtreklamen treten bei diesem Geschäftstyp nicht nur häufiger auf, sondern geben auch den
Namen der Geschäftsbesitzer an. Traditionelle Läden weisen

höchstens eine Herstellungsfirma (z. B. Coca Cola) in Leuchtbuchstaben auf.

Lage des Geschäftes:

Die Lage eines Ladens ist selten ein Indiz für seine zentrale Bedeutung, da die meisten untersuchten Orte so klein sind, daß alle Ortsteile ohne größeren Zeitaufwand zu erreichen sind. Generell kann jedoch festgestellt werden, daß folgende Lagen ungünstige Voraussetzungen für eine Inanspruchnahme aus dem Umland bieten:
- vereinzelt liegende Läden in Wohngebieten. Sie ermöglichen nur schwer einen Vergleich des Angebotes.
- Läden in denjenigen Ortsteilen, die von den Wohngebieten höherer Sozialschichten umgeben sind. Die Ansprüche des lokalen Publikums schlagen sich in dem Angebot der Läden nieder, das darum nicht ländlicher Nachfrage entspricht.
- Von der Landbevölkerung bevorzugte Läden liegen dagegen in der Nähe von Service-Taxi- oder Busstationen, da die Landbevölkerung meist mit diesen Verkehrsmitteln in das Zentrum kommt.

Einen günstigen Standort weisen auch Läden in der Nähe des Caza- oder Mohafazaregierungsgebäudes auf.

Außer fest installierten Handelseinrichtungen in einer Siedlung gibt es auch periodisch - meist wöchentlich - stattfindende *Märkte* in einem Ort bzw. in seiner unmittelbaren Umgebung.

Im Südlibanon treten Wochenmärkte häufig auf. Auch in der südlichen Bekaa gibt es sie noch. Ihre nördliche Grenze liegt südlich der durch die Bekaa von Beirut nach Damaskus führenden Straße. Weiter nördlich scheinen die Grundvoraussetzungen für das Entstehen eines Marktes zu fehlen. Folgende Bedingungen müssen gemeinsam auftreten:
- Das Vorhandensein einer ländlichen Bevölkerung, die ihre Anbauprodukte noch selbst zum Kauf anbietet: das heißt, es findet noch kaum eine Vermarktung über Großhändler statt.
- Gebiete, in denen eine Landbevölkerung mit geringem Konsumbedarf lebt, so daß ein periodisches Kaufangebot den Bedarf befriedigen kann (vgl. dazu MIKESELL 1958; DESHPANDE 1940). Heute gilt dies besonders für die unterentwickelten peripheren Gebiete des Untersuchungsraumes.
- Das Umland des Marktes muß eine unterschiedliche Landnutzung zulassen, damit überhaupt ein verschiedenartiges Angebot auf dem Markt entstehen kann.

Bild 1. Warenangebot des täglichen Bedarfs, Innenstadt von Baalbek. Die sehr schmalen, dicht beeinanderliegenden Verkaufsboxen werden nach Ladenschluß durch altertümliche Holzflügeltüren geschlossen (Aufn. 17.4.73). Ladentyp I (mit Inanspruchnahme aus dem Umland).

Bild 2. Laden für gutsortierte Haushaltswaren in Zahlé-Maalaka. Äußere Aufmachung wie in Bild 1, jedoch mit dem etwas moderneren Metallrollgitter (Aufn. 20.3.72). Ladentyp I (mit Inanspruchnahme aus dem Umland).

Bild 3. Geschäft für Kinderkleidung und Damenwäsche in Saida (Rue Moutran). Der Ladenraum ist durch eine Holzverkleidung mit eingesetzten Scheiben abgeschlossen. Ansätze von Dekoration sind erkennbar (Aufn. 2.8.72). Ladentyp II (mit Inanspruchnahme aus dem Umland).

Bild 4. Herrenschuhgeschäft in der Innenstadt von Baalbek. Ausstattung, Sortierung und Dekoration ähnlich wie in Bild 3 (Aufn. 26.4.73). Ladentyp II (mit Inanspruchnahme aus dem Umland).

Bild 5. Spezialgeschäft für Damenschuhe in der Innenstadt von Zahlé. Das große, modern dekorierte Schaufenster mit vielfältigem Angebot ist auf eine städtische Käuferschicht mit gehobenen Ansprüchen ausgerichtet (Aufn. 17.4.73). Ladentyp III (ohne Bedeutung für das Umland).

Bild 6. Geschäft für gehobenen täglichen Bedarf (Selbstbedienung), Innenstadt von Zahlé. Reklame in lateinischer Schrift! (Aufn. 17.4.73). Ladentyp III (ohne Bedeutung für das Umland).

Bild 7. Schuhgeschäft im Übergangsgebiet von der Innenstadt von Zahlé zur mehr von der Umlandbevölkerung frequentierten Peripherie. Einerseits offene Ladenfront mit Warenausstellung auf der Straße, andererseits noch Reklame in lateinischer Schrift (Aufn. 18.4.73). Ladentyp II/III (geringe Inanspruchnahme aus dem Umland).

Bild 8. Ladenstraße für städtische Bevölkerung geringster Kaufkraft in Zahlé (Souk el Blatt).(Aufn. 16.4.74). Ladentyp I (ohne Inanspruchnahme aus dem Umland).

Bild 9. Der Wochenmarkt von el Marj in der zentralen Bekaa. Das Angebot von Waren des periodischen Bedarfs einfachster Art wird meist auf der Erde ausgebreitet (Aufn. 10.4.72).

Bild 10. Der 1962 ausgebaute Wochenmarkt von Dahr el Ahmar bei Rachaya. Die Verkaufsboxen im Beton-Karree sind mit Wasser- und Stromanschlüssen ausgestattet. Zusätzlich werden Waren auf dem Boden ausgebreitet. Das Angebot ist auf einfachen ländlichen Bedarf ausgerichtet (Aufn. 16.8.72).

Aus diesem Grunde gibt es wahrscheinlich in Gebieten einheitlicher Bodennutzung, wie z. B. der nördlichen Bekaa, in der nur noch Getreidebau neben Viehwirtschaft durchgeführt wird, Wochenmärkte im Stil der südlichen Landesteile nicht, abgesehen von Viehmärkten.

Banken, Kreditinstitute und Geldverleiher sind vor allem unter dem Aspekt privat-wirtschaftlicher Abhängigkeit des Umlandes von der Stadt zu betrachten, die sich am besten durch den Kreis der Kreditnehmer erfassen läßt.
Banken mit Kreditzinssätzen von generell "nur" 10 - 15 %, aber der Forderung nach hohen Sicherheiten, bedienen entsprechend wohlsituierte Kunden (freie Berufe, größere Händler, größere Landbesitzer), die vorwiegend im städtischen Raum angesiedelt sind.
Kreditnehmer stellen nur einen geringen Teil der Bankkunden (keine genauen Angaben vorhanden). Hauptklienten sind Sparer. Es handelt sich entweder ebenfalls um Stadtbewohner (Sozialschichten s. o.), um Emigrierte, die Gelder in ihre Heimatorte überweisen, um arabische Ausländer, besonders Syrer, deren Einlagen die Banken als Gelddepots für Ferienaufenthalte bezeichnen, die aber zu einem großen Teil Fluchtgelder sein dürften, oder um Besitzer größerer landwirtschaftlicher Betriebe. Diese Gruppe ist zahlenmäßig klein und beschränkt sich auf die Bevölkerung intensiv bewirtschafteter Agrargebiete.

Banken sind demzufolge fast nur in größeren Städten (Saida, Sour, Zahlé) und in landwirtschaftlichen Gunstgebieten vertreten. Selten handelt es sich um ältere lokale Bankhausgründungen. Vielmehr herrschen verhältnismäßig spät (nach 1950) eingerichtete Filialen der Banken Beiruts vor.

Private Kreditbüros verlangen weniger hohe Sicherheiten, erheben dafür aber 20 - 25 % Zinsen für die zumeist gezahlten Kleinkredite. Auch hier beschränkt sich der Klientenkreis auf städtische Schichten, besonders auf den relativ schlecht gestellten Mittelstand (Beamte, Lehrer, kleine Händler). Private Geldverleiher, meist nicht zahlenmäßig zu ermitteln, da sie das Geldverleihwesen nicht hauptberuflich betreiben, erheben 40 % und mehr Zinsen für die Gewährung von Krediten. Letztere sind allerdings ohne Hypotheken zu erhalten. Da Geldverleiher jedenfalls im Libanon außer in städtischen Siedlungen auch in größeren Dörfern leben, ist kaum mit einer größeren zentralen Bedeutung ihres Geschäftes zu rechnen.

Insgesamt zeigt sich also, daß Geldinstitutionen der Stadt nur einen sehr begrenzten, dafür aber oft distanzunabhängigen Kundenkreis aus dem Umland haben. Kredite, wie die Masse der Schuldner sie benötigen, werden vielmehr direkt bei dem Händler erfragt, der den Konsumbedarf des Kunden deckt, oder vom Großhändler oder Kommissionär bezogen, über den der Bauer die Agrarprodukte vermarktet.

Andere Kreditverflechtungen, z. B. Krediterhalt von städtischen Händlern, Heimarbeiter, die Heimarbeiten von der Landbevölkerung beziehen, ließen sich nur in wenigen Fällen nachweisen, weil die ehemalige traditionelle Heimarbeit (WIRTH 1971) nur noch in wenigen Dörfern existiert und landwirtschaftliche Produkte zum großen Teil über staatliche Organisationen vermarktet werden (Abschn. IV. D. 4.). Auch eine Kreditabhängigkeit des Landpächters vom Landbesitzer ist aufgrund der heutigen Besitzstruktur in der Landwirtschaft im Libanon selten (Abschn. IV. D. 3.).

IV. E. *Einrichtungen des Schulwesens*[1]

Außer staatlichen Lehranstalten bestehen im Libanon religiös gebundene Privatschulen. Letztere erheben Schulgeld, bieten aber meist eine bessere Ausbildung. Sie werden dementsprechend vorwiegend von einkommensstärkeren Bevölkerungsschichten in Anspruch genommen (siehe weiter unten).

Im folgenden sollen nur Oberschulen betrachtet werden, da ihr Standort an Orte gebunden ist, die aufgrund anderer Versorgungseinrichtungen (Administration, Handel, Gewerbe) bereits in die vorliegende Untersuchung eingehen. Mittel- und Volksschulen gibt es dagegen auch in dörflichen Siedlungen.

Eine Kontrolluntersuchung in der zentralen Bekaa ergab, daß aus-

---

1) Es ist zu berücksichtigen, daß im Libanon ein Aufbauschulsystem besteht. Auf eine Volksschulstufe (bis zum Alter von 10 Jahren) baut eine vierjährige Mittelschulstufe auf. Von dort kann man zu einer dreijährigen Oberschulausbildung überwechseln.

ser in dem Zentrum Zahlé Mittelschulen in den Dörfern Rayak, Ablah, Ali en Nahri, Bednayl, Nabi Chit, Joub Jannine, Khirbet, Qanafar, Saghbine, Kamed el Laouz bestehen. Demzufolge ergab auch eine Befragung der Mittelschule von Zahlé, daß ca. 80 % der Schüler aus dem Ort selbst kommen und ca. 20 % aus Dörfern der Umgebung bis zu einer Entfernung von etwa 5 km je Schulweg.

Folgende Tabelle zeigt die Anzahl staatlicher und privater Gymnasien und deren Schülerzahlen in den Mohafazas im Schuljahr 1970-71:

Mohafazat	Staatliche Gymnasien	Schülerzahl	private Gymnasien	Schülerzahl
Beirut	6	13.967	69	11.658
Mont-Liban	10	10.921	114	7.540
Liban Nord	12	6.370	31	3.830
Liban Sud	6	3.164	20	1.733
Bekaa	5	1.728	16	893
Gesamt	37	36.150	250	25.655

Quelle: Ministére de l'Education Nationale: Statistiques Scolaires, Année 1969 - 1970, 1970 - 1971.

Private Gymnasien sind vor allem im Gebiet des Mont Liban und in Beirut vertreten (s. Tabelle). Ihre bereits im letzten Jahrhundert recht große Zahl im Mont Liban[1] erklärt sich daraus, daß die Privatschulen insbesondere von christlichen Organisationen gegründet wurden, selbstverständlich vorrangig in den eigenen Wohngebieten.
Auch in den Gebieten des Vilayets von Beirut und Damaskus gab es meist konfessionell oder von ausländischen Institutionen organisierte Schulen. Nur ganz wenige unterstanden türkischer Zivilverwaltung (vgl. CUINET 1896). Der Eintritt der Türken in den ersten Weltkrieg führte zur Schließung aller von französischer Seite unterhaltenen Schulen. Erst in französischer Mandatszeit verbesserte sich die Situation. Im ganzen Land wurden staatliche Mittel- und Grundschulen gegründet. Gymnasien gab es weiterhin nur im privaten Sektor. Die höheren privaten Schulen in Beirut waren und sind in erster Linie Internatsschulen. Ehemals schickten besonders christliche Familien aus entfernten Gebieten, wie z. B. Baalbek, ihre Kinder dorthin. Beiruts

---

1) Bereits Mitte des 19. Jh.s gab es dort 21 Schulen (1867). Vgl. dazu: SALIBI (1965, S. 123 ff.), der einen ausführlichen Bericht über die Entwicklung der Schulen im "Mutessarifat Mont Liban" gibt.

Institute genossen ein höheres Ansehen als Schulen in Damaskus, Aleppo, Homs, da Beirut als stärker westlich orientiert galt.

In den übrigen Provinzen des Libanon sind Privatschulen nur in den Provinzhauptstädten (Zahlé, Saida) vorhanden. Ihre Schüler sind zumeist Kinder wohlsituierter ortsansässiger Familien. Bei den Internatsschülern handelt es sich oft um Kinder abgewanderter oder emigrierter Familien, deren Kinder im Heimatort aufwachsen sollen. Privatschulen sind also für die Frage nach der niederen Zentralität des Schulortes weniger aussagekräftig als staatliche Gymnasien.

Staatliche Oberschulen zentrieren eindeutig das Umland des betreffenden Ortes. Als kostenfreie Institutionen können sie Kinder aller Einkommensklassen, also auch aus der Landbevölkerung, aufnehmen. Daher kann die Untersuchung der zentralen Bedeutung von Gymnasien auf staatliche Oberschulen ("écoles supérieures officielles") beschränkt werden (vgl. Regionaluntersuchung, Abschn. V).

Unter den weiterführenden Schulen ist im Libanon die in den letzten Jahren wachsende Zahl von Fach- und Gewerbeschulen zu nennen[1]. Staatliche Berufsschulen entstanden und entstehen ausser in Beirut in den Mohafaza- und Cazazentren, neuerdings bevorzugt in den abgelegenen Gebieten, um durch diese Strukturverbesserung die Abwanderung der jungen Leute einzuschränken.

Generell stimmen die "offiziellen" Einzugsbereiche der staatlichen Fachschulen mit den Cazagrenzen überein (auf eine Caza kommt eine Fachhochschule). Bei freien Plätzen werden auch Schüler aus den Nachbarkreisen bzw. entfernteren Gebieten aufgenommen, die in den jeweils angeschlossenen Internaten untergebracht werden. Entfernungsprobleme setzen dem Einzugsbereich daher keine Grenzen. Somit ist es kaum möglich, den zentrierten Raum darzustellen. Dieser Schultyp soll daher aus der Betrachtung ausgeschlossen werden.

---

1) Es gibt staatliche und private Institutionen. Staatliche sind älter; die erste Staatsschule wurde 1948 gegründet, private erst ab 1960. Staatlich: 1 Hotelfachschule, 2 Berufsschulen, 11 Handelsschulen; privat: 104 Gewerbe- und Fachschulen für Handel, Handwerk, Krankenpflege, Musik, Hauswirtschaft. Die große Schulzahl täuscht leicht über die geringe Bedeutung der privaten Anstalten nach ihrer Schülerzahl hinweg (HACHEM 1969, S. 55).

IV. F. Einrichtungen des Gesundheitswesens

Auch hier ist zwischen privaten und staatlichen Einrichtungen zu unterscheiden.

Krankenhäuser:
Staatliche Krankenhäuser, meist bis auf Cazaebene vertreten, sind eher zentralitätsrelevant als private Anstalten, da sie - analog zu den Schulverhältnissen - keine Behandlungskosten erheben und damit auch vor allem Patienten aus dem ländlichen Raum versorgen. Bedeutungsmindernd wirkt sich allerdings zumeist die Bettenkapazität und mangelnde Ausstattung zur Behandlung von Spezialfällen aus.

Private Krankenhäuser, zwar zahlreicher, aber mit meist noch geringerer Bettenzahl als staatliche Hospitäler, dienen vor allem der Bevölkerung ihres städtischen Standortes. Patienten sind besonders Beamte, die als einzig gesetzlich Krankenversicherte 70 % der Kosten (Familienangehörige 50 %) vom Staat erstattet bekommen. Auch reichere Händler und Freiberufliche gehören zu den Patienten. Dieser Patientenkreis bringt es mit sich, daß private Krankenhäuser vor allem in städtischen Siedlungen eröffnet wurden, insbesondere in Beirut, Tripoli (1965: 23), Saida (1972: 7), Zahlé (1) und im Bergland um Beirut. Aufgrund der räumlichen Verteilung und des sozialspezifischen städtischen Patientenkreises sind private Krankenhäuser daher wenig relevant für zentralörtliche Systeme im Untersuchungsgebiet.

Krankenversorgungsstationen:
Zwar gibt es ebenfalls staatliche und private Einrichtungen, beide stellen aber ihre Dienste kostenlos zur Verfügung und zentrieren daher auch die Landbevölkerung. Diese arabisch als "Moustouseif" bezeichneten Stationen gibt es in fast allen Caza- bzw. Mohafazazentren, in gut entwickelten ländlichen Räumen (zentrale Bekaa) sogar in dörflichen Siedlungen.

In unterentwickelten Gebieten hat sich in den letzten Jahren eine weitere Form der Krankenversorgung entwickelt. Dort, wo es an Mitteln zum Bau von stationären Einrichtungen fehlt bzw. wo eine nur geringe Bevölkerungsdichte solche Investitionen nicht rechtfertigt, werden fahrbare Stationen eingesetzt, meist vom libanesischen Roten Kreuz unterhalten. Sie besuchen regelmäßig, meist einmal in 10 Tagen, die einzelnen Dörfer eines unterversorgten Gebietes. Standorte dieser "Krankenwagen" sind meist Rote-Kreuz-Stationen in den Mohafazazentren, deren Einzugsbereich dadurch entsprechend vergrößert wird.

Privatärzte:

In fast allen Cazazentren gibt es praktische Ärzte. Fach- und Zahnärzte sind dagegen meist nur in Mohafazazentren vertreten. Vom Patienten zu leistende Behandlungsgebühren führen auch hier generell zu einer Beschränkung des Patientenkreises auf einkommensstärkere und damit vorwiegend städtische Schichten. Dies gilt besonders für praktische Ärzte, da die Landbevölkerung auf die kostenlos arbeitenden "Moustouseif-Stationen" ausweichen kann. Je mehr derartige Stationen eingerichtet werden, desto mehr sinkt die Zentralität der Ärzte.

Spezialärzte haben dagegen einen größeren Einzugsbereich unter der Landbevölkerung, da für sie keine Konkurrenz besteht. Bei Zahnärzten ergab sich eine unterschiedliche Umlandrelevanz, je nachdem, ob es sich um promovierte Zahnärzte oder einfache Dentisten handelt. Letztere bieten ihre Dienste preiswerter an und haben daher mehr Resonanz in der Landbevölkerung. Es ist anzunehmen, daß die Bedeutung von Spezial- und Zahnärzten für das Umland steigen wird, da das Einkommen der Landbevölkerung wächst und man sich eine kostenpflichtige Behandlung eher leisten kann.

IV. G. Administrative Raumeinheiten und ihre Einrichtungen

In der deutschen Literatur zur zentralörtlichen Raumgliederung wird die zentrierende Rolle der Verwaltung meist wirtschaftlichen Dienstleistungen nachgestellt (z. B. NEEF 1950, S. 9) oder bleibt völlig unberücksichtigt. Es ist zu prüfen, welche Rolle die Verwaltungsgliederung des Landes unter den Bedingungen des Orients, speziell des Libanon, für das Entstehen zentralörtlicher Einzugsbereiche spielt.

Die Verwaltung ist hier, wie in fast allen orientalischen Ländern, auf vier Ebenen entwickelt:

- Einrichtungen auf Staatsebene: Alle Ministerien, die höchste Militärverwaltung und der höchste Gerichtshof sind in Beirut vertreten. Mit ihnen unterhält der libanesische Bürger generell wenig Kontakt. Allerdings bemühen sich manche Personen mehr und mehr, direkt mit den Ministerien (besonders für Wirtschaft, Planung, Landwirtschaft) zu konferieren, in der Hoffnung, die Bearbeitung ihrer Anliegen dadurch schneller voranzutreiben.

- Einrichtungen auf Mohafazaebene: In den Hauptstädten der Provinz (Beirut, Baabda, Tripoli, Saida, Zahlé) sind sämtliche Ministerien durch Abteilungen in der Provinzverwaltung noch einmal vertreten; hinzu kommt ein regionaler Militärstützpunkt und ein Gerichtshof.

    Dienststellen dieses Ranges werden von der Bevölkerung aufgesucht, wenn z. B. ein Auto angemeldet werden soll (allerdings auch in Beirut möglich), Änderungen im Grundbuch notwendig sind, größere vor Gericht auszutragende Streitfälle verhandelt werden oder Unterstützung für landwirtschaftliche Betriebe zu beantragen ist.

- Einrichtungen auf Cazaebene: In den Cazazentren befinden sich Abteilungen für allgemeine Verwaltung, Steuern und Finanzen, Gesundheits- und Veterinärwesen, Landwirtschaft usw. (vgl. Regionalbetrachtung Abschn. V.). Auch ein Gericht und ein Militärstützpunkt sind vorhanden.

    Die Cazabevölkerung kann hier Baugenehmigungen oder Geschäfts- und Restauranteröffnungen beantragen, kleinere Streitfälle vor dem Caimakam (Landrat) oder vor Gericht austragen, um Jagdgenehmigungen einkommen und Beratung und Hilfe für die landwirtschaftliche Betriebsführung beantragen.

- Ortsebene: Hier ist der Staat durch einen "Mukhtar" (Bürgermeister) vertreten. Bei Siedlungen über 300 Einwohnern erhält jedes Ortsquartier einen Mukhtar (Viertels-Bürgermeister). Diesen ist dann ein "Reis-e Belediye" (Oberbürgermeister) vorangestellt. Der Mukhtar stellt Bescheinigungen und Ausweise aus und soll das Register über Geburten und Sterbefälle führen.

Generell besteht zwar entsprechend der jeweiligen Verwaltungsebene eine abgestufte Kompetenzrangordnung der Dienststellen, es kann aber unter folgenden Umständen zu einer Kompetenzverwischung zwischen den einzelnen Ebenen kommen:

- Diejenige Caza, in der das Mohafazazentrum liegt, wird durch die Verwaltungseinrichtungen auf Mohafazaebene direkt mit verwaltet, d. h. der Mohafez ist gleichzeitig Caimakam.

- In manchen Cazas sind nicht alle dieser Ebene angehörenden Verwaltungseinrichtungen vorhanden. Dies tritt besonders bei geringer Entfernung des Cazazentrums vom Mohafazazentrum auf. Letzteres versorgt die benachbarte Caza dann in den fehlenden Kompetenzen mit.

- Aber auch bei Vorhandensein der Verwaltungseinrichtungen in einem Cazahauptort können dortige Ämter übergangen werden. Man wendet sich gleich an die höheren Mohafazabehörden, gegebenenfalls sogar direkt nach Beirut (s. o.). Man erhofft sich davon die bereits erwähnte schnellere Bearbeitung der Anliegen.

Als typisch erwies sich (vgl. Abschn. V. A.), daß niedere Instanzen besonders in Gebieten mit recht fortschrittlicher Bevölkerung zugunsten von höheren Ämtern übersprungen werden, während die Bevölkerung unterentwickelter Räume den normalen Instanzenweg geht. Dabei beschränkt sich der Kontakt meist noch auf wenige Personen, d. h. eine delegierte Person wird zu dem jeweiligen höchsten Verwaltungsbeamten entsandt. Wesentliche Voraussetzung, besonders für den letzten Fall, ist, daß generell immer ein persönlicher Kontakt zwischen Behörden und Bevölkerung besteht, im Gegensatz zu den bürokratisch arbeitenden Ämtern westlicher Länder mit hauptsächlich schriftlichem Verkehr. Am stärksten wird die Landbevölkerung durch Dienststellen der Landwirtschaftsbehörde und beigeordneter

Ämter[1] zentriert.

Die Landbevölkerung sucht diese Stellen, sei es auf Mohafaza- oder Cazaebene, auf, um Anträge z. B. auf Vermarktungshilfe für die Ernte (besonders bei Obst und Gemüse) zu stellen, Subventionen, die es für bestimmte Anbauprodukte gibt, abzuholen, kostenlose Impfung des Viehbestandes oder finanzielle Unterstützung beim Bau neuer Farmgebäude zu beantragen. Der Landwirt kommt nicht nur einmal, um die entsprechenden Anträge zu stellen, sondern meist häufiger, um seine Belange voranzutreiben (s. o.).

Darüber hinaus ließ sich feststellen, daß Verwaltungsfunktionen oft die Ansiedlung anderer, besonders staatlicher Zentralitätsträger, wie Schulen, Krankenhäuser und Krankenstationen, nach sich ziehen.

Aber nicht nur die heutige Bedeutung der Verwaltungseinrichtungen für ihre administrativen Bereiche ist zu untersuchen, sondern es stellt sich fernerhin die Frage, seit wann die heutige Verwaltungsgliederung besteht bzw. welchen Änderungen sie unterlegen ist. Lassen sich Übereinstimmungen heutiger zentralörtlicher Einzugsbereiche mit (noch) bestehenden oder ehemaligen Verwaltungsgrenzen feststellen, so ist auf eine Beeinflussung der Zentralität durch die (historische) administrative Raumaufteilung zu schließen. Dies gilt besonders für dauerhafte Verwaltungsgrenzen (vg. LAMPING 1970).

Dabei ist allerdings zu prüfen, ob eine eventuelle Kongruenz zwischen alten Verwaltungs- und heutigen Einzugsbereichsgrenzen direkt auf den Verlauf ehemaliger Verwaltungsgrenzen zurückgeht oder ob diese Linien nicht vielmehr an zugrundeliegende physische, ethnische oder konfessionelle Grenzen angelehnt sind und den zentralen Einzugsbereich somit nur scheinbar beeinflussen. Im folgenden soll daher eine zusammenhängende Darstellung des geschichtlichen Wandels der Verwaltungseinheiten

---

1) Zu nennen sind z. B. der "Plan Vert", das Obstabsatzbüro "Office Fruitier Libanais", das Weizenvermarktungsbüro, das Amt zur Verbesserung der Tierproduktion "Office de la Production Animale". Zur Kompetenz dieser Dienste vgl. LECHLEITNER 1972, S. 43 ff.

gegeben werden[1]. Ihre Zentralitätsrelevanz soll später für die untersuchten Orte einzeln geklärt werden.

Da für die Ausbildung zentralörtlicher Bereiche aufgrund traditioneller Gebietsgrenzen ein Zeitraum von einigen Jahrzehnten ausreichen dürfte, soll hier als ältester Verwaltungsstand die Zeit der Jahrhundertwende gewählt werden. Damals bestand das Mutessarifia des Jabal Lubnan (ab 1861). Der übrige Teil des heutigen Libanon gehörte zum Vilayet von Damaskus (mit den Cazas Baalbek, Bekaa ul Aziz, Hasbaya, Rachaya) oder zum Vilayet von Beirut, bestehend aus dem Sandjak Beirut mit den Cazas Beirut, Saida, Sour und Jdaide (=Marjayoun) und dem Sandjak Tripoli mit den Cazas Tripoli und Akkar.

Das von einem christlichen Gouverneur regierte Mutessarifia umfaßte 8 administrative Einheiten (Deir el Kamar, Chouf, Metn, Kesrouan, Batroun, Koura, Zahlé, Jezzine).

Unter französischem Mandat bleibt die Mehrzahl der Grenzen bestehen. Neue Gebiete aus dem Vilayet Damaskus und Beirut kommen ab 1926 dazu. Es erfolgen Unterteilungen, Umbenennungen, Aufwertung von Nahies zu Cazas und einige kleinere Grenzberichtigungen, so daß sich folgende Raumgliederung ergibt: Es gibt vier Distrikte: Mont Liban, Liban Nord, Liban Sud und die Bekaa. Verwaltungszentren sind Baabda, Zhgorta, das bald seine Funktion an das zuvor selbständige Tripoli abgibt, Saida und Zahlé.

Die einzelnen Distrikte werden in folgende Cazas unterteilt:

Distrikt Mont Liban: Cazas von Baabda, Metn, Kesrouan, Shuf, Aley
Distrikt Liban Nord: Cazas Tripoli, Akkar, Zghorta, Batroun, Kura
Distrikt Liban Sud: Cazas von Saida, Sour, Marjayoun, Jezzine
Distrikt Bekaa: Cazas von Zahlé, Baalbek, Hermel, Rachaya

Nach der Unabhängigkeit wird die französische Gebietsgliederung im Lande im wesentlichen beibehalten. Veränderungen treten vereinzelt durch Neuschaffung von Cazas ein: Dies geschieht vor allem, um der religiösen Vielfalt der Bevölkerung gerecht zu werden:
- So wird die Caza Jbail, vorher Teil der Nordprovinz, dem Mohafaza Jabal Lubnan hinzugefügt.
- Durch Abtrennung von den Cazas Saida und Sour entstehen die Cazas Nabatiyet et Tahta und Bent Jbail.
- Die Caza Hasbaya wird von der Mohafaza Bekaa abgetrennt und der Mohafaza Südlibanon hinzugefügt.
- Von der Caza Zahlé wird die Caza Bekaa al Gharbi, später als Caza Joub Jannine bezeichnet, abgesondert.

Es kann somit festgestellt werden, daß die Mehrzahl der niede-

---

1) Dieser Überblick wird für notwendig gehalten, da die vorhandene Literatur nur Teilaspekte behandelt oder eine zu oberflächliche Zusammenschau bietet, siehe CUINET (1896), SALIBI (1965), NANTET (1963), CHEVALLIER (1971), LONGRIGG (1958). Vgl. hierzu auch Abb. 11.

ren Verwaltungsgrenzen relativ konstant ist. Ihre Grenz-Linienführung ist, besonders bei zugrundeliegenden Naturgrenzen, wohl seit langer Zeit vorgezeichnet, da anzunehmen ist, daß sich auch die fast unabhängigen Feudalherrschaften (bis Mitte des 19. Jh.s)[1] in ihren Bereichen auf die konventionellen Abgrenzungen bezogen haben. (Näheres zur historischen Entwicklung der Verwaltungsgrenzen im Untersuchungsgebiet in Abschn. V. A., V. B. und Abb. 11).

IV. H. Erreichbarkeit der zentralen Orte

Von jeher ist gute Erreichbarkeit eines Ortes Voraussetzung für seine zentrale Umlandbedeutung. Folgende drei Aspekte sind bei der heutigen Motorisierung des Verkehrs in den Vordergrund zu rücken:
- Ausdehnung des Straßennetzes
- Straßenzustand
- Frequenz öffentlicher Verkehrsmittel

Ausdehnung des Straßennetzes:
Die heutigen Straßenverhältnisse, oft auf alte Karawanenrouten zurückgehend, müssen sich dem besonderen Oberflächencharakter des Landes anpassen (zur Landesmorphologie vgl. VAUMAS 1954, SANLAVILLE 1969, KLAER 1962, KUHNEN 1962). Die beiden Landschaftsräume mit primärer Längserstreckung haben ein entsprechend ausgerichtetes Verkehrsnetz. Während sich in der Küstenebene nur eine Verkehrsader aufgrund der Raumnot entwickeln konnte, die zudem im Norden kaum Platz findet, erlaubt die Bekaa mehrere Verkehrslinien in Längsrichtung. Nördlich Baalbeks macht allerdings die geringe Siedlungsdichte nur noch einen einzigen ausgebauten Verkehrsweg notwendig, der über die Landesgrenze hinaus eine Verbindung zu den syrischen Städten Homs und Hama herstellt. Kleine Querverbindungen zwischen den Längsachsen oder Stichstraßen zu den an den Gebirgsflanken gelegenen Siedlungen erschließen das Umland. In der Küstenebene wie in der Bekaa bilden die Nord-Süd-Verbindungen

---

[1] vgl. KERR (1959), der über die letzten Jahre der Feudalherrschaft im Libanon 1840 - 1868 berichtet.

Leitlinien für die größeren Orte wie Zahlé, Baalbek, Rayak, Qabb Elias und Joub Jannine bzw. in der Küstenebene Beirut, Damour und Saida im Süden und Jounié, Jbail, Batroun, Chekka und Tripoli im Norden. Beide Gebiete können als gut erschlossen bezeichnet werden. Einzige Ausnahme ist der nordwestliche Teil der nördlichen Bekaa in der Caza Hermel. Etliche Wege sind hier nur mit Landrover zu befahren.

Generell jedoch müssen die Verkehrslinien das Entstehen von zentralörtlichen Einzugsbereichen fördern, wobei aufgrund der Längserstreckung des Raumes damit zu rechnen ist, daß besondere, gestreckte Formen der Einzugsbereiche hervorgerufen werden. Begünstigend wirkt sich weiterhin aus, daß die Küstenebene und die Bekaa alte Verkehrsräume sind: Entlang der Küste führte eine Abzweigung der römischen "via maris", und durch die Bekaa verliefen traditionelle Karawanenwege von Homs nach Damaskus, Saida oder nach Palästina.

Der Ausbau[1] des Küstenweges zu einer modernen Straße erfolgte allerdings erst zu Beginn des 20. Jh.s, da die Verkehrswege aus dem Hinterland bedeutendere Verkehrsadern waren und außerdem Transporte per Schiff entlang der Küste meist billiger und schneller erfolgten.

Der Verkehr aus dem Hinterland wird besonders durch das Libanongebirge behindert. Dies gilt selbst für Straßen, die nur aus der westlichen Gebirgsabdachung zur Küste führen. Auf dieser Gebirgsseite müssen die Verkehrswege den schmalen Querriedeln und Rücken folgen und sind daher zu recht kurvigem Verlauf gezwungen. Nord-Süd-Verbindungen im Gebirge fehlen selbst in dem flacheren südlichen Raum fast völlig. Die Wege aus dem Bergland sind vielmehr direkt auf die Küstenebene ausgerichtet und müssen die Einzugsbereiche der zentralen Küstenorte entsprechend beeinflussen.

Im Gebirgsraum können zentrale Orte nur dort entstehen, wo mehrere Täler zusammenführen, so daß sich ein Verkehrsnetz nach mehreren Seiten hin ausbilden kann. Dies ist meist erst in den höheren Bergregionen der Fall, z. B. bei Bscharré, Baskinta, Hammana, Beit ed Dine, Aley oder Jezzine.

---

1) Zum historischen Aspekt der Straßen vgl. besonders: R. THOUMIN 1936.

Trotz der Unwegsamkeit des Gebirgsraumes und der meist geringen Entfernung zu den Orten der Küstenebene gibt es relativ bedeutende Zentren im Bergland. Das Bestehen des Mutessarifia Jabal Lubnan (1861 bis 1926) hat zu Berglandzentren geführt, da aus dem Verwaltungsgebiet die größeren Küstenorte, wie Beirut und Tripoli, ausgelassen worden waren. Die administrativen Berglandszentren, wie Bscharré, Baabda und Aley, entwickelten sich daher auch in anderen Bereichen zu zentralen Orten für das Umland.

Die Verbindung über das Libanongebirge hinüber in die Bekaa ist auf sechs Pässe beschränkt, da besonders der östliche Steilabfall Schwierigkeiten bei der Anlage von Straßen schafft. Während des Winters sind einige Pässe sogar über längere Zeit geschlossen (z. B. "Les Cèdres"). Die neuen Paßstraßen folgen meist alten Karawanenwegen, die oft noch an vor dem Aufstieg liegenden kleinen alten Zentren zu erkennen sind. Sie dienten ehemals als Stationsorte, wie z. B. Zahlé und Qabb Elias. Der Ausbau der heute im Libanon meistbefahrenen Straße Damaskus - Chtaura - Beirut erfolgte erst 1860 (THOUMIN 1936, S. 174). Sie brachte einen weiteren Aufschwung für Beirut mit sich, gleichzeitig aber einen Bedeutungsrückgang der anderen den Libanon querenden Straßen einschließlich ihrer Bergfußstationsorte.

Antilibanon und Hermon sind weit weniger durch Straßen erschlossen. Mangelnde Besiedlung dieser Räume und fehlender Durchgangsverkehr (außer der Straße Beirut - Damaskus) sind dafür verantwortlich. Nur eine Straße führt von der Bekaa in den Südlibanon am Fuß des Hermon. Sie ist gleichzeitig die Leitlinie für die Einzugsbereiche der beiden größten Siedlungen dieses Raumes, Rachaya und Hasbaya.

Insgesamt zeichnen sich im libanesischen Verkehrsnetz zwei Hauptverlaufsrichtungen ab: 1. die Nord-Süd-Richtung in Ebenengebieten; 2. die West-Ost-Ausrichtung im Gebirgsraum.

Straßenzustand:

Die zwei "internationalen" Straßen des Libanon, die Küstenlinie und die Verbindung Beirut - Damaskus, unterscheiden sich kaum von anderen Verkehrswegen. Enge, oft kurvenreiche Strecken sind den Verkehrsanforderungen in keiner Weise gewachsen. Fast alle Straßen höherer oder niederer Ordnung sind allerdings asphaltiert (außer innerhalb eines Dorfes). Sie haben meist jedoch nur eine schmale, leicht befestigte Fahrbahn, auf der gerade zwei Autos aneinander vorbeifahren können.

Es lassen sich Zonen leichterer und schwererer Kommunikation voneinander unterscheiden, die besonders im Gebirgsraum und in der Küstenebene in ihrer Ausrichtung festgelegt sind. Dies hat zweifellos die Entwicklung zentraler Orte und ihrer Einzugsbereiche beeinflußt. Man könnte demzufolge von durch das Relief vorbestimmten "Zonen und Achsen leichter Erschließbarkeit für den Verkehr" sprechen.

Die folgenden Einzeluntersuchungen sollen zeigen, ob oder wieweit sich die tatsächlichen, durch Befragung festgestellten Einzugsgebiete mit den von der Natur vorbestimmten decken.

V. DAS ZENTRALÖRTLICHE ANGEBOT UND SEINE INANSPRUCHNAHME IM UNTERSUCHUNGSGEBIET

Obwohl Bekaa und Südlibanon zum Teil aneinandergrenzen, bilden sie weder natur- noch kulturräumlich eine Einheit (vgl. Abschn. IV). Sie stehen, wie später noch deutlich werden wird, in so geringer direkter Kommunikation miteinander, daß eine getrennte Betrachtung beider Räume einer unmittelbar vergleichenden Untersuchung jeweils etwa gleichzuordnender Zentren in der Bekaa und dem Südlibanon vorzuziehen ist. Abschließend soll der Versuch gemacht werden, für jeden Raum eine Hierarchie der zentralen Orte aufzustellen.

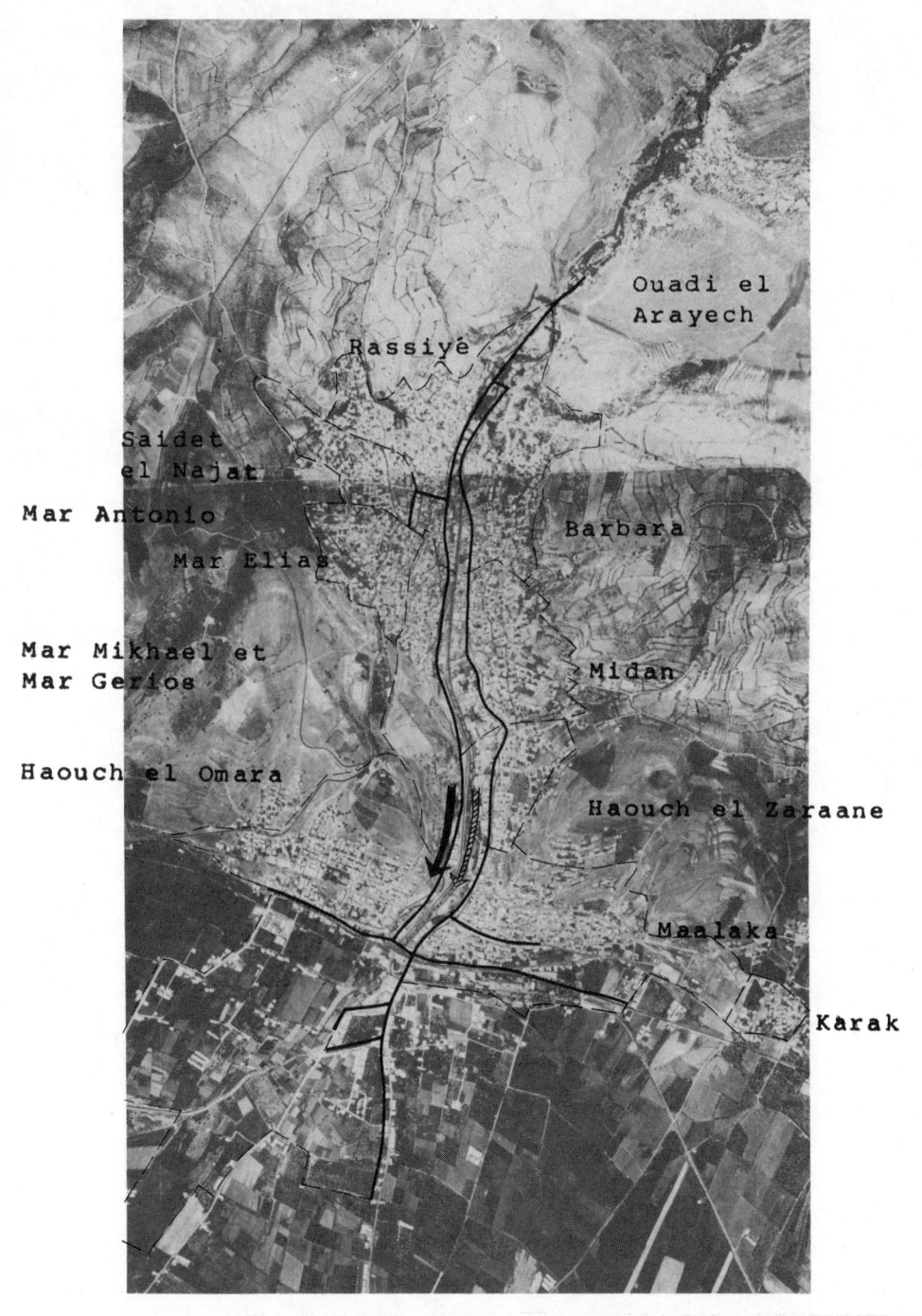

Abb.13. Luftbild von Zahlé (1960). Die eingetragenen schwarzen Linien bezeichnen die kartierten Straßenzüge (vgl. Abb.3). Der schraffierte Pfeil deutet die neuere Geschäftsentwicklung seit 1935 an, der schwarze Pfeil die jüngste Bauphase von Geschäftshäusern seit 1962.(Maßstab ca. 1:30 000)

V. A. Das zentralörtliche Angebot und seine Inanspruchnahme in der Bekaa

V. A. 1. Zahlé

V. A. 1. a. Lage und Entwicklung[1]

Der mit ca. 60.000 Einwohnern größte Ort und das Mohafazazentrum der Bekaa liegt ca. in 950 m Höhe am Osthang des Libanongebirges (s. Luftbild, Abb. 13).

Vor ca. 250 Jahren im Tal des Bardouni (Nebenfluß des Litani) von christlichen Familien aus dem Bergland gegründet oder wiedergegründet, bleibt Zahlé ca. 50 Jahre lang ein bescheidenes Dorf, das von Weinbau und Schafzucht lebt.
Seine Bedeutung wächst, als Zuzug von Christen aus anderen Regionen erfolgt, die aus den verschiedensten Gründen ihr Heimatdorf bzw. Heimatland verlassen und in dieser christlichen Siedlung Schutz und Auskommen suchen:

z. B. 1771	aus Ras Baalbek in der nördlichen Bekaa (Erdbeben)
1775	aus Baalbek (Verfolgung durch dort herrschenden Emir)
1793	aus der Küstenebene (Malariaverseuchung)
1.Hälfte d. 19.Jh.s	aus allen drusisch besiedelten Gebieten (kriegerische Auseinandersetzungen zwischen Christen und Drusen)
1920-1930	Zuzug von ca. 3.500 Armeniern und Assyrern
1950	ca. 200 Familien aus Syrien (Flucht nach dortiger Revolution)

Dieser Zuzug führt zu einer schnell voranschreitenden Stadtausdehnung. Von den ältesten Vierteln St. Elie und St. George greift die Besiedlung zu Beginn des 19. Jh.s auf das nördliche Bardouniufer über (Brückenbau).
Bereits 1841 bestehen 6 neue Viertel: Rassiyé, Saidat el Najat, St. Antoine, El Barbara, El Midan und Haouch el Zarane. Diese Vielzahl der Quartiere erklärt sich aus dem Bestreben der zuziehenden Bevölkerung, jeweils ein eigenes Viertel zu gründen, auch wenn dazwischen unbebaute Gebiete lagen. In französischer Mandatszeit, nach der Bildung des "Grand Liban", werden Maalaka, das ehemalige administrative Zentrum der "Bekaa ul Aziz", und das Dorf Hauoch el Omara nach Zahlé eingemeindet. Beide Ortsteile sind zunächst nur über Wege auf den Talabhängen zu erreichen. Erst 1935 wird eine Straße, linksseitig im Bardounital, nach Maalaka gebaut. An dieser Straße entsteht das neue Mohafaza-Verwaltungsgebäude (1962 fertiggestellt), das weitere

---

[1] Quelle des folgenden Resümees:
MALOUF, A.: Histoire de Zahlé, 1926 (arab.); CHEVALLIER (1971); CUINET (1896); eigene Befragung Zahléer Familien und des Stadtbauamtes von Zahlé.

Besiedlung des "Boulevard" nach sich zieht.
Ca. ab 1960 wird das rechte Bardouniufer in Angriff genommen.
Moderne mehrstöckige Wohnblocks, z. T. mit Büros und Geschäften (s. u.), entstehen hier. (Abb. 13)

V. A. 1. b. Zentrale Funktionen Zahlés und ihre Reichweite

Administrative Einrichtungen und ihr Einzugsbereich:

Bereits im Mutessarifia Jabal Lubnan (ab 1861) wird Zahlé Caimakamssitz (CAUINET 1896, S. 270). Die zu verwaltende Caza ist jedoch nur 30 km^2 groß und weist außer der "Qasaba" (Kleinstadt) Zahlé nur zwei Weiler und einige Einzelhöfe auf. Die Kommunikation mit den übrigen christlichen Cazas westlich jenseits des Gebirges wird durch den schwierigen Paß am "Jabal Sanine" behindert. Als der "Grand Liban" entsteht (1926), ordnet man Zahlé administrativ der Bekaa zu und macht es zum Hauptort der Mohafaza Bekaa. Der Mohafez übernimmt gleichzeitig die Verwaltung der neugeschaffenen Caza Zahlé innerhalb des Mohafazagebietes. Diese Verwaltungsgliederung besteht heute noch.

Die in Abschnitt IV. G. herausgestellte zentrale Bedeutung von Einrichtungen für die Landwirtschaft wirft besonders in dem intensiv landwirtschaftlich genutzten Umland Zahlés die Frage auf, welche diesbezüglichen Dienststellen vorhanden sind und welche zentrale Bedeutung ihnen zukommt: Es gibt eine allgemeine landwirtschaftliche Beratungsstelle, ein Düngeberatungsbüro, ein Veterinäramt, eine Tierhaltungsberatungsstelle, ein Amt des "Plan Vert" und nicht zuletzt die Sozialkasse.

Wie nicht anders zu erwarten, besuchen vor allem die Landwirte der Zahlé umgebenden zentralen Bekaa (in etwa der Caza entsprechend) diese Einrichtungen (ca. 5 - 10 mal im Jahr)[1]. Neuerdings überspringen besonders fortschrittliche Landwirte diese Instanz und wenden sich direkt an die übergeordneten Dienststellen in Beirut. Der "amtliche" Einzugsbereich dieser Dienst-

---

1) Diese und alle folgenden Schätzwerte über die Besuchshäufigkeit im jeweiligen Zentrum beruhen auf Befragungen. Näheres vgl. Abschn. III. C. (Arbeitsmethoden) und Anhang (Fragekataloge und Anzahl der befragten Personen).

stellen greift außerdem in Nachbarcazas über, in denen es an
Zweigstellen der übergeordneten Ämter von Zahlé fehlt. Hier
sind besonders die Caza Joub Jannine, die noch z. T. zu der
intensiv bewirtschafteten zentralen Bekaa gehört, und die Caza
Baalbek zu nennen. Landwirte aus diesen Kreisen kommen 3 - 5
mal im Jahr etwa in das Mohafazazentrum. Noch weiter entlegene Gebiete (nördliche Caza Baalbek, Caza Rachaya) suchen Zahlés
Landwirtschaftsämter höchstens bis zu 3 mal im Jahr auf.

Folgende andere Provinzdienststellen sind in Zahlé vertreten:
Planungsamt, Gesundheitsamt, Malariabekämpfungsstelle, 2 Ämter
für den Sozialbereich, Finanzamt, Wirtschaftsamt, Katasterbe-
hörde. Ihre Inanspruchnahme ist, im Vergleich zu den landwirtschaftlichen Behörden, geringer, wobei sich noch eine Zentrali-
tätsabstufung je nach dem Entwicklungsstand der Landbevölkerung
ergibt (vgl. Abschn. IV. G.). Zum Teil lehnt die Landbevölkerung, besonders in unterentwickelten Gebieten, Kontakt mit Behörden überhaupt ab. Soll eine staatliche Einflußnahme erfolgen,
so müssen die Beamten selbst auf die Dörfer fahren.

Insgesamt gesehen entwickelt Zahlé vor allem im landwirtschaftlichen Verwaltungsbereich Zentralität. Naturgemäß erstreckt
sich der Einzugsbereich vor allem auf das intensiv bewirtschaftete Gebiet der zentralen Bekaa mit einer Innovationen gegenüber eher aufgeschlossenen Landbevölkerung. Periphere Gebiete
werden weit weniger erfaßt. Eine Abgrenzung des Einzugsbereiches zwischen Cazaebene (Caza v. Zahlé) und Mohafazaebene ist
nicht möglich, da die Cazabelange von den Dienststellen der
Provinzregierung mit erledigt werden.

*Einrichtungen des Geschäftsviertels von Zahlé und ihre Reich-
weite:*
Zahlés Lage an der früheren Hauptstraße von Damaskus zur Küste
(über Antoura, Douir Chouir, Baabdat) über den Paß Ain Hazir
hat zu früher Bedeutung des Ortes geführt. Bis zum Bau der
jetzigen Paßstraße bei Chtaura (1862) ca. 6 km weiter südlich
war Zahlé Etappenort (mit vier Khanen) der von Damaskus nach
Beirut ziehenden Karawanen.

Als christliches Zentrum war es Stapelplatz für europäische Waren in den syrischen Raum (CHEVALLIER 1971, S. 57), gleichzeitig aber auch syrisches Getreidelager für das Bergland und die Küstenstädte. Weitere Einkünfte brachten Handel mit den Beduinen (Verkauf selbstgefertiger Leinentücher, CUINET 1896, S. 275) bzw. mit dem christlichen Bergland (Verkauf von bei den Beduinen erworbenen Viehzuchtprodukten). Als Zahlé durch die Eröffnung der Straße Chtaura - Beirut seine Bedeutung als Stationsort für die Karawanen zu verlieren drohte, bot der Bahnhof im nahen Maalaka (1) Zahlé die Möglichkeit, weiter von den Handelsbeziehungen zwischen Beirut und Damaskus zu profitieren.

Für Zahlés zentrale Bedeutung vor der heutigen Zeit gibt es kaum Anhaltspunkte. Es lassen sich höchstens folgende generelle Aussagen treffen[2], die den ehemaligen Einzugsbereich Zahlés bestimmt haben müssen:

- Die Landbevölkerung lebte im wesentlichen von Selbstversorgung.
- Der unter Umständen notwendige Erwerb von Haushalts- oder Kleidungsstücken wurde (meist nach den Ernten) für das Dorf jeweils vom Muhktar oder einer anderen delegierten Person vorgenommen. Der Bauer suchte also das Zentrum selbst kaum auf. Der Einzugsbereich umfaßte meist nicht mehr als einen Tagesritt.

Zahlés heutiges Angebot an Handels- und Gewerbefunktionen und ihre Inanspruchnahme (Abb. 15, 3):
In Zahlé gibt es mehrere räumlich getrennte Einkaufszentren, die sich z. T. in der Art des Angebotes, in der Ausstattung der Läden und in ihrer Aufmachung bzw. daraus folgend in ihrem Kaufpublikum unterscheiden (vgl. Abschn. IV. D. und IV. E.).

Das Einkaufszentrum in der Innenstadt Zahlés erstreckt sich über zwei Parallelstraßen der Innenstadt, die z. T. durch Passagen und Querstraßen verbunden sind (Abb. 3). Die hier angebotenen Waren dienen primär dem nichttäglichen Bedarf. Man fin-

---

1) CUINET (S. 414) berichtet, daß Zahlé und Maalaka trotz verschiedener administrativer Zugehörigkeit faktisch eine Einheit bilden.
2) Befragung alter Einwohner der Stadt.

det Geschäfte für Stilmöbel, Lampen, Teppiche, Fernseher, Fotoartikel, Schallplatten, Spielwaren, Blumen, Damen-, Herren-, Kinderkleidung, moderne Schuhwaren; Optiker, Reinigungen, Uhrmacher mit Vertretungen von Schweizer Uhrenfirmen.

Die südliche Grenze dieses Viertels bildet eine kleine nach Norden führende Straße mit einem Angebot insbesondere von Schuhwerk und Lederwaren. Im Gegensatz zu den Geschäften anderer Einkaufsstraßen Zahlés sind die Läden hier stark spezialisiert. Sie entsprechen, mit Ausnahme der Schuhgasse, einem Übergangstyp zu Typ II, ganz dem Geschäftstyp III (Abschn. IV. D. und IV. E.). Die Stockwerke über den Läden werden oft auch noch kommerziell genutzt, z. B. von Friseur- und Schönheitssalons, Fotogeschäften, Reparaturwerkstätten für elektrische Geräte oder Architekten- und Ingenieurbüros. Die Straßenpassanten dieses Geschäftsviertels fallen auf durch modische europäische Kleidung. Auch die Zahl der unbegleiteten Frauen ist groß.

Eine Straßenpassantenbefragung von 100 Personen ergab daher auch, daß 91 aus Zahlé stammten (2 aus Rayak, 5 Schüler aus umliegenden Dörfern, 1 aus Ferzol, 2 aus Beirut). Die befragten Personen stammten zu 70 % aus den angrenzenden Wohnvierteln El Barbara und El Midan, beide von jeher Wohngebiete wohlsituierter Bevölkerungsschichten.

Am südlichen Ende des innerstädtischen Einkaufsbereiches zweigt eine Straße hinauf in das Viertel Mar Elias ab, die zu der ältesten Handelsgasse Zahlés führt, dem "SOUK EL BLATT" (Abb. 3). Heute befinden sich hier nur noch kleine vernachlässigte Verkaufschläge und rückständige Reaparaturwerkstätten (1). Die

---

1) Der Bedeutungsverlust dieser Soukstraße hängt sicher mit der Ausdehnung Zahlés auf das nördliche Bardouniufer zusammen. Dadurch wachsen die beiden Straßen von Maalaka nach Zahlé bzw. vom Fluß zum "Souk el Blatt" zusammen, der dadurch in eine Abseitslage geriet. Die kleinen Verkaufs- und Reparatur-Einheiten begünstigten bei wachsender Bevölkerung das Abziehen in ein anderes Gebiet (Straße nach Maalaka). Die Zusammengehörigkeit der beiden genannten Straßenzüge spiegelt sich auch in ihrer Branchensortierung wider: Mar Michael: Kleidung, Stoffe; El Midan: Schuhe, Handwerksbetriebe und Läden des täglichen Bedarfs. Man kann daher annehmen, daß bis zum Bau des Bardouni-Boulevards die Haupteinkaufsachse ca. senkrecht zu der heutigen verlief.

restlichen Einrichtungen dienen nur noch dem Bedarf der hier wohnhaften sozial schwachen Bevölkerung.

Die zu dem "Souk el Blatt" führende Straße dient dagegen in ihrem unteren Teil mit einem traditionellen Angebot langfristiger Waren (besonders Textilien und Schuhen) im Typ II auch der Zahlé aufsuchenden Landbevölkerung (s. u.), die die Geschäfte am Boulevard um das Verwaltungsgebäude der Provinz aufsucht.

Im Tal des Bardouni zieht sich südlich des innerstädtischen Geschäftsbereiches und der zum Souk el Blatt führenden Straße *an der linken Seite des Bardouni entlang dem "Boulevard"* ein weiterer Geschäftsbereich (Abb. 3). Das Dienstleistungsangebot beginnt im Süden mit Kraftfahrzeug-Ausstellungsräumen und Kfz.-Reparaturwerkstätten, u. a. auch für landwirtschaftliche Maschinen, mit Schmieden und Baustofflagern[1].
Stadteinwärts, in der Nähe des "Grand Serail" (Verwaltungsgebäude der Provinzregierung), liegen Läden für traditionellen und modernen längerfristigen Bedarf (Kleidung, Radios, Fernseher, Möbel, Propangas). Dazwischen befinden sich auch Geschäfte für täglichen Bedarf, wie Gemischt- und Backwaren. Das vielseitige, auf engstem Raum gestapelte Angebot besonders bei Gemischtwaren[2] folgt den Wünschen der Landbevölkerung, die aus der häufigen Notwendigkeit, auf Kredit zu kaufen, bevorzugt ihren Bedarf in nur einem Laden deckt. Selbst in der ertragreichen zentralen Bekaa mit relativ hohen Einkünften der Landbewohner (Abschn. IV. D. 3.) ist diese Kaufart heute noch häufig.

Hier durchgeführte Befragungen (85 Straßenpassanten, 20 Laden-

---

1) Die Stadtverwaltung bemüht sich, die Handwerksbetriebe am linksseitigen Boulevard (nördlich des Flusses) in das neu geschaffene Industriegebiet der Stadt (vgl. Abb. 3) umzusiedeln und den Boulevard für große Geschäfte und Ausstellungsräume (Möbel, Elektrogeräte, Autos) zu reservieren. Geplant ist, Zahlés Ortseingang mehr den Charakter einer Fremdenverkehrsstadt (vgl. IV. B.) zu geben.

2) Das Warensortiment der Gemischtwarenläden ist außergewöhnlich groß. Der Warenspiegel zeigt u. a. Kümmel, Erbsen, Kichererbsen, Bohnen, Mais, Hirse, Nüsse und andere Körner in loser Form - Besen, Seile, Körbe,- Taschenlampen, Batterien, Rasierer, Rasierklingen, Rasierseife, Schreibwaren, - Zahnpasta, Kleenextücher und andere Seifenartikel - Konserven - Spirituosen - Kekse, Süßwaren - Öle, Fette - Obst, Gemüse und Kartoffeln.

und Gewerbebetriebsbesitzer und Dörfer im Umland) ergaben, daß die Geschäfte mit Ausnahme der südlich gelegenen Kfz-Betriebe der ganzen zentralen Bekaa dienen. Die Käuferschicht bestand zu etwa 70 % aus Landbewohnern und umfaßt nicht nur Landwirte, sondern auch die Industriearbeiter der Werke an der Straße Beirut - Damaskus südlich von Zahlé. Die Passantenbefragung ergab, daß die Käufer, zumeist Männer, je nach Entfernung, sozialer Zugehörigkeit und finanzieller Möglichkeit ein oder mehrere Male in der Woche Zahlé aufsuchen.

Drei der oben erwähnten größeren Gemischtwarenhändler unterhalten Lieferwagen, mit denen sie ca. einmal wöchentlich sonst unterversorgte Gebiete vor allem in der südlichen Bekaa bis nach Rachaya und Machgara beliefern.

Es handelt sich hier um Gebiete, die entweder nur Zentren niedriger Stufe in der Nähe haben (Wochenmarkt von Dahr el Ahmar), oder um Dörfer, die soweit von einem zentralen Ort selbst niederer Stufe (wie Qabb Elias) entfernt sind, daß die Belieferung aus Zahlé mit den ebenfalls niederer Versorgungsstufe angehörenden Gemischtwaren in eine Versorgungslücke stößt.

Durch diese Versorgungsart wird Zahlés Einzugsbereich auf ein Gebiet ausgedehnt, das sonst höchstens zu einer höheren Bedarfsdeckung Zahlé aufsuchen würde.

Auf der rechten Boulevardseite im Bardounital, die zur Zeit der Kartierung noch recht wenig durch Geschäfte genutzt war, konnten 1973 einige besonders große moderne Läden für höhere Bedarfsgüter registriert werden, die besonders die Bevölkerung in den umliegenden Wohnblocks versorgen (Befragung in den Geschäften).
Diese neue Aktivität, die auch in anderen Städten des Libanon sichtbar war, geht auf den zunehmenden Rückstrom der Emigrierten, besonders aus afrikanischen Ländern, zurück. Die Rückkehrer versuchten durch Investitionen im Handel oder anderen Bereichen ein neues Auskommen zu finden.

Parallel zu der neuen Geschäftsstraße im Bardounital führt auf den nördlichen Talhängen die *alte Verbindungsstraße von Zahlé nach Maalaka* (Abb. 3). Auf dem alten Stadtgebiet Zahlés (vor Eingemeindung Maalakas) ist das Warenangebot mit Textilien und Stoffen (Läden zwischen Typ II u. III) in der Nachbarschaft von Schneiderwerkstätten noch auf höhere, mehr städtische Ansprüche ausgerichtet. Je weiter man sich Maalaka nähert, desto mehr lösen Betriebe traditionellen Handwerks (Schuster, Sattelnäher, Schreiner, Tischler, Sargmacher, Kesselflicker) das vorherige Bild ab. Im Anschluß daran folgen Gegenstände besonders des traditionellen langfristigen Bedarfs, wie Textilien, Schuhe, Stoffe, Haushaltswaren, meist minderer Qualität (z. B. handelt es sich überwiegend um Gebrauchtkleidung im Textilbereich). Die Geschäfte entsprechen Typ I.

Einmal wöchentlich findet an der Einmündung in die Bekaa ein Bekleidungsmarkt statt mit dem für Märkte typischen einfachen Angebot (vgl. Markt von Dahr el Ahmar, Abschn. V. A. 8.).

Diese Geschäftsstraße stößt dann auf die *Hauptachse des Viertels Maalaka* (Abb. 3). Mehrere Funktionen dieser Straße deuten bereits auf ihre Umlandbedeutung hin:

- Hier ist der Verkehrsknotenpunkt für Busse und Service-Taxis[1] nach Baalbek und Beirut. Außerdem halten hier die Service-Taxis, die die Dörfer der zentralen Bekaa bedienen (bis Bar Elias, Majdel Aanjar, Kfar Zabad, Terbol, Rayak, Aali en Nahri im Süden und Osten der Caza bzw. bis Beit Shama in ihrem Nordteil). Arabische Eßhäuser, Imbißstuben und kleine Geschäfte zum schnellen Einkauf besonders täglicher Bedarfsgüter unterstreichen die Ausrichtung dieser Straße[2] auf ländliches Publikum.
- Ortsauswärts konzentrieren sich in Richtung Baalbek Kfz-Reparaturwerkstätten, die Taxi- und Privatautobesitzern Zahlés und der zentralen Bekaa dienen.
- Getreide-, Mehl- und Hülsenfruchthändler unterhalten hier z. T. große Verkaufslager.

Dazwischen befinden sich Händler für Düngemittel, Viehfutter,

---

1) Service-Taxis sind Sammeltaxis (je 5 Fahrgäste), die zu sehr geringen Fahrpreisen Verkehrsverbindungen zwischen den einzelnen Ortschaften im ganzen Land herstellen (vgl. Abschn. VII.).

2) Zusätzlich reges Reiben herrscht morgens. Syrische und palästinensische Arbeitskräfte finden sich hier ein, um auf Arbeit zu warten. Sie werden meist von größeren Landbesitzern der zentralen Bekaa abgeholt und den Tag über in den Betrieben eingesetzt.

Insektizide. Es handelt sich meist um den im Orient häufig auftretenden Typ des Großhändlers, der auch in größeren Mengen an Einzelpersonen abgibt.

Befragungen in der Verbindungsstraße von Zahlé nach Maalaka (60 Ladenbesitzer, 220 Straßenpassanten) und in dem durch Maalaka führenden Straßenteil (15 Händler, 130 Straßenpassanten) bestätigten die Vermutung, daß es sich um bevorzugte Einkaufsgebiete der ländlichen Bevölkerung handelt. Sie stellen 50 % und mehr der Kunden. Den Rest bilden vor allem in Maalaka ansässige Bevölkerungskreise, die zu sozial tiefstehenden Schichten gehören.

Die weitgehende Konzentration der ländlichen Kunden mit dem alten Ortskern Maalakas geht wohl auf die Zeit zurück, als Maalaka noch Cazazentrum der zentralen Bekaa war (vor 1926). Es liegt nahe, daß es gleichzeitig Versorger des Umlandes mit Konsumbedarf war. Die von CUINET erwähnte wirtschaftliche Einheit zwischen Zahlé und Maalaka (s. o.) dürfte daher vor allem für die überregionalen Wirtschaftsbeziehungen beider Orte gegolten haben.

Der heutige Einzugsbereich des Viertels Maalaka umfaßt die ganze zentrale Bekaa (Abb. 8). Schwerpunkte sind die nördlich und östlich des Ortes (bis zum Antilibanon) gelegenen Dörfer. Im Osten handelt es sich um ursprünglich rein christliche Siedlungen mit heute steigendem Anteil sunnitischer oder schiitischer (Arbeits-) Bevölkerung, wie Kfar Zabad und Aali en Nahri. Auch im Norden umfaßt der Einzugsbereich Zahlés ebenfalls vor allem christliche Dörfer (bis Beit Shama). Dort, an der Straßenkreuzung nach Baalbek, überschneiden sich die Einzugsbereiche von Zahlé und Baalbek. Die christliche Bevölkerung von Beit Shama tendiert noch deutlich nach Zahlé (Befragung im Dorf), die schiitische Bevölkerung dieses Dorfes, ebenso wie die der nördlich anschließenden muselmanischen Dörfer, ist bereits nach Baalbek ausgerichtet.

Zwei Besonderheiten charakterisieren die Ausdehnung dieses Einzugsbereiches:
- Maalaka, als vor allem muselmanisch besiedelter Ortsteil, bedient christliche Siedlungen. Folgende Gründe können hierfür vermutet werden:

- In Maalaka haben sich nach 1926 verstärkt Christen aus der Caza Baalbek niedergelassen, zu denen die heutigen Dorfbewohner noch Bindungen unterhalten.
- Nach der Eingemeindung Maalakas nach Zahlé fand auch eine Vermischung der Bevölkerung verschiedener Konfession zwischen den beiden ehemals selbständigen "Qasabas" statt. Zum Beispiel siedelten Armenier in Maalaka (vgl. Handwerksbetriebe an der alten Hauptstraße von Zahlé nach Maalaka). Die christliche Bevölkerung des Umlandes kann also selbst in Maalaka christliche Händler und Handwerker finden.
- Vor dem Ausbau des Boulevards im Bardounital gab es außer dem Einkaufsviertel in Maalaka kein der Landbevölkerung adäquates Zentrum in der Nähe (die Innenstadt war schon immer auf rein städtischen Bedarf ausgerichtet; vgl. dazu WEULERSSE 1938, 1946).
- Da die christliche Bevölkerung der zentralen Bekaa die Bevölkerungsmehrheit stellt, ist sie aus dieser "sicheren Position" viel weniger auf einen engen Kontakt mit ihrem religiösen Zentrum bedacht als es lokale Minderheitengruppen wären (vgl. Machgara, Ras Baalbek usw.).
- Die geringe Ausdehnung des Handelseinzugsbereiches in die nördliche Bekaa trotz des großen Warenangebotes Zahlés und Maalakas ist auffällig. Auch hier ist vor allem die Religionsstruktur des Umlandes dafür verantwortlich: Der hauptsächlich schiitisch besiedelte Raum nördlich Beit Shamas ist traditionell auf das Metualizentrum Baalbek ausgerichtet. Es muß allerdings auch berücksichtigt werden, daß das preisgünstigere und traditionellere Angebot Baalbeks bei der im nördlichen Teil der Bekaa zunehmend schlechter gestellten Bevölkerung die Wahl des Einkaufsortes mitbestimmt.

Die zentralitätsbeeinflussende Rolle der Religion zeigt sich deutlich, berücksichtigt man, daß selbst die christliche Bevölkerung der Dörfer, wie die von Sarain, Talia und Taibé, trotz ihrer Nähe zu Baalbek bevorzugt Zahlé aufsucht.

Besonders nach den Auseinandersetzungen 1958 zwischen Christen und Moslems[1] hat sich diese Ausrichtung auf Zahlé verstärkt. Jetzt langsam tritt eine Normalisierung in den Beziehungen zwischen beiden Religionen ein, so daß das religiöse Moment bei der Wahl des Einkaufszentrums an Bedeutung verliert.

Südlich von Maalaka, an der *durch das Viertel Haouch el Omara führenden Hauptstraße*, liegen zwischen Händlern für Gemischtwaren, Fleisch u. a. m. neue große Obst- und Gemüseläden. Sie bedienen in erster Linie den Viertelsbedarf der hier mehr und mehr siedelnden, relativ einkommensschwachen Beamtenschichten Zahlés. Auch Einzelhändler aus den umliegenden Dörfern der engsten Umgebung in der Bekaa und dem angrenzenden Bergland (Taalabaya, Tanayl, Karak bzw. Wadi el Arayech, Qaa er Rim, Jdita) kaufen bei den Gemüse- und Obsthändlern ein.

Darüber hinaus erfaßt der Kundenkreis Besucher Zahlés aus Beirut bzw. Durchreisende auf der Strecke Beirut-Baalbek. Sie decken hier ihren Bedarf an Obst und Gemüse preiswerter und frischer als in Beirut. Demzufolge verzeichnen diese Läden besonders im Sommer (Zeit des Festivals von Baalbek, Besuchszeit in der Restaurantstraße von Zahlé) ein gutes Geschäft. Das Sortiment hat sich auf diesen Kundenkreis eingestellt: Außer Obst, Gemüse und Kartoffeln werden Konserven, meist Produkte der ca. 6 km südlich gelegenen Fabrik von Chtaura, und lokale Spirituosen, besonders Wein und Arak angeboten, letztere ebenfalls preiswerter als in Beirut.

Die peripheren Bereiche dieser Straße sind durch verkehrsorientiertes Gewerbe genutzt, und nach Zahlé zu sind einige Imbiß- und Erfrischungsstuben zu verzeichnen, die sich aus dem dortigen Halt der Service-Taxis auf der Strecke nach Beirut erklären.

In Richtung Talabaya liegen kleine Autoreparatur- und -servicestätten. Die zentrale Bedeutung der Hauptstraße von Haouch el Omara ist insgesamt gesehen gering. Selbst der Obst- und Gemüse-"Großhandel" hat nur ein geringes Einzugsgebiet. Folgende Gründe sind dafür zu nennen:
- Die Händler in Zahlé und den Dörfern der Umgebung decken sich meist direkt beim Produzenten ein oder die dörfliche Bevölkerung versorgt sich durch Eigenprodukte selbst.
- Nicht in der Bekaa angebaute Früchte kauft man direkt in Beirut ein. Eine Fahrt zum dortigen Großmarkt mit reicherem

---

[1] Zu den Ereignissen von 1958 vgl. F. J. QUBAIN (1961).

und oft preiswerterem Angebot kostet per Service-Taxi nur
2,50 LL pro Weg bzw. per Autobus 1,00 LL.
- Auf dieser Straße halten keine öffentlichen Verkehrsmittel, die Kunden heranbringen könnten.
- Haouch el Omara weist keine Tradition als Zentrum auf. Bis zur Eingemeindung nach Zahlé (1935) war es ein kleines selbständiges Dorf.

In der Bekaa, etwa gegenüber dem Talausgang des Bardouni, liegt *Zahlés neues Gewerbeviertel* mit über 130 Betrieben vorwiegend der Kfz-Reparatur bzw. des landwirtschaftlichen Maschinenbaus. Aber auch andere Handwerke, wie Schmieden, Tischlereien und Schreinereien, liegen hier (Abb. 3). Das Angebot dient der ganzen Bekaa (s. auch weiter unten), in der es keinen weiteren Ort gibt, der auch nur annähernd die Ausstattung Zahlés erreicht.

Die Agglomeration derartiger Betriebe gerade in Zahlé erklärt sich aus der besonders großen entsprechenden Nachfrage im Ort selbst und in der zentralen Bekaa. Nach den gemittelten Aussagen der befragten Betriebe (75) ergab sich demzufolge auch, daß ca. 50 % der Nachfrager aus Zahlé stammen, 30 % aus der zentralen Bekaa, ca. 15 % aus weiter entlegenen Gebieten der Bekaa und ca. 5 % kommen aus Beirut und dem Bergland um Beirut. Die letztgenannte Nachfragergruppe erklärt sich daraus, daß die Reparaturbetriebe Zahlés eine preisgünstigere und schnellere Bedienung bieten als Werkstätten in Beirut. Hier zeigt sich zum ersten Mal ein Sektor, in dem Zahlé nicht von Beirut bevormundet wird, sondern seinen Einzugsbereich sogar bis auf die Metropole ausdehnt.

Im Banken- und privaten Kreditwesen sind in Zahlé eine Filiale der Staatsbank und sechs private Handelsbanken zu verzeichnen, von denen nur zwei auf örtliche Gründungen zurückgehen, alle übrigen sind Filialen Beiruter Banken[1].

Etwa 60 % der Depotkunden stammen aus Zahlé. Ein Teil dieses Geldes wird allerdings von Emigrierten eingezahlt, die als Bürger Zahlés geführt werden. Ca. 20 % der Bankeinlagen stammen

---

1) Vier Banken waren zu Auskünften bereit.

aus dem Umland. Es handelt sich vor allem um Einlagen größerer landwirtschaftlicher Besitzer. Der Einzugsbereich der Zahléer Banken wird durch weitere Bankfilialen in Rayak und Chtaura eingeschränkt. Der Rest der Bankeinlagen (ca. 20 %) fließt aus dem arabischen Ausland zu, besonders aus Syrien (vgl. Abschn. IV. D. 5.).

Der Kreis der Kreditnehmer, ein nur geringer Teil der Bankkunden (keine genauen Angaben erhältlich), reicht kaum über Zahlé hinaus. Zum sozialspezifischen Einzugsbereich vgl. Abschn. IV. D. 5. Außerdem gibt es acht private Barkreditbüros, mit ebenfalls kaum ländlicher Bedeutung (Abschn. IV. D. 5.).

Die Anzahl der privaten Geldverleiher läßt sich nicht schätzen (vgl. Abschn. IV. D. 5.). Insgesamt zeigt sich, daß das Geldwesen in Zahlé in der Depotbildung und der Kreditvergabe vor allem auf städtische Bevölkerungskreise eingestellt ist, wenn auch immerhin ca. 20 % Gelddepotkunden aus Zahlés Umland Tendenzen zu wachsender Umlandbedeutung der Zahléer Banken bei steigender Rentabilität der Landwirtschaft vermuten lassen.

Zahlés zentralörtliche Bedeutung für die Agrarwirtschaft des Umlandes:

Die überwiegend marktorientierte Agrarwirtschaft in der Umgebung Zahlés wirft die Frage auf, welche Rolle die Stadt in der Vermarktung dieser Produktion bzw. als Lieferant aller für die Landwirtschaft notwendigen Güter spielt.

Belieferung des Umlandes mit Gütern des landwirtschaftlichen Bedarfs (Abb. 8):
Die Handelsgeschäfte für Düngemittel, Insektizide und Saatgut, die überwiegend an der durch Maalaka führenden Hauptstraße konzentriert sind, werden vor allem aus der zentralen Bekaa aufgesucht. Anders als in der Vermarktung der Agrarprodukte (s. u.) erfährt Zahlé in diesem Bereich wenig Konkurrenz durch Beirut. Folgende Gründe sind zu nennen:
- Der Transport dieser sperrigen, schweren Güter in die Bekaa hebt mögliche Kostenvorteile Beiruts wieder auf.
- Besuche bei den staatlichen Dienststellen für die Landwirtschaft (Abschn. V. A. 1.) in Zahlé werden gleichzeitig zum

Einkauf in der Landwirtschaft benötigter Güter genutzt.
- Zahlé ist den meisten Bekaa-Bauern noch immer als Einkaufsplatz vertrauter als das weltstädtische Beirut.
- Die Landwirte kennen die Händler meist persönlich und erhalten, wenn benötigt, Kredite. Gerade dieser Punkt wurde in Interviews häufig besonders betont.

Einige Betriebe für Verkauf und Reparatur von landwirtschaftlichen Geräten in Zahlé, wie die libanesische Generalvertretung einer amerikanischen Traktorfirma mit angeschlossener Bewässerungspumpenherstellung oder eine Herstellungsfirma für landwirtschaftliche Maschinen und Maschinenteile (50 bzw. 20 Arbeitskräfte), sind von zentraler Bedeutung nicht nur für die ganze Bekaa, sondern auch für andere intensiv genutzte Agrargebiete, wie die südliche Küstenebene und die Ebene von Akkar. Drei weitere größere Reparaturwerkstätten und 15 kleinere Herstellungs- und Reparaturbetriebe im Gewerbegebiet dienen dem Bedarf vor allem der zentralen Bekaa. Außerdem werden auch in vielen Kfz-Werkstätten Schäden an landwirtschaftlichen Geräten behoben.

Auch hier zeigt Zahlé Beirut gegenüber Vorteile, die ein Abwandern der Nachfrager verhindern: Zahlé ist bei notwendigen Reparaturen schneller zu erreichen als Beirut. Die Reparaturen sind preiswerter und werden umgehend ausgeführt (vgl. Kfz-Reparatur oben). Diese Vorteile und die Möglichkeit, Kredite zu erhalten, begünstigen auch den Einkauf der Geräte in Zahlé.

Vermarktung der Umlandproduktion:
In Zahlé befindet sich der Sitz von drei Kooperativen: für Zuckerrüben[1] (1968 gegründet), für Eier (1962 gegr.) und für Kartoffeln (1971 gegr.); ihr Einzugsbereich erstreckt sich auf die zentrale Bekaa (Kartoffeln, Zuckerrüben) bzw. die ganze Bekaa (Eier).

---

1) Die Kooperative für Zuckerrüben hat die Aufgabe, die Anbaulizenzen je nach der Verarbeitungskapazität der Zuckerfabrik zu verteilen und den Abtransport der Produktion in die Fabrik zu regeln. Ihre Leitung liegt daher auch in Händen der Fabrikdirektoren.

Zahlé profitiert von diesen Einrichtungen nicht direkt, allenfalls wenn Mitglieder die Verwaltungsbüros aufsuchen. Die Produktion geht vom Hersteller zunächst über Verpackungsstellen in Talabaya und Tanayl nach Beirut oder in das arabische Ausland. Ferner gibt es in Zahlé ca. 20 Großhändler und 3 Exporteure für landwirtschaftliche Produkte. Nur neun von ihnen (Abschn. IV. D. 5.) unterhalten Annahmestellen und Verkaufsstellen in der Stadt. Die übrigen vermitteln nur noch den Warentransport nach Beirut durch in Zahlé unterhaltene Agenturen. Eventuelle Zwischenlagerung erfolgt meist direkt in den Herkunftsgebieten. Lager gibt es in Rayak, Qabb Elias, Joub Jannine und Zahlé. Auf diese Weise werden 80 % der Überschüsse der zentralen Bekaa vermarktet, allerdings mit zunehmender Konkurrenz durch Großhändler aus Beirut. Die restlichen 20 % werden von den Anbauern selbst zum Markt, bevorzugt nach Beirut, gebracht (vgl. Abschn. IV. D. 5.).

Selbst Bindungen an den Großhandel von Zahlé durch leichteren Krediterhalt wiegen die Vorteile Beiruts offensichtlich nicht auf. Die Möglichkeit, Konsumgüter auf Kredit in Zahlé zu kaufen, bietet den Bauern die Gelegenheit, ihre Produkte preisgünstiger in Beirut abzusetzen und trotzdem die Kreditvorteile Zahlés (bei ihnen eher bekannten Händlern) wahrzunehmen.

Insgesamt läßt sich also feststellen, daß Zahlés Bedeutung für das agrare Umland sehr unterschiedlich ist. *Während der Stadt als Vermarktungsort der Umlandsagrarprodukte nur noch lokale und sehr begrenzte regionale Bedeutung zukommt, hat sie als Versorger des Umlandes mit Gütern landwirtschaftlichen Bedarfs eine Vorrangstellung gegenüber Beirut, die sie wohl auch in Zukunft wird halten können.*

Einrichtungen des Gesundheitswesens und ihre Reichweite (Abb. 9):

In Zahlé gibt es ein staatliches und ein privates Krankenhaus. Das staatliche Hospital (1949 mit 60 Betten gegründet) ist mit heute 150 Betten das größte in der Bekaa. Es dehnt seinen Einzugsbereich auf die ganze Mohafaza Bekaa aus, da die Cazakrankenhäuser in Baalbek, Hermel und Khirbet Qanafar (südliche Bekaa) entweder für den jeweiligen Bedarf nicht ausreichen oder nicht genügend spezialisiert sind. Folglich sind im Zahléer Krankenhaus, in dem 18 Ärzte, 47 Krankenschwestern und 35 Helfer (1972) arbeiten, ständig ca. 100 Betten belegt (ca. 700 - 800 stationär Kranke pro Monat). Außerdem werden monatlich ca. 2.000 bis 3.000 Kranke ambulant behandelt und etwa 3.500 Laboruntersuchungen durchgeführt.

Das private Krankenhaus, 1910 als Militärhospital gegründet und 1948 von der griechisch-katholischen Kirche übernommen, hat die für eine private Institution ungewöhnlich hohe Zahl von 122 Betten mit 20 Ärzten. Der Aufenthalt kostet ca. 45 LL pro Tag. Der Einzugsbereich dieses Krankenhauses ist dementsprechend sozial festgelegt (vgl. Abschn. IV. F.): Die Befragung des Krankenhausleiters ergab, daß 80 % der Kranken aus Zahlé stammen. Der Rest verteilt sich auf die größeren Orte der Umgebung (Rayak, Qabb Elias, Chtaura, Joub Jannine). Manchmal kommen auch Patienten aus christlichen Dörfern der nördlichen Bekaa (Minoritätenverhalten einer christlichen Minderheit in der schiitischen Caza Baalbek).

Die Krankenhauswahl, ob staatlich oder privat, wird wesentlich durch Prestigedenken beeinflußt. Selbst durch die tatsächlich modernere Ausstattung des staatlichen Krankenhauses in Zahlé kann es nicht aufgehoben werden.

Der Einzugsbereich der zwei Krankenversorgungs-Stationen in Zahlé ist ebenfalls primär sozial bestimmt. Die Patienten stammen zu 70 % aus städtischen, sozial niederen Kreisen. Der Einzugsbereich aus dem Umland ist begrenzt, da mehrere Dörfer der Umgebung Zahlés weitere derartige Stationen unterhalten (Talabaya, Rayak, Mar Elias, Ablah) und ein Teil der Landbevölkerung gerade des näheren Umlandes von Zahlé aufgrund guter Einkünfte Privatärzte aufsuchen kann.

Auf die relativ geringe Bedeutung dieser Stationen für das Umland deutet bereits ihre Ortslage hin: Die Station des libanesischen Roten Kreuzes liegt im westlichen Teil der Innenstadt, die staatliche in dem Stadtviertel Wadi el Arayech.

Die Station des Roten Kreuzes versorgt allerdings durch Ambulanzen (vgl. Abschn. IV. F.) unterausgestattete Gebiete in den Kreisen Baalbek, Hermel und Rachaya. *Somit kommt es doch auf diesem Wege zu einem recht großen Einflußbereich Zahlés in der Krankenversorgung (vgl. Karte Abb. 9).*

Die privatärztliche Versorgung in Zahlé erfolgt durch 20 Ärzte, die zur Hälfte als Spezialisten, zur Hälfte als praktische Ärtzte tätig sind. Die Zahl der Patienten aus dem Umland schwankt zwischen 30 % und 65 % (Befragung von 10 ausgewählten Ärzten) (vgl. dazu Abschn. IV. F.). Als Haupteinzugsgebiet ergab sich wiederum die zentrale Bekaa. Patienten kommen allerdings auch aus der nördlichen Bekaa, besonders aus den christlichen Siedlungen, wie Ras Baalbek, Deir el Ahmar, Qaa, Taibé, Talia usw. Hier spielen Minoritätenverhalten und Prestigedenken eine große Rolle.

Einrichtungen des Schulwesens und ihre Reichweite (Abb. 10):

Es gibt in Zahlé als staatliche Institutionen 8 Grundschulen, 6 Mittelschul- und zwei Oberschulzweige, eine Lehrerausbildungsstätte und eine Berufsschule. Privatinstitutionen unterhalten 12 Grund-, 2 Mittel- und 7 Oberschulen[1].

Die Gesamtzahl der Schüler Zahlés beträgt ca. 15.000 (1972)[2]. Im folgenden soll die zentrale Bedeutung von Zahlés Oberschulen festgestellt werden (vgl. Abschn. IV. E.). Vor allem das Jungengymnasium zentriert eindeutig das Umland auf Zahlé. 50 % der Schüler sind Auswärtige, während an der Mädchenoberschule nur 20 % der Schülerinnen aus dem Umland stammen.

Die Hälfte der auswärtigen Jungen und alle auswärtigen Mädchen stammen aus Dörfern, die bis zu 15 km von der Stadt entfernt sind. Weitere 25 % kommen von bis zu ca. 30 km Entfernung. Die Anfahrtszeit - meist per Service-Taxi oder aus Richtung Baalbek auch per Bus - beträgt etwa eine Stunde. Schwerpunkte des Einzugsbereichs sind die christlichen Dörfer in der Caza Baalbek. Das restliche Viertel der Auswärtigen muß über 30 km Schulweg

---

1) Die Privatschulen verzeichnen meist eine alte Tradition. Vgl. CUINET, S. 273, der berichtet, daß Zahlé zur Jahrhundertwende bereits 45 Schulen mit 4078 Schülern hatte (einschließlich Maalakas).

2) Genauere Werte liegen nur für 1964 vor mit 9.313 Schülern. Die Zahl für 1972 wurde durch einen jährlich veranschlagten Zuwachs von ca. 700 Schülern errechnet. (Von der Verfasserin eingesehenes unveröffentlichtes Material des Ministère d'Education nationale.)

(eine Strecke) zurücklegen. Bis zu einer Entfernung von 40 km pendeln die Schüler meist, zumindest während der Sommermonate, täglich in den Schulort. Bei noch größeren Entfernungen wohnen sie während der Schulwochen in Zahlé.

Der Einzugsbereich der Oberschulklassen in Zahlé wird bestimmt durch
- die Ausstattung des Umlandes mit derartigen Institutionen,
- religiöse Faktoren (christl. Dörfer tendieren nach Zahlé)
- den Ruf der Zahléer Schulen, eine bessere Ausbildung zu vermitteln als andere staatliche Gymnasien in der Bekaa.

Zusammenfassung: Zahlés zentrale Bedeutung

Der Versuch, Zahlés Funktionen in eine höhere oder niedrigere Zentralitätsstufe einzuordnen, soll erst unternommen werden, wenn auch die anderen Zentren in der Bekaa untersucht worden sind. Erst dann ist es möglich, Unterscheidungskriterien für die verschiedenen Zentralitätsstufen zu entwickeln. Immerhin ist Zahlé wohl als *vollzentraler Ort* zu bezeichnen. Unter den staatlich kontrollierten Einrichtungen wirken besonders das staatliche Krankenhaus, die Jungenoberschule und Ämter für die Landwirtschaft zentrierend. Von den privatwirtschaftlichen Einrichtungen sind Zahlés Versorgungsfunktionen für Güter des spezifisch landwirtschaftlichen Bedarfs und für Konsumgüter der periodischen und längerfristigen Nachfrage traditioneller Art zu nennen.

Zahlés Hauptversorgungs- und -einzugsbereich ist die zentrale Bekaa. Zusätzlich auf Zahlé zentrierte Bereiche ergeben sich
- aus der Unterversorgung eines Gebietes mit einer oder mehreren Versorgungsfunktionen. Folgende verschiedenen Versorgungsarten können eintreten:
  - Die Landbevölkerung sucht Zahlé von Zeit zu Zeit auf.
  - Die Landbevölkerung hält sich für die Zeit der Inanspruchnahme permanent in Zahlé auf (Schulen).
  - Das Umland wird periodisch ambulant durch Zahlé versorgt (ambulanter Handel, ambulante Krankenversorgung).
- Ein zusätzlicher Einzugsbereich entsteht durch das Minderheitenverhalten christlicher Dörfer in der nördlichen Bekaa und
- aus dem Ruf bestimmter zentraler Funktionen, eine bessere

Versorgung zu bieten als gleiche Einrichtungen anderer zentraler Orte (z. B. Schul- und Gesundheitswesen).

In folgenden Sektoren wird Zahlés Einzugsbereich vor allem von Beirut eingeschränkt:
- Absatz der Agrargüter des Umlandes,
- Einkauf von Großhandelsgütern. Gründe dafür sind in den Preisvorteilen Beiruts und seinem größeren Angebot zu sehen.

Trotz der dominierenden zentralen Bedeutung Zahlés für die zentrale Bekaa haben sich in und am Rande seines Einzugsbereiches Orte entwickeln können, deren Ausstattung (besonders im Handelsbereich) auf mögliche Zentralität hindeuten. Dies sind Chtaura, Rayak, Joub Jannine, Qabb Elias und der Markt von El Marj.

Im folgenden ist zu klären, wie es zu dieser Angebotsagglomeration auf recht eng begrenztem Raum kommt und ob bzw. inwieweit diese Orte ihr Umland tatsächlich zentrieren.

V. A. 2. Chtaura

Etwa 6 km südwestlich von Zahlé, am Rande der Bekaa zum Libanongebirge, liegt Chtaura, eine nur ca. 400 Einwohner (1972) zählende Siedlung, die sich entlang der Straße nach Beirut entwickelt hat. Die Bebauung des Ortes hat sich inzwischen weiter, der zeilenförmigen Ortsanlage folgend, über die eigentliche Siedlung hinaus sowohl in den Gebirgsraum als auch in die Bekaa in Richtung Zahlé bzw. Damaskus ausgedehnt. So konnte ein fast geschlossenes Bebauungsgebiet zwischen Mrejat, Jdita, Chtaura und Tanayl entstehen, das im folgenden unter dem Ortsnamen Chtaura zusammengefaßt werden soll.

Nicht nur der zeilenförmige Ortsgrundriß, sondern auch die Lage der Siedlung deuten auf eine Verkehrsorientiertheit Chtauras hin. Chtaura ist Knotenpunkt zweier Verkehrslinien: der Linie von Beirut nach Damaskus (mit der Abzweigung nach Zahlé und Baalbek) und der Linie, die in die südliche Bekaa führt über Machgara bis Marjayoun bzw. Jezzine und Saida, und quer durch die Bekaa nach Rachaya.

Diese Lage zeichnete sich besonders in osmanischer Zeit aus, als Chtaura nach Eröffnung der neuen Straße Beirut - Damaskus (1860) Grenzort des Vilayet von Damaskus zum Mutessarifia "Jabal Lubnan" wurde und damit Stationsfunktionen für den gleichzeitig eröffneten Postkutschendienst zwischen Beirut und Damaskus übernahm. Nach sechs Stunden Fahrt bot Chtaura in vier Khanen Ruhe, Beköstigung und Warendepotmöglichkeiten, bevor die Postkutsche in weiteren sechs Stunden Fahrt Damaskus erreichte.

Chtauras Bedeutung als Stationsort blieb auch bestehen, als die Bildung des "Grand Liban" (1920) erfolgte und ab ca. 1922 verstärkt eine Motorisierung des Verkehrs zwischen Beirut und Damaskus einsetzte. Zwar ging seine Funktion als Lager- und Beherbergungsort zurück, als Rastplatz und Einkaufsort (s. u.) nahm es jedoch an Bedeutung zu. So wurden zum Beispiel die vier Khane in Gaststätten umgewandelt (letztere bestehen heute noch).

Chtauras heutiges Gaststättengewerbe umfaßt 13 Betriebe. Fünf davon sind mit über 100 Plätzen überdurchschnittlich groß. Aus den generell auf arabischen Geschmack ausgerichteten Gartenlokalen ragen vor allem zwei durch ihre europäischen Ansprüchen genügende Ausstattung hervor. Außerdem gibt es - meist zusammen mit Läden - zahlreiche Imbißstuben und Erfrischungsstände. Hier werden vor allem die für gute Qualität bekannten Milchprodukte von Chtauras Molkereien angeboten.

Folgende Bevölkerungsgruppen nehmen diese Einrichtungen in Anspruch:

- Touristen, die Baalbek in einer Tagestour von Beirut aus besuchen. Sie nehmen in Chtauras Restaurants oft ein Mittag- oder Abendessen ein.
- Ebenfalls besonders aus Beirut kommende Besucher des Festivals von Baalbek, das jeweils zwei Sommermonate umfaßt. Nach der Vorstellung ißt man in Chtaura oder übernachtet dort, um die nächtliche Fahrt über den oft durch Nebel behinderten Libanonpaß zu meiden.
- Libanesen, die in den Ferienzentren des Berglandes von Beirut den Sommer verbringen.
- Im Libanon "estivierende" Araber.

Diese Gruppen bilden ca. 70 % der Besucher. Der Rest rekrutiert sich besonders aus Libanesen oder anderen arabischen Nationalitäten, die auf der Durchreise zwischen Beirut, Damaskus oder Homs hier Station machen. Letztere sind besonders in den ein-

facheren Gaststätten anzutreffen. Auch der Einzelhandel, der
die Straßenfronten Chtauras zwischen den Gaststätten fast völlig einnimmt, lebt besonders von Durchreisenden.

Die Läden Chtauras bieten vorwiegend Waren des Genußmittelsektors an (Spirituosen). Aber auch täglich und periodisch benötigte Lebensmittel sind zahlreich vorhanden. Die Ausstattung
der meist großen geräumigen Läden unterscheidet sich einerseits
durch gute Sortierung und ein qualitätsmäßig höheres Angebot
von den Einrichtungen Zahlés, die vor allem der Umlandbevölkerung dienen (Typ I und II), andererseits durch weniger große
Spezialisierung von den Geschäften in der Innenstadt Zahlés
(Typ III). Art und Warenangebot der Läden erklären sich aus
dem Stationscharakter des Ortes: Meist steht den Käufern nur
eine begrenzte Einkaufszeit zur Verfügung. Daher wünschen die
Kunden, möglichst viele der benötigten Artikel an einer Stelle
zu erhalten. Die Verkehrsorientiertheit dieser Geschäfte zeigt
sich auch darin, daß sie, zumindest in den Sommermonaten, bis
Mitternacht oder sogar durchgehend geöffnet sind.

In den Läden durchgeführte Befragungen (20) ergaben demzufolge, daß der Kundenkreis durchreisende Libanesen (zu ca. 40 %),
Syrer und andere Araber (zu ca. 50 %) umfaßt. Letztere befinden sich meist auf der Rückkehr von einem Libanonaufenthalt in
ihr Heimatland. Sie erwerben die in anderen arabischen Ländern
teureren Güter (besonders Spirituosen) oder dort qualitätsmäßig schlechteren bzw. gar nicht vorhandenen Waren (wie Parfümerieartikel, Kleenex-Tücher, Gebäck, Kekse, Konserven). - Eine
weitere Kundenschicht stellen westliche Touristen auf der Durchfahrt nach Baalbek oder Damaskus (s. o.). Auf ihre Nachfrage
sind vor allem zwei größere Souvenirgeschäfte ausgerichtet. -
Zusätzliche Käufer kommen aus Chtaura selbst. Es handelt sich
um die dort wohnhaften europäischen Mitglieder der FAO, die in
der Bekaa in den Versuchsstationen Terbol und Tell Amara arbeiten.

Ländliches Publikum aus Chtauras Umland kommt höchstens in den
Ort, um Agrarprodukte an die dortigen Händler zu verkaufen. Als
Einkaufsplatz übt Chtaura weder auf das agrare Umland noch auf
die am Ort oder in seiner Umgebung beschäftigten Industriearbei-

ter[1] Anziehungskraft aus. Diese Bevölkerungskreise decken ihren Bedarf in Zahlé und Qabb Elias. Sie betrachten Chtauras Angebot als zu teuer und zu exklusiv. Selbst die Notwendigkeit, in Chtaura in ein anderes Service-Taxi umzusteigen, wenn man in die Dörfer der südlichen Bekaa el Gharbi (Straße von Qabb Elias nach Machgara), nach Zahlé oder Beirut fahren will, kann Chtauras Attraktivität für die Landbevölkerung nicht vergrößern.

Nicht zuletzt wird Chtauras Verkehrsorientiertheit durch sein Angebot auf dem Kfz-Service und -Reparatursektor unterstrichen. Einige große Tankstellen mit drei und mehr Service-Boxen und eine Mercedesvertretung kommen gehobeneren Ansprüchen nach, während eine Anzahl von kleineren Reparaturwerkstätten, besonders solche an der Ausfallstraße nach Damaskus, die Nachfrage der Durchreisenden nach einfachen, schnell durchzuführenden Reparaturen befriedigt.

Chtaura besitzt darüber hinaus auch eine Funktion als "Estivia-Ort" (Sommerfrische). Sie ist bereits historisch begründet. Um 1910 errichtete das französische Konsulat im Libanon dort Ferienwohnungen für sein Personal (z. B. heutiges Hotel "Massabki"). Auch heute noch ist Chtaura bevorzugter Sommeraufenthaltsort von im Libanon lebenden Europäern und gutsituierten, nach europäischem Vorbild lebenden Libanesen. Meist halten sie sich in dem modernen "Parkhotel" mit Schwimmbad und Tennisplätzen auf. In Herbergen mehr arabischen Stils wohnen darüber hinaus Araber aus den Nachbarländern. Nach Angaben der Gendarmerie Chtauras kommen Iraker, Ägypter und Kuweitis hierher.

Eine zentralörtliche Bedeutung Chtauras für das Umland ist nicht vorhanden. Dies erklärt auch das Bestehen eines so großen Konsumgüterangebots nur ca. 6 km von Zahlé entfernt. Das Kaufpublikum beider Orte überschneidet sich nicht. Die fehlende zentrale Bedeutung Chtauras zeigt sich auch darin, daß andere zentralitätsfördernde Einrichtungen, wie höhere Schulen oder Gesundheitseinrichtungen, fehlen. Die wenigen (400) Einwohner Chtauras werden durch Zahlé und Qabb Elias mit versorgt.

---

1) Es handelt sich hier um die Industriebetriebe der zentralen Bekaa (vgl. Abschn. IV. D. 4.) und die Betriebe Chtauras: 2 Konservenfabriken mit ca. 50 Arbeitskräften, 1 Herstellungsfirma von Baumaterial (20 Arbeiter) und einige Molkereibetriebe (ca. 30 Arbeiter).

Allerdings erhebt sich die Frage, ob der immer weiter zusammenwachsende Komplex der Orte Mrejat, Jdita, Chtaura, Tanayl und bald sogar Talabaya durch die relativ große Bevölkerungsagglomeration in diesem Raum und die wirtschaftliche und verkehrsmäßige Gunstlage nicht in Zukunft Einrichtungen und Funktionen entwickeln wird, die die Umlandbevölkerung nach Chtaura ziehen. Bei der zunehmenden Ausrichtung auf Beirut wäre Chtaura, da hier bereits ein Service-Taxi-Halte- und Umsteigepunkt besteht, prädestiniert für eine zentralörtliche Stellung in der mittleren Bekaa, die zu Lasten von Zahlé ginge. (Chtauras Lage am Fußpunkt der Paßstraße über den Libanon entspricht genau der Lage Zahlés vor dem Bau der neuen Paßstraße!)

V. A. 3. Rayak

Ca. 15 km östlich von Zahlé liegt Rayak, eine Siedlung mit rund 8.000 Einwohnern (1972). Die Mehrzahl der Bevölkerung gehört der griechisch-orthodoxen und griechisch-katholischen Konfession an.

Rayaks T-förmiger Grundriß wird von zwei Hauptachsen gebildet. Eine erstreckt sich in Nord-Süd-Richtung von Rayak zu dem ehemals selbständigen und inzwischen eingemeindeten Dorf Hauoch Hala, die zweite kommt aus westlicher Richtung und halbiert etwa in der Mitte die erstgenannte Achse. Entlang diesen Straßenzügen ziehen sich die Handels- und Dienstleistungseinrichtungen von Rayak. Die Nord-Süd-Ortsausdehnung folgt dem Verlauf von Bahngeleisen, denen in Rayaks Entwicklung eine wesentliche Rolle zukommt.

Rayaks ungeschützte Lage in der Bekaaebene deutet bereits auf ein spätes Entstehen und junges Wachstum der Siedlung hin. Tatsächlich gewinnt es erst ab 1895 Bedeutung, als die Bahnlinie (Schmalspur) zwischen Beirut und Damaskus mit einem Bahnhof in Rayak in Betrieb genommen wird.
Nachdem 1902 die Bahnlinie (Normalbreite) von Hama nach Rayak fertiggestellt war, wurde Rayak als Treffpunkt beider Linien wichtigster Umschlagplatz zwischen Beirut, Damaskus, Homs und Hama. Außer zwei Bahnhöfen mit entsprechenden Lagervorrichtungen für die Güterabfertigung gab es in Rayak ein großes Kohlenlager und ein Bahnreparaturwerk. Alte Rayaker Einwohner sprechen von über 1000 Arbeitern in Zusammenhang mit der Eisenbahn.
Der Bahnanschluß führt zu Rayaks Wahl als Militärstützpunkt

(THUOMIN 1936, S. 180), der besonders in der französischen Mandatszeit ausgebaut wird. 1930 entsteht dort sogar ein Militärflugplatz.
Die Ansiedlung von Bahnangestellten und Militärangehörigen, die auch als Pensionäre in Rayak bleiben, führt zu einer Ausdehnung der Siedlung. Bevorzugter Wohnsitz der Pensionäre wird der Ortsteil Hauoch Hala. Gleichzeitig kommt es auch zu einer Angebotsvergrößerung der Handels- und Dienstleistungsfunktionen im Ort. Alte Rayaker Einwohner behaupten, Rayak sei vor Entstehung des "Grand Liban" bedeutender gewesen als Zahlé. Dann setzt Rayaks Bedeutungsrückgang als Eisenbahnumschlagplatz ein, da die neue Grenzziehung mit Syrien Transporte von Homs nach Damaskus zu einem zweimaligen Grenzübertritt zwingt. Dies wirkt sich besonders nachteilig aus, als die Zollunion zwischen Syrien und dem Libanon 1950 aufgehoben wird. Auch die noch bestehende Linie Beirut - Damaskus wird zusehends durch den schnelleren LKW-Transport ersetzt. Nur noch die militärische Bedeutung ist Rayak geblieben. Es sollen ca. 800 Militärangehörige dort stationiert sein.

Rayaks Geschichte hat somit zu einer ungewöhnlichen Sozialstruktur seiner Bevölkerung geführt: Militärangehörige - pensionierte Militärangehörige, ehemalige Bahnangestellte - traditionell in der Landwirtschaft beheimatete Bevölkerung.

V. A. 3. a. Einrichtungen im Handels- und Gewerbesektor und ihre Inanspruchnahme

Die Handelseinrichtungen in den einzelnen Ortsteilen Rayaks spiegeln die soziale Zugehörigkeit der jeweiligen Viertelsbevölkerung wider. Im *Ortsteil Rayak* findet man entlang der Hauptstraße neben Läden des täglichen Bedarfs in typisch orientalisch-ländlichem Stil (Typ I) auch Verkaufsstellen für speziell ländlichen Bedarf. Dazwischen liegen einige Handwerksbetriebe traditioneller Art und moderne Kfz-Werkstätten.

Befragungen (45 Geschäftsbesitzer und Gewerbetreibende) ergaben, daß dieser Ortsteil vor allem der lokalen Bevölkerung dient. Nur zu geringem Teil decken auch die östlich und südöstlich gelegenen Dörfer (Koussaya, Raité, Aali en Nahri, Sarain, Nabi Chit) ihren Bedarf dort. Zahlés größeres Angebot und seine geringe Entfernung bei guten Verkehrsverbindungen bewirken, daß es selbst in der unteren Bedarfsdeckung für die Bevölkerung der Dörfer weit vor Rayak rangiert.

Im *zentralen Straßenteil (zwischen Rayak und Haouch Hala)* ist das Warensortiment und die Ladenaufmachung auf eine weniger ländlich orientierte Käuferschicht ausgerichtet: Neben traditionellen Gütern gibt es auch moderne Artikel, wie Uhren, Schmuck, Stilmöbel bzw. entsprechende Dienstleistungen, wie den Damenfriseur und die Fahrschule. Die Käuferschicht wird vor allem von der Gruppe der Pensionäre gebildet, die außerdem durch das langjährige französische Vorbild westlich beeinflußt ist. Allerdings wird diese ortsansässige Schicht immer stärker durch Zahlé und Beirut angezogen. Als Folge sind von insgesamt 115 Läden bereits 26 permanent geschlossen, und die Besitzer der übrigen Läden klagen über geringen Umsatz, den sie mit der größeren Attraktivität Zahlés motivieren.

Die Einkaufsstraße im "Militärviertel" unterscheidet sich z. T. stark von den bisher beschriebenen Handelseinrichtungen. Größere moderne Geschäfte mit gehobenem Bedarf angepaßten Artikeln in dekorierten Schaufenstern (etwa Typ III) bestimmen das Angebot. Hier sind z. B. zu nennen:

2 Schuhgeschäfte, 2 Oberbekleidungsläden, 1 Schneider, 4 Barbiere, 1 Damenfriseur, 2 Uhrmacher und 6 große Läden mit der typischen Kombination von Elektrogeräten, Lampen, Kleinmöbeln und Teppichen, 1 Apotheke, 1 Fotogeschäft, 6 Gaststätten und 3 Kinos.

Das Preisniveau der Waren und Dienstleistungen entspricht in etwa dem Zahlés. Die Käuferschicht setzt sich zum überwiegenden Teil aus den Militärangehörigen und ihren Familien zusammen. In geringerem Maße nutzen auch die Beschäftigten der in der Nähe gelegenen staatlichen Versuchsanstalt für Landwirtschaft, Tell Amara, diese Einrichtungen Rayaks.

Somit wird deutlich, daß Rayaks Handels- und Dienstleistungseinrichtungen nur geringe bis gar keine Umlandsrelevanz haben. *Rayak ist in erster Linie Selbstversorgerort* (s. Abb. 8). Die besondere Sozialstruktur der Bevölkerung hat mit sich gebracht, daß ein Angebot mit überwiegend städtischem Charakter entstanden ist, das von dem anderer Landorte in der Größenordnung Rayaks stark abweicht.

V. A. 3. b. Handelsbeziehungen zu Zahlé

Nur kleine Händler gaben an, ihre Waren aus Zahlé zu beziehen. Größere Geschäfte, selbst oft für tägliche Bedarfsgüter, generell aber für längerfristigen Bedarf, kaufen direkt in Beirut ein. Besonders das größere und modernere Angebot Beiruts, das der recht anspruchsvollen Nachfrage der Rayaker Bevölkerung eher entspricht als das des Großhandels von Zahlé, sind dafür ausschlaggebend. Somit wird verständlich, daß auch sozial höherstehende Privatleute für den in Rayak nicht deckbaren Bedarf bevorzugt Beirut aufsuchen.

Die übrigen Sozialschichten tendieren jedoch noch vorwiegend nach Zahlé, wenn auch aufgrund der geringen Entfernung nach Beirut mit steigendem Bevölkerungswohlstand diese Stadt immer mehr an Bedeutung gewinnen wird.

Es wird im folgenden zu prüfen sein, ob auch in anderen Orten die Tendenz besteht, für die Deckung des gehobenen vor allem episodischen Bedarfs eine mittlere Zentralitätsstufe zu überspringen und sofort die höhere, d. h. im Libanon die höchste Zentralitätsstufe in Anspruch zu nehmen, wenn sie in der Erreichbarkeit der Bevölkerung liegt.

Im Gesundheits- und Schulwesen zeigt sich deutlich Rayaks mangelnde zentrale Bedeutung (s. o.). Es gibt nur einen Arzt und einen Zahnarzt, die gerade den örtlichen Bedarf decken. Im Schulsektor bietet Rayak nur Ausbildungsmöglichkeiten bis zur Mittleren Reife. Oberschüler besuchen meist Zahlés Einrichtungen.

V. A. 4. Joub Jannine

Etwa 25 km südlich von Zahlé an den Nordwestflanken des Jabal Gharbi (Vorhügelkette des Antilibanon) liegt Joub Jannine, ein Ort mit ca. 3.500 Einwohnern, von denen etwa 70 % sunnitisch und 30 % christlich sind, letztere zur Hälfte griechisch-orthodox, zur Hälfte griechisch-katholisch. Anders als die bereits behandelten, ebenfalls randlich im Einzugsbereich Zahlés liegenden Orte Chtaura und Rayak, hat Joub Jannine Verwaltungsfunktionen. Es ist Zentrum der gleichnamigen Caza (auch als "Bekaa Gharbi" oder "Bekaa Quest" bezeichnet).

V. A. 4. a. Administrative Einrichtungen und ihr Einzugsbereich

Joub Jannines Ausstattung mit Verwaltungseinrichtungen ist gering. Außer dem Amtssitz des Kaimakams sind nur ein Gendarmeriestützpunkt, ein sunnitisches Gericht unterer Instanz, ein Finanzamt und eine Baubehörde vorhanden. Alle übrigen Verwal-

tungsbereiche werden von Zahlés Dienststellen mit bearbeitet
(vgl. Abschn. IV. G. und V. A. 1.).

Aber selbst die bestehenden Behörden werden mehr und mehr von
der Bevölkerung umgangen. Man wendet sich direkt an die höheren Dienststellen in Zahlé (vgl. Abschn. IV. G.). Ebenfalls
besonders "fortschrittliche" Kreise aus der Landwirtschaft neigen zu einem Überspringen der Instanzen. Dies gilt vor allem
für die zwischen Joub Jannine und Zahlé gelegenen Dörfer, für
die es meist verkehrsmäßig leichter ist, Zahlé zu erreichen.

Zentralitätsmindernd wirkt sich darüber hinaus auch die Verlegung der Verwaltung zu Beginn eines jeden Sommers nach
Saghbine aus, einem Dorf am östlichen Abhang des Jabal Niha
mit 1.200 Einwohnern.

Noch weniger als Joub Jannine hat Saghbine den Charakter einer
ländlichen Siedlung aufgegeben. Entsprechend gering ist die
Ausstattung des Ortes mit zentralen Einrichtungen: Es gibt nur
15 Geschäfte, die - außer zwei Läden für Kleidung und Schuhwerk bzw. Möbel - nur den Bedarf an täglichen Gütern decken.
Im Schulwesen ist es allerdings besser ausgestattet. Es handelt sich dabei um christliche Privatschulen.

Die halbjährliche Verlegung der Cazaverwaltung hat folgende
Gründe:
- Die Caza ist in eine Gruppe christlicher Dörfer am Jabal Niha und Jabal Barouk und eine vor allem sunnitisch besiedelte Dorfgruppe in der östlichen Hälfte der Caza aufgeteilt. Um die christliche Bevölkerung nicht zu benachteiligen, erhält halbjährlich das christliche Saghbine und halbjährlich das sunnitische Joub Jannine Verwaltungsfunktionen.
- Der Straßenverlauf in Nord-Süd-Richtung mit nur wenigen Querverbindungen führt zu schlechter Erreichbarkeit Joub Jannines aus den am östlichen Bekaarandgebiet liegenden Siedlungen.
- Joub Jannine hat keine historische Verwaltungsbedeutung als Cazazentrum. Zwar bestand hier wohl Ende des 18. Jh.s eine Nahie (vgl. CUINET 1896, S. 413) unter der Bezeichnung Nahie "Djebel Djenin", Joub Jannine wird aber (in der osmanischen Dorfaufnahme von 1881) nur als Dorf in der Caza Bekaa ul Aziz genannt, so daß es fraglich ist, ob Joub Jannine über längere Zeit Sitz eines Mudirs war. In französischer Mandatszeit, nach Bildung des "Grand Liban", gibt es in der Caza Zahlé eine Nahie Saghbine!

Erst nach der libanesischen Unabhängigkeit wird Joub Jannine
Cazazentrum einer eigenen Caza. Saghbine verliert völlig Verwaltungsfunktionen. Erst ab 1960 entschließt man sich, eine
halbjährliche Verwaltungsverlagerung zwischen beiden Orten
durchzuführen.

Folgende Gründe haben zu einer Bevorzugung Joub Jannines ge-

führt:
- Joub Jannine war (und ist) größter Ort der Caza.
- Als überwiegend sunnitische Siedlung schien es prädestinniert, die sunnitische Bevölkerung in der zentralen Bekaa zu vertreten, besonders da das Mohafazazentrum christlich ist.
- Ein bedeutender Moslemführer hat sich intensiv für die Wahl Joub Jannines zum Cazahauptort eingesetzt.

V. A. 4. b. Handels- und Gewerbeeinrichtungen und ihre Inanspruchnahme

Mit 75 Läden, Reparatur- und anderen Gewerbestätten entlang der Durchgangsstraße des Ortes entspricht Joub Jannines Angebot dem eines größeren Dorfes. Die Ausrichtung auf tägliche Bedarfsgüter bestimmt das Angebot: Es gibt z. B. nur acht Läden, in denen Bekleidung und Hausrat geführt werden. Das im ganzen traditionell orientierte Angebot wird nur durch ein Uhrengeschäft und einen Damenfriseur "modernisiert". Letztere finden ihren Kundenkreis vor allem aus der hier lebenden Anzahl von Beamten in Verwaltung und Schuldienst (s. u.)[1].

Die übrigen Einrichtungen weisen auf einfache ländliche Käufer hin. Die Befragung von 30 Händlern im Ort und von Notabeln der umliegenden Dörfer ergab, daß es sich vor allem um Kunden aus Joub Jannine selbst handelt. Nur selten kommen Käufer aus der Umgebung, wie aus Lala, Baloul, Kamed el Laouz. Die Besuche beschränken sich dann meist auf den einmal wöchentlich in Joub Jannine stattfindenden Markttag, an dem besonders das örtliche Obst- und Gemüseangebot durch Erzeugnisse aus der zentralen Bekaa vergrößert wird.

Aber selbst dieser Markt wird nur dann aus dem Umland aufgesucht, wenn die benötigten Artikel nicht im eigenen Dorf zu erhalten sind oder man den Markttag des Feldmarktes von Dahr el Ahmar (Abschn. V. A. 8.) nicht abwarten kann. Joub Jannine ist gewissermaßen nur eine "Notlösung" in der Bedarfsdeckung.

---

1) Die Sozialstruktur der Bevölkerung soll folgendermaßen aufgebaut sein: ca. 10 % sind Beamte und Lehrer (z. T. Pendler nach Zahlê), 8 % arbeiten im Handwerk und Handel, der Rest lebt von der Landwirtschaft.

V. A. 4. c. Handelsbeziehungen zu Zahlé

Joub Jannines Händler sind im Wareneinkauf wesentlich mehr auf Zahlé ausgerichtet als diejenigen von Rayak oder Chtaura. Die in Joub Jannine angebotenen Güter, vor allem solche des täglichen und traditionellen längerfristigen Bedarfs, stammen zum großen Teil noch aus Zahlé. Sie werden von Joub Jannines Händlern dort eingekauft (ungefähr einmal wöchentlich bis einmal monatlich) oder es erfolgt Belieferung durch den ambulanten Großhandel Zahlés. Nur moderne Bedarfsgüter stammen direkt aus Beirut. Auch Privatpersonen nannten an erster Stelle Zahlé als Einkaufsort für nicht in Joub Jannine erhältliche Güter. Gefördert wird Zahlés übergeordnete Zentralität im Handel durch seine Bedeutung als Arbeitsplatz für ca. 30 Bürger Joub Jannines, die täglich nach Zahlé pendeln. Zusätzlich versorgt auch der Markt von Dahr el Ahmar (s. o.) Einwohner Joub Jannines, vor allem die in der Landwirtschaft beschäftigten Bevölkerungsteile.

V. a. 4. d. Einrichtungen des Gesundheitswesens und ihre Reichweite

Im sanitären Sektor ist Joub Jannine unterausgestattet. Das Cazakrankenhaus liegt nicht in Joub Jannine, sondern in Khirbet Qanafar, einer christlichen Siedlung am Jabal Barouk. Nur zwei Ärzte (aus Zahlé) praktizieren 2 bis 3 mal wöchentlich nachmittags in Joub Jannine. Sie versorgen vorwiegend die höheren (beamteten) Sozialschichten des Cazazentrums. Außerdem ist eine staatliche Krankenstation (mit kostenloser Behandlung) vorhanden. Sie versorgt die südlich Joub Jannines gelegenen Dörfer (bis Qaraoun) und die östlich gelegenen Siedlungen Kamed el Laouz, Soultan Yacoub und Hammana (s. Abb. 9). Die westlichen Cazadörfer suchen dagegen die dem Krankenhaus von Khirbet Qanafar angeschlossene Station auf, während die nördlichen Dörfer im Kreis die Stationen in der zentralen Bekaa (Mar Elias usw.) in Anspruch nehmen.

V. A. 4. e. Einrichtungen des Schulwesens und ihre Reichweite

Joub Jannines Ausstattung besteht aus zwei Volksschulen, einer Mittelschule und einer (gemischten) Oberschule. Von den insgesamt 305 Schülern (1972) des Gymnasiums stammen 150 aus dem Umland (Befragung des Schulleiters). Der Einzugsbereich der Schule erstreckt sich entlang der durch die zentrale Bekaa führenden Straße von Qaraoun bis Haouch Harime (s. Abb. 10).

Der weit nach Norden in den Einzugsbereich von Zahlé hineinreichende Bereich Joub Jannines erklärt sich zum einen daraus, daß in Zahlé Schulplatzmangel herrscht. Zum anderen spielt auch eine Rolle, daß das sunnitische Joub Jannine die sunnitische Bevölkerung der nördlich gelegenen Siedlungen leichter anzieht als das christliche Zahlé. Als weiterer Grund wurde genannt, daß Joub Jannines Schule weniger hohe Ansprüche an die Schüler stellt und daher vorgezogen wird.

Schüler aus dem westlichen Cazateil (am Jabal Niha und Jabal Barouk) bzw. aus der östlich gelegenen Caza Rachaya wohnen entweder während des ganzen Schuljahres in Joub Jannine oder halten sich dort wenigstens im Winter permanent auf.

Zusammenfassung: Joub Jannine kann im Gesundheits- und Schulwesen das Umland zentrieren. In der Versorgung der Bevölkerung mit Konsumgütern kommt dem Ort allerdings vorwiegend nur *Selbstversorgerstufe* zu. Im Bezug höherer Bedarfsgüter ist er mehr als andere bisher behandelte Orte auf Zahlé ausgerichtet. *Die traditionelleren periodischen Ansprüche der Bevölkerung sind noch durch das Angebotsniveau Zahlés zu befriedigen.*

Rayak und Chtaura befinden sich, im Vergleich zu Joub Jannine, offensichtlich schon in einer fortgeschritteneren Entwicklungsstufe. Mit ihrer höheren Bedarfsorientierung auf Beirut gehören sie schon einer moderneren Zentralitätsstruktur an, während Joub Jannine noch in das alte Zentralitätssystem einzuordnen ist.

Durch das traditionelle Verhalten weiter Bevölkerungskreise von Joub Jannine kann auch der Wochenmarkt von Dahr el Ahmar (s. u.) auf Joub Jannine attraktiv wirken. Damit kommt es zu der Überschneidung von zwei Einzugsbereichen in der periodischen Bedarfsdeckung (Zahlé, Dahr el Ahmar), die daraus entsteht, daß besser situierte Bevölkerungsschichten bevorzugt Zahlé aufsuchen, während die traditionell eingestellte Bevölkerung den Markt von Dahr el Ahmar als Einkaufsplatz vorzieht. Nur für den Erwerb nicht auf dem Markt angebotener Güter des länger- und langfristigen Bedarfs (Möbel, Kühlschränke, Radios usw.) suchen letztere auch Zahlé auf.

V. A. 5. Wochenmarkt von El Marj

Nur ca. 6 km südlich Zahlés in der Nachbarschaft des Dorfes El Marj findet einmal wöchentlich ein Feldmarkt statt. Auf der mit Tüchern bedeckten Erde oder auf kleinen Ständen werden Gemüse, Obst, Fleisch, Stoffe, Textilien einfacher Qualität (oft Gebrauchtwaren), Plastik- und Kunstlederschuhe angeboten. Auch ein Schaf- und Ziegenmarkt ist angeschlossen.

Das Alter des Marktes war nicht festzustellen. Allerdings deutet seine Nähe zu Zahlé und Qabb Elias darauf hin, daß er aus einer Zeit stammt, als Entfernungen von ca. 6 km das Entstehen eines weiteren Marktes erlaubten (wenn auch nur mit periodischem Angebot). Begünstigt wurde die Marktgründung sicherlich auch durch die recht dichte Besiedlung in diesem Teil der Bekaa. Die Lokalisierung des Marktes kann auf die Lage eines Khans bei El Marj zurückgehen, der in dem Reisebericht von A. VON KREMER (1853) als "Chan el Merdsch" auf der Strecke Beirut-Damaskus in der Nähe des "großen Dorfes Merdsch" erwähnt wird (S. 241). Einen Khan als Marktort zu wählen ist keine Seltenheit. Auch in der Caza Hasbaya gibt es z. B. den "Souk el Khan", einen Wochenmarkt bei einer Khanruine (vgl. Abschn. V. B. 7.).

Befragungen auf dem Markt (25 Händler, 80 Besucher) ergaben, daß die heutigen Marktbesucher nur zu geringem Teil aus den Dörfern der Umgebung (wie Haouch el Harime, Barr Elias, Tanayl, Majdel Anjar) kommen, sondern vielmehr folgende nichteinheimischen, sozial schwachen Gruppen hier anzutreffen sind:
- Nomaden, die im Sommer mit ihren Herden aus dem Norden der Bekaa in den zentralen Teil der Ebene kommen. Dort pachten sie bewässertes Land und bauen meist Luzerne als Viehfutter an.
- Syrische Landbewohner, die in den Erntezeiten als Landarbeiter in die Bekaa kommen, um ihr Einkommen aufzubessern. Sie leben im Libanon sehr sparsam, um ihren Verdienst für ihre Familien in Syrien aufzusparen.
- Palästinenser, die in der zentralen Bekaa als Land- oder einfache Industriearbeiter, z. T. auch in primitiven Dienstleistungen in Zahlé arbeiten. Sie leben in den oben genannten Dörfern und in Zahlé. Lager für Palästinenser gibt es nicht.

Während diese sozial und finanziell schwach gestellten Schichten fast ihren gesamten Bedarf auf diesem Markt decken, kaufen libanesische Dorfbewohner (s. o.) meist nur Güter des täglichen Bedarfs (Gemüse, Obst, Fleisch) dort.

Der Kreis der Anbieter ist vielschichtig:
- Obst und Gemüse werden von den Bauern des Dorfes El Marj und anderer Dörfer in der Umgebung angeboten.
- Fleischer kommen zumeist aus Zahlé.
- Händler für Kleidung und Schuhwerk kommen ebenfalls aus Zahlé. Sie bieten ihre Waren preisgünstiger an als in ihren Läden in Zahlé, um ihre Käuferschicht auch auf Bevölkerungsschichten auszudehnen, die nicht ihre Einrichtungen in Zahlé besuchen würden. Selbst Händler aus Beirut für Stoffe und Textilien kommen manchmal aus solchen Gründen hierher.
- Textilien und Schuhe werden auch von fliegenden Händlern aus dem Südlibanon angeboten (besonders aus der Caza Marjayoun und Caza Hasbaya). Vor 1970 besuchten sie meist nur die zahlreichen Märkte im Süden des Landes. Die zunehmende Abwanderung besonders aus den Gebieten in der Nähe der israelischen Grenze seit 1970 hat ihren Umsatz so gesenkt, daß sie auf andere weit entfernte Märkte ausweichen müssen, um ihren Lebensunterhalt zu verdienen.

Große Bedeutung kommt auch dem Tiermarkt zu. Schafe und Ziegen, meist von Nomaden angeboten, werden von Fleischhändlern aus Zahlé und Beirut aufgekauft.

Auf dem Markt von El Marj hat sich offensichtlich eine *Umstrukturierung der Käuferschicht* vollzogen. Der Kreis der Käufer - und wohl auch Anbieter -, der sich ursprünglich auf ländliche Schichten im nahen Umland erstreckte, ist in neuerer Zeit durch zwei neue Käufergruppen (Syrer und Palästinenser) weitgehend ersetzt worden. Es kam zu einer Umorientierung der traditionellen Käuferkreise auf nahe städtische Zentren. Die Intensivierung des Anbaus in der zentralen Bekaa hätte eigentlich zu einem Bedeutungsrückgang des Marktes zugunsten von ständig erreichbaren Versorgungseinrichtungen führen müssen. Allein das Hinzukommen neuer sozial unterprivilegierter Schichten, Ausdruck eines neuzeitlichen Wirtschaftssystems mit Lohnarbeitern, hat dem Markt eine neue Käuferschicht gegeben und somit paradoxerweise eine alte Wirtschaftsform in einem modernen Agrargebiet überleben lassen.

V. A. 6. Qabb Elias

Als letzte mögliche zentrale Siedlung, randlich im Einzugsbereich Zahlés gelegen, soll Qabb Elias Erwähnung finden, ein großes "Ackerbürgerdorf" (WIRTH 1971, S. 296) mit ca. 8.000 Einwohnern, nur wenige Kilometer südlich von Chtaura gelegen. 60 % der Bevölkerung sind sunnitisch, 40 % christlich[1].

Qabb Elias, das sich terrassenartig an den Flanken des Libanon hinaufzieht, geht auf eine alte Gründung zurück. Zumindest besteht es seit der Kreuzfahrerzeit, auf die noch eine Burgruine oberhalb des Dorfes hinweist. Nachweisbar ist allerdings erst, daß Fakhred-Din II im 16. Jh. hier eine Festung errichtete (THOMSON 1886, S. 198/199). Sie sollte die an dieser Stelle über das Gebirge führende Karawanenstraße kontrollieren. Im 19. Jh. muß Qabb Elias bereits eine recht bedeutende Siedlung gewesen sein, da es in den Kämpfen zwischen Christen und Drusen wichtiger Stützpunkt der Drusen gegen Zahlé war (KERR 1959, S. 60). In osmanischer Zeit gehörte es zur "Bekaa ul Aziz", in französischer Zeit wird es der Caza Zahlé unterstellt, erhält aber eigene Nahiefunktion (EDDE 1964, S. 175).

Nach der libanesischen Unabhängigkeit ist es zwar im Gespräch, Zentrum der Caza Bekaa al Gharbi zu werden. Seine Randlage in der Caza und seine Nähe zu Zahlé haben jedoch zur Wahl Joub Jannines geführt. (Auskünfte des Bürgermeisters von Qabb Elias.) Bis zur Eröffnung der Paßstraße bei Chtaura war Qabb Elias, ähnlich wie Zahlé, Stations- und Warenumschlagplatz der Karawanen auf dem Weg von Damaskus nach Beirut (ein relativ großer Khan ist heute noch am Ortseingang vorhanden). Die Nutzung der zum Ort gehörenden Agrarfläche in der Bekaa bot eine weitere Erwerbsquelle. Begünstigend wirkte sich aus, daß der Hauptteil der Agrarfläche Eigentum der Bürger von Qabb Elias war und ist (kein rentenziehender Großgrundbesitz). Qabb Elias belieferte besonders die südlichen, an der Straße nach Machgara gelegenen Dörfer mit Feldfrüchten aus der zentralen Bekaa. (Besonders südlich von Khirbet Qanafar bestand und besteht ein guter Absatzmarkt, da diese Dörfer reine Gebirgsdörfer sind.)

Trotz heute vorwiegender Vermarktung der Agrarprodukte über den Großhandel besonders von Beirut hat Qabb Elias seine Versorgungsfunktion für das Umland wahren können, wenn auch ein Bedeutungsrückgang durch die starke Bevölkerungsabwanderung besonders aus den christlichen Dörfern südlich von Qabb Elias entstanden

---

[1] Ursprünglich stellte der christliche Anteil sogar die Hälfte der Bevölkerung von Qabb Elias. Starke Abwanderung der christlichen Gruppe und eine meist größere Kinderzahl bei muselmanischen Familien haben das Verhältnis zugunsten der Moslems verschoben.

ist. Die relative Nähe zu Zahlé hat diese Versorgungsfunktion nicht beeinträchtigt. Die Service-Taxilinien aus den südlichen Dörfern nach Zahlé oder Beirut haben wesentlich dazu beigetragen, da sie trotz einer um Qabb Elias herumführenden Straßenverbindung (seit 10 Jahren) weiterhin durch den Ort fahren und hier einen Halt einlegen.

V. A. 6. a. Handels- und Gewerbeeinrichtungen und ihre Inanspruchnahme

Entlang der alten Durchgangsstraße von Qabb Elias reihen sich die Geschäfte des Handels- und Gewerbesektors. Am nördlichen Ortsausgang befinden sich Läden mit längerfristigen Bedarfsgütern europäischen Geschmacks (Radios, Fernseher, Kühlschränke, Drogerieartikel, sanitäre und Klempnerei-Artikel). Dieses Angebot wird besonders von den in diesem Ortsteil ansässigen zurückgekehrten Emigrierten in Anspruch genommen, die sich mit dem im Ausland erworbenen Geld einen höheren, westlichen Lebensstandard leisten können.

Am südlichen Ortsausgang liegen Gewerbebetriebe mit größerem Platzbedarf, sowohl traditioneller orientalischer Art (Holzverarbeitung) als auch des modernen Kfz-Gewerbes. Sie verzeichnen bereits mehr Umlandspublikum.

Die größte Zentralität kommt allerdings dem Ortskern zu, in dem sich das Angebot in Handel und Gewerbe konzentriert. Es reicht von Läden mit täglichen und traditionellen längerfristigen Bedarfsgütern bis zu Läden für modernen, speziell in der Landwirtschaft benötigten Bedarf. (Die Betriebe platzbenötigender Waren wandern allerdings mehr und mehr an die Umgehungsstraße.)

Zwischen den meist kleinen Läden in traditionell-orientalischem Stil (Typ I und II; vgl. Abschn. IV. D. 5.) liegen ähnlich traditionell aufgemachte Läden, die sich durch ihre Ladengröße und ein besonders vielseitiges Angebot (Gemischtwaren, Hausrat) von anderen Läden abheben. Diese Geschäfte bedienen außer Privatpersonen auch den Einzelhandel des Umlandes. Zwei dieser "Großhändler" versorgen außerdem durch Lieferwagen die südlichen Dörfer bis Machgara und selbst das östlich des Stausees gelegene Qaraoun. Sie vergrößern nicht nur den Einzugsbereich[1] von Qabb Elias, der sich sonst nur bis Aitanit erstreckt (Besuche einmal in der Woche bis einmal im Monat), sondern erhöhen durch regelmäßigen Besuch in den Dörfern auch die Kontakthäufigkeit mit dem Zentrum (s. Abb. 8.). Dies trägt mit zur Konkurrenzfähigkeit gegenüber Zahlé bei. Machgara gehört nicht mit zum Einzugsbereich von Qabb Elias, wie später näher auszuführen ist (s. Abschn. V. A. 7.).

V. A. 6. b. Handelsbeziehungen zu Zahlé

Nur die täglichen Bedarfsgüter werden vom Handel in Zahlé erworben. Der Einkauf erfolgt durch Besuche in Zahlé (ca. zweimal wöchentlich) oder durch Lkw-Lieferung der Zahléer Großhändler.

Zum Kauf von Kleidung, Haushaltswaren und anderen längerfristigen Bedarfsgütern fährt man nach Beirut (durchschnittlich einmal monatlich). (Gründe: Angebotsmenge, Preisgestaltung.) Letzteres gilt auch für den Privateinkauf höherer Sozialschichten in Qabb Elias. Einfache Leute im Ort und der größte Teil der Landbevölkerung des Einzugsbereiches von Qabb Elias decken auch gehobenen periodischen Bedarf allein in diesem Zentrum.

Enge Beziehungen bestehen dagegen mit Zahlé in der Vermarktung der Agrarproduktion aus der zentralen Bekaa. Ein Teil der Lager für Anbauprodukte im Ort gehören Großhändlern aus Zahlé, oder aber deren Besitzer unterhalten zumindest mit jenen einige Geschäftsverbindungen. Wie bereits erwähnt, erfolgt die Vermarktung allerdings nicht mehr direkt über Zahlé, sondern die Produkte werden zumeist direkt in das Zielgebiet befördert (vgl. Zahlé, Abschn. V. A. 1. b.).

---

1) Befragt wurden 35 Händler und die südlich gelegenen Dörfer.

V. A. 6. c. Einrichtungen des Schul- und Gesundheitswesens und ihre Reichweite

Die Existenz von Schulen nur bis zur mittleren Reife kann als Folge fehlender administrativer Funktionen angesehen werden. Mit nur wenigen Ausnahmen gibt es z. Z. im Libanon staatliche Oberschulen nur in Caza- und Mohafazazentren. Es erübrigen sich daher weitere Untersuchungen.

Im Gesundheitswesen ist das Angebot größer: Drei Ärzte und Zahnärzte praktizieren hier. 40 % der Patienten kommen aus dem Umland von Qabb Elias, das den auch im kommerziellen Sektor zentrierten Bereich umfaßt (s. Abb. 9). Allerdings verzeichnen auch hier die Ärzte einen Patientenrückgang aus dem Umland, der auf das Bestehen der kostenlosen Krankenstationsbehandlung im Ort zurückzuführen ist.

Zusammenfassung: Qabb Elias entwickelt zentrale Bedeutung sowohl in der Versorgung mit Konsumgütern als auch im Gesundheitswesen. Auf das Zentrum ausgerichtet werden die südlich gelegenen Dörfer. Die Form des Einzugsbereiches läßt erkennen, daß vor allem der Verlauf der Verkehrswege in Nord-Süd-Richtung seine Ausdehnung bestimmt.

Diese vom Relief vorgezeichneten Verkehrslinien sind alt und haben dementsprechend auch früher schon Qabb Elias eine gewisse zentrale Bedeutung zugewiesen, auch auf dem Verwaltungssektor. In osmanischer Zeit, nach 1862, gab es in der Caza Bekaa ul Aziz eine Nahie "Bekaa al Gharbi", das etwa dem heutigen Einzugsbereich entspricht. In französischer Zeit gab es in der Caza Zahlé ebenfalls noch die "Nahie Qabb Elias" (Näheres Abschn. V. A. 7. a.). Es ist also anzunehmen, daß die Tradition einer alten Verwaltungseinheit auf unterster Ebene (s. den geschichtlichen Rückblick, S. 95) die Einkaufsgewohnheiten der Bevölkerung mit beeinflußt hat und noch bis heute nachwirkt.

Es ist ferner anzunehmen, daß Qabb Elias besonders aufgrund seiner Lage auch in Zukunft in seiner Zentralität nicht nennenswert durch Zahlé eingeschränkt wird. Die Bevölkerung von

Qabb Elias selbst, so ist anzunehmen, wird den bisher in Zahlé gedeckten Bedarf sicher noch weit mehr in Beirut decken. Größerer Wohlstand, stärkere Verwestlichung und der zunehmende Kontakt der Landwirte mit dem Großhandel von Beirut sind dafür verantwortlich.

V. A. 7. Machgara

Im folgenden ist zu klären, warum Machgara, südlich des Einzugsbereiches von Qabb Elias am Libanonabhang gelegen, nicht auf Qabb Elias als Zentrum orientiert ist.

Machgara, einst Stationsort am Libanongebirge auf dem Karawanenweg von Damaskus nach Saida, gelang es, zu Beginn des 20. Jahrhunderts ein spezielles Gewerbe an sich zu binden: Reichlich fließende Wasserquellen und ein zahlreicher Bestand an Eichen (*quercus calliprinos, quercus infectoria*) in der Umgebung führten zur Ansiedlung von Gerbern aus Saida. Dieses Gewerbe, das noch 1972 durch vier Betriebe mit je ca. 15 bis 20 Arbeitskräften und durch 16 Kleinbetriebe mit 1-3 Arbeitern vertreten ist, hat dem Ort eine mehr städtische Prägung gegeben und zu einer entsprechenden Ausstattung im Handels- und Dienstleistungssektor geführt: 53 Geschäfte (1972), darunter 2 Bekleidungs- und 1 Schuhgeschäft, 3 Schreibwarenläden und mehrere größere Gemischt- bzw. Haushaltsläden. Auch im Gesundheitswesen ist Machgara mit zwei Arzt- und einer Zahnarztpraxis für seine Größe (ca. 2.500 Einwohner) verhältnismäßig gut ausgestattet.

Machgaras gute Ausstattung erklärt sich aus der großen Entfernung nach Qabb Elias bei einem relativ guten Einkommen der Gewerbebevölkerung, die darüber hinaus in engem Kontakt mit Beirut, als seinem Rohstofflieferanten und Produktionsabnehmer, steht.

Trotzdem entwickelt Machgara keine Umlandbedeutung. Folgende Gründe sind dafür zu nennen:
- Der Verlauf der Verkehrswege in der südlichen Bekaa bringt Machgara in eine Abseitslage. Die Hauptstraßenzüge, von Süden nach Norden ausgerichtet, schließen die nördlich Machgaras gelegenen Dörfer für die nördlichen Zentren Qabb Elias und Zahlé auf. Die östlich von Machgara gelegenen Siedlungen sind durch den Stausee von Qaraoun von einer ehemals existierenden direkten Verbindung nach Machgara abgeschnitten. Die südlich gelegenen Dörfer endlich sind bereits auf Marjayoun und den Souk el Khan in der Caza Hasbaya ausgerichtet (s. Abschn. V. B. 7.), die diese Moslemdörfer eher auf sich als Zentrum orientieren als das christliche Machgara.

- Das mehr städtische Angebot Machgaras entspricht weniger dem Bedarf der umliegenden ländlichen Siedlungen.

- Die umliegenden Moslemdörfer lassen sich nicht auf einen christlichen Ort als Mittelpunkt hin orientieren, besonders, da er eine Minderheit in diesem Raum repräsentiert.

Machgara ist somit Selbstversorgerort unterer Stufe. Die nächsthöhere Bedarfsstufe, so ließ sich durch Befragungen feststellen, stellt vorwiegend Beirut dar.

Analoge Fälle von sozialhistorisch bedingten Selbstversorgerorten werden auch im Norden der Bekaa vorzuführen sein (s. Abschn. V. A. 9.).

V. A. 7. a. Administrative Raumeinheiten in der zentralen und südlichen Bekaa[1] und ihr Bezug zu zentralörtlichen Einzugsbereichen

Darstellung der Verwaltungsgrenzen:

Nach den ältesten zugänglichen und vergleichbaren Quellen (1881) ist die zentrale und südliche Bekaa in einer Caza zusammengeschlossen, die sich in 3 Nahies aufgliedert. Cazazentrum ist Maalaka. Zahlé gehört aus politischen Gründen noch zum "Mutessarifia Jabal Lubnan" (s. Abb. 11).

Die Nahie- und Cazagrenzen sind weitgehend physisch festgelegt:
- Westgrenze der Caza entsprechend dem Kamm des Libanongebirges,
- Ostgrenze der Nahie Gharbi entsprechend dem Litaniverlauf,
- Ostgrenze der mittleren Nahie entsprechend dem "Jabal Aarbi" und seiner nördlichen Fortsetzung,
- Ostgrenze der Caza entsprechend der Bergkette des Antilibanon (s. Abb. 11).

---

[1] Den Untersuchungen liegt folgendes Material zugrunde:
1. Osmanische Dorfstatistiken für 1881 (Suriye Salnamesi) und 1902 (Beirut Vilayeti Salnamesi). Die Dörfer sind ihren jeweiligen Cazas, Sandjaks und unter Umständen auch Nahies zugeordnet. Zahlreiche Unstimmigkeiten mit anderen Quellen lassen jedoch nur eine beschränkte Nutzung der Statistiken zu.
2. CUINET (1896). Seine Angaben gelten als exakt, beruhen aber weitgehend auf den oben genannten Quellen. Sie lassen nur Aussagen über Anzahl der Cazas und Nahies zu. Eine Abgrenzung der Verwaltungsgebiete ist nicht möglich.
3. "Service Géographique des F.F.L": Topographische Karte 1 : 200.000 (Levant), 1945. Sie dient der Erfassung der administrativen Zugehörigkeiten in der französischen Mandatszeit. Leider geben die Kartenblätter nur Auskunft über den Verlauf der Caza- und Mohafazagrenzen.
4. Kleine Einheiten in französischer Mandatszeit werden nach EDDE (1964) erfaßt. Er nennt jedoch jeweils nur die Namen der administrativen Einheiten. Eine Abgrenzung der Verwaltungsgebiete ist aufgrund diser Quelle nicht möglich.
5. Der Darlegung der heutigen Situation dient die "Carte administrative du Liban 1 : 200.000" der "Direction des Affaires Géographiques". Sie gibt die Cazagrenzen wieder, die im heutigen Libanon mit Ausnahme der Gemeindegrenzen die kleinsten räumlichen Verwaltungseinheiten sind.

Daß diese Grenzen bereits auf noch älteren Feudalgrenzen beruhen, ist wahrscheinlich, aber nicht belegt. Ebenso wenig ist die genaue Nordgrenze der Caza aus dem vorliegenden Material zu bestimmen. - Später (1898) haben sich die Cazagrenzen wenig geändert: Nur nördlich Maalakas scheint eine Dorfgruppe aus der Caza Baalbek der Caza Bekaa ul Aziz hinzugefügt worden zu sein. Dies geschah wohl, weil es sich bei diesen am Libanonabhang gelegenen Dörfern um christliche Dörfer handelt, die der ohnehin weitgehend christlichen Caza Bekaa ul Aziz zugeschlagen werden sollten. Außerdem wird die südliche Bekaa nur noch in zwei Nahies unterteilt (Die Grenze am Jabal Aarbi fällt fort).

In französischer Mandatszeit kommt es zu einigen Veränderungen. Die wichtigste ist die Eingliederung Zahlés in die Bekaa, wobei es gleich Mohafazazentrum der ganzen Bekaa und Cazazentrum der gleichnamigen Caza wird. Sie entspricht in etwa dem Gebiet der bisherigen Caza Maalakas. Vergrößert wird sie im Norden, ca. bis zur Grenze der christlichen Siedlungsreihe, und im Osten (s. Abb. 11). Die neue Cazagrenze folgt dem Verlauf des "Jabal Aarbi". (EDDE, 1964, S. 175, nennt allerdings auch noch Rachaya als Nahié in der Caza Zahlé!) Außerdem soll die Caza in französischer Zeit in die Nahies Qabb Elias und Saghbine unterteilt gewesen sein (EDDE, S. 175), über deren Grenzverlauf jedoch keine Aussagen gemacht werden können.

Die heutige Verwaltungsgliederung folgt den Grenzen der französischen Mandatszeit, schafft jedoch zwei unabhängige Cazas, deren nördliche Grenzziehung zueinander historischen Grenzen folgt (Abgrenzung = Nordgrenze der Nahie Sharqi). Heutige Verwaltungsgrenzen folgen im wesentlichen historischen Grenzen und damit ebenfalls Relief- und Religionsgrenzen (s. Abb. 11).

V. A. 7. b. Verwaltungsgrenzen in bezug zu zentralörtlichen Einzugsbereichen

Übereinstimmungen zwischen dem zentralörtlichen Haupteinzugsbereich zu Zahlé und administrativen Grenzen bestehen im Westen und Osten seit französischer Mandatszeit, z. T. sogar schon seit osmanischer Zeit, in etwa auch im Norden und Nordosten des Einzugsbereiches seit Bestehen des "Grand Liban" und im Nordwesten zumindest seit 1898.

Entlang der Straße nach Baalbek greift Zahlés Einzugsbereich jedoch über die administrativen Grenzen hinaus in die Caza Baalbek. Wichtiger als heutige und ehemalige Verwaltungseinheiten scheint das Vorhandensein christlicher Bevölkerungsteile in einigen Dörfern der Caza Baalbek zu sein (s. Religionskarte). Auch die günstigere Erreichbarkeit Zahlés gegenüber Baalbek (s. Straßenverlauf und Service-Taxifahrtrichtungen

Abb. 12) scheint eine Rolle zu spielen.

Auch im Süden läßt der Einzugsbereich Zahlés historischen Einfluß auf Verwaltungsgrenzen erkennen, wenn auch ursprünglich Maalaka, der administrative "Vorgänger" Zahlés, zentrierend wirkte. Der Bereich umfaßt nämlich etwa das 1881 als Caza Bekaa ul Aziz ausgewiesene Gebiet (ohne die Nahie Sharqi). Joub Jannine, der Hauptort der ehemaligen Nahie Sharqi und der heutigen Caza, hat nur noch für einen Teil des ehemaligen Verwaltungsgebietes begrenzte zentrale Bedeutung. Der Rest gehört zum Einzugsbereich Zahlés.

Die Westgrenze der Nahie Sharqi (= Ostgrenze der Nahie Gharbi) von 1898, durch den Verlauf des Litani im wesentlichen vorgezeichnet, spiegelt sich im System der heutigen zentralörtlichen Einzugsbereiche deutlich wider (Zahlé, Qabb Elias, Joub Jannine).

Im Südosten der Bekaa werden dagegen Verwaltungsgrenzen, die allerdings auch weniger dauerhaft waren (vgl. LAMPING 1970) als Verwaltungsgrenzen im nördlichen Teil der zentralen Bekaa, nicht durch Einzugsbereichsgrenzen nachgezogen. Die geringe Ausstattung des Raumes mit zentralen Orten (nur im wesentlichen Dahr el Ahmars Wochenmarkt) ist dafür verantwortlich.

Mit Ausnahme dieses letzten Bereiches mit Sonderbedingungen gilt jedoch für alle übrigen Gebiete der zentralen und südlichen Bekaa: Seit alter Zeit (osmanische Periode) sind die Verwaltungsgrenzen in so gut eingespielter Weise dem Relief und den dadurch bedingten Verkehrsmöglichkeiten bzw. der Religionsstruktur der Bevölkerung angepaßt, daß eine grundsätzliche Grenzänderung (abgesehen von Unterteilungen) bei dem weitgehend bestehengebliebenen Netz von zentralen Orten nicht nötig war. *Das weitgehende Zusammenfallen von Einzugsbereichen und Verwaltungsgrenzen zeigt, daß die Grenzen schon früher "richtig" gelegt wurden und die zentralen Orte sich meist nicht nennenswert verändert oder verschoben haben (wenn man Maalaka und Zahlé zusammenfaßt).* Zu berücksichtigen ist dabei allerdings die leichtere Erreichbarkeit einiger zentraler Orte gegenüber anderen ehemaligen Zentren, die das relative Absinken

der Zentralität mancher Orte zugunsten anderer mit sich bringt
(z. B. Zahlé - Joub Jannine).

V. A. 8. Rachaya und der Feldmarkt von Dahr el Ahmar

Den Südosten der Mohafaza Bekaa bildet hauptsächlich die Caza
Rachaya, eines der traditionellen Wohngebiete der Drusen. Einziger größerer Ort ist Rachaya mit heute ca. 2500 Einwohnern
(rd. 2/3 Drusen und 1/3 Christen), seit alters her administratives Zentrum im Südosten des Landes.

Hier unterhielt die für die libanesische Geschichte bedeutend
gewordene Feudalfamilie der Chehab (1544 - 1842) einen Herrschaftssitz. Von ihnen wurde z. B. im 17. Jh. das große, oberhalb des Ortes gelegene Serail gebaut, das heute dem libanesischen Militär als Stützpunkt dient. Auch in der Zeit der Christenverfolgungen (1. Hälfte des 19. Jh.s) hat Rachaya als Krisenherd eine wichtige Rolle gespielt. 800 Christen sollen umgebracht worden sein.

Nach Beendigung der Feudalherrschaft und der Religionskriege
Mitte des 19. Jh.s und der folgenden Neuordnung des osmanischen Reiches wird Rachaya Sitz eines Caimakams der zum Sandjak
Damaskus gehörenden Caza Rachaya. Die Cazafunktion hat sich bis
heute erhalten (nur EDDE, 1964, S. 175, gliedert Rachaya der
Caza Zahlé als Nahie ein).

V. A. 8. a. Administrative Einrichtungen und ihre Einzugsbereiche

Außer dem Caimakam gibt es nur wenige Verwaltungsbehörden in
Rachaya: 3 Gerichte unterer Instanz (2 geistliche, 1 ziviles),
Finanzamt, Zollamt, Forstbehörde. Die geringe zentrierende
Kraft derartiger Einrichtungen wurde schon dargelegt (s. Abschn.
IV. G. und V. A. 1. b.). Da die Bevölkerung der Caza sich darüber hinaus vom Staat vernachlässigt fühlt, wie aus den Äußerungen der Dorfnotabeln immer wieder erkennbar wird, boykottiert sie um so mehr die in Rachaya vorhandenen Dienststellen des Staates.

V. A. 8. b. Einrichtungen des Gesundheits- und Schulwesens und
ihre Reichweite (Abb. 9)

Die Caza Rachaya zählt zu den unterversorgtesten Gebieten des
Landes in Schul- und Gesundheitseinrichtungen. Selbst im Caza-

zentrum gibt es nur zwei Schulen bis zum Niveau der mittleren Reife. Einrichtungen der ärztlichen Versorgung, privat oder staatlich, fehlen völlig. Nur eine einfach ausgestattete Apotheke befindet sich im Ort.

Vergleicht man die heutige Situation mit Reiseberichten des 19. Jh.s, so wird deutlich, daß Rachaya einen erheblichen Bedeutungsschwund zu verzeichnen hat, der mit einem Bevölkerungsrückgang einhergeht. CUINET (1896, S. 426) berichtet z. B., daß es in Rachaya 18 Schulen gab, 10 für die christliche Bevölkerung und 8 für Drusen. Damals hatte Rachaya 5100 Einwohner: 3100 Christen und 2000 Drusen (CUINET, S. 426). ROBINSON gibt die Bevölkerungszahl Rachayas Mitte des 19. Jh.s mit ca. 4000 an.

V. A. 8. c. Handels- und Gewerbeeinrichtungen und ihre Inanspruchnahme

Auch im wirtschaftlichen Bereich hat ein Bedeutungsrückgang stattgefunden: CUINET berichtet von 10 Weinkeltereien im Ort. Alte Einwohner berichten von Handwerksbetrieben zur Herstellung von Schuhen, Leinenteppichen und Silberschmuck. Von letzteren gibt es noch vier kleine Werkstätten mit je 2-4 Arbeitskräften (1972), die nur künstlich am Leben erhalten werden, indem der Absatz der Produktion und die Beschaffung des Rohmaterials von der Sozialbehörde "Office du Développement Sociale" garantiert wird.

Auch die Einkaufseinrichtungen des Ortes wirken rückständig: Entlang der Hauptstraße des Ortes befinden sich auf ca. 250 m Straßenlänge 75 Läden und Handwerksstätten in traditioneller orientalisch-städtischer Bauweise (geschlossene Ladenfront, eingeschossige Bauten). Läden des Typs I in sehr einfacher Ausstattung herrschen vor. So nehmen z. B. Holzklapptüren gegenüber den sonst üblichen Metall-Rolläden (s. Abschn. IV. D. 5.) einen hohen Anteil unter den Schließvorrichtungen der Läden ein. Schaufenster gibt es kaum, nicht einmal bei den vier Textil- und Schuhläden. Ein einziger Händler bietet Elektroartikel, Lampen usw. an.

Diese Einrichtungen dienen in erster Linie der lokalen Bevölkerung Rachayas. (Befragungsergebnis von 25 Händlern und Handwerkern und zusätzliche Erhebung in 11 von insgesamt 28 Dörfern der Caza Rachaya.) Nur Bewohner der östlich und nordöstlich von Rachaya gelegenen Dörfer mit direkter Straßenverbindung nach Rachaya, wie z. B. Kfar Qouq, kommen manchmal zu Bedarfsdeckung in das Cazazentrum.

Die Anzahl der Läden und Gewerbebetriebe in Rachaya ist gemessen an der Einwohnerzahl des Ortes und dem geringen Absatz groß. So hat Rachaya die gleiche Anzahl an kommerziellen Einrichtungen wie z. B. Joub Jannine, das ebenfalls ein Selbstversorgerort ist, allerdings mit 3500 Einwohnern. Machgara mit gleicher Einwohnerzahl wie Rachaya hat z. B. nur 53 Handels- und Gewerbeeinrichtungen.

Die große Zahl der Läden und Gewerbebetriebe in Rachaya wird nur verständlich, wenn man davon ausgeht, daß die Händler und Handwerker am Rande des Existenzminimums leben, wegen fehlender anderer Arbeitsmöglichkeit aber ihre Tätigkeit nicht aufgeben.

Die Betriebe und Läden stammen noch aus einer Zeit, als Rachaya größere Bedeutung in der Versorgung des Umlandes zukam: Bis 1937 war es Platz eines einmal wöchentlich stattfindenden *Marktes* für das Umland. Der ungünstigen Erreichbarkeit Rachayas wegen wurde er in jenem Jahr an einen verkehrsgünstiger gelegenen Ort verlegt, nach *Dahr el Ahmar*, einem Dorf an der Durchgangsstraße von Zahlé nach Marjayoun, ca. 5 km nördlich von Rachaya. Ein großer freier Platz am Rande des Dorfes bot sich als Marktstelle an.

Dieser Feldmarkt ist noch heute Einkaufszentrum der ganzen südöstlichen Mohafaza Bekaa (s. Abb. 8). An dem einmal wöchentlich stattfindenden Markttag kommen hier ca. 150 Händler zusammen, die sich in den seit 1960 in einem Karree angelegten offenen Betonständen (von der Dorfverwaltung Dahr el Ahmars erbaut) niederlassen oder ihre Waren auf der Erde innerhalb der umbauten Fläche ausbreiten.

In der bekannten, für orientalische Länder typischen Warensortierung werden in gegeneinander abgegrenzten Sektoren Stoffe, Kleidung (neu und gebraucht), Strümpfe und Wäsche, Gemüse, Obst und Fleisch angeboten. Am Markteingang befinden sich Händler mit billigen, meist westlichen Kramartikeln, wie Spiegeln, Kämmen, Kosmetika, Batterien, wie sie auch an den Eingängen städtischer Souks zu finden sind.

Das Herkunftsgebiet der Händler entspricht dem des Marktes von El Marj (s. Abschn. V. A. 5.). Es kommen Händler aus Zahlé, Beirut und dem Südlibanon. Die Beziehungen zwischen El Marj und Dahr el Ahmar gehen soweit, daß Fleischhändler, besonders aus Zahlé, montags in El Marj Tiere kaufen und das Fleisch an dem drei Tage später stattfindenden Markt in Dahr el Ahmar anbieten.

Eine wichtige Rolle kommt auch dem Viehmarkt zu, der außerhalb des umbauten Marktes stattfindet. Im Sommer werden durchschnittlich 500, im Winter 300 Tiere (besonders Schafe und Ziegen) hier aufgetrieben. (Befragung eines für diesen Markt zuständigen Ordnungsbeamten.)

Der Einzugsbereich der Marktkunden (150 Personen befragt) erstreckt sich über die Caza Rachaya hinaus auf westlich und nördlich gelegene Dörfer (im Westen: Joub Jannine, Lala, Baloul, Qaraoun, Sohmor; im Norden: Ghazzé, Majdel Anjar, Hammana). Die befragten Besucher kommen allwöchentlich bis einmal monatlich hierher. Etwa 20 ständig fahrbereite Service-Taxis stehen am Markteingang und erledigen den Transport der Käufer und Waren. Den Abtransport der Tiere besorgen einige LKWs, die ebenfalls am Markteingang parat stehen.

Somit kommt dem Feldmarkt bei Dahr el Ahmar, anders als dem Markt von El Marj, echte Umlandbedeutung zu. Geringe Einkünfte aus der Landwirtschaft bei kaum noch vorhandenem Heimgewerbe halten den Bedarf nach Konsumgütern so niedrig, daß ein nur periodisch stattfindender Markt die Nachfrage der Landbevölkerung befriedigen kann. Dieser Markt kann sich, trotz relativ leichter Erreichbarkeit Zahlés, nur halten, da er in Sortiment und Preis eher auf die Landbevölkerung dieses Teils der Bekaa eingestellt ist als Zahlé.

V. A. 8. d. Handelsbeziehungen zu Zahlé

Die schlechten Einkommensverhältnisse bringen mit sich, daß Besuche der Landbevölkerung in Zahlé zur Deckung der höheren, nicht auf dem Markt angebotenen Bedarfsstufe ganz selten erfolgen (2-4 mal im Jahr). Die eher städtischen Schichten aus Rachaya (vor allem Beamte) suchen Zahlé allerdings z. T. wesentlich häufiger auf.

Händler aus Rachaya und den Cazadörfern kaufen sowohl tägliche als auch längerfristige Bedarfsgüter bei "Großhändlern" in Zahlé. Händler aus den dörflichen Siedlungen fahren jedoch selten nach Zahlé. Die Versorgung erfolgt vor allem durch den ambulanten Großhandel des Mohafazazentrums. Die Ausrichtung auf Zahlé zum Zwecke der höheren Bedarfsdeckung reiht Rachaya in die Gruppe der rückständigeren Zentren ein (vgl. Joub Jannine), die noch in das traditionelle "hierarchische System" eingeordnet sind (vgl. Abschn. V. A. 4. c.).

Die Untersuchung Rachayas bzw. des Marktes von Dahr el Ahmar erlaubt weiterhin folgende Rückschlüsse zur Zentralitätsausbildung in diesem Raum:
- Durch das Abwandern der Handelsfunktionen an eine verkehrsgünstigere Stelle kommt es zu einer räumlichen Trennung der zentralörtlichen Funktionen "Verwaltung" und "Markt".
- Die geringe zentrale Bedeutung der in Rachaya verbliebenen Administration deutet darauf hin, daß auch im Orient die Handelsfunktion das wichtigere zentrierend wirkende Element ist. Die Besucherzahl des Marktes von Dahr el Ahmar ist um ein Vielfaches größer als diejenige von Rachaya. Berücksichtigt werden muß allerdings, daß die geringe Verwaltungsausstattung Rachayas von vornherein nur wenig Zentralität hervorrufen kann.
- Das Verbleiben der Verwaltungsfunktion in Rachaya trotz der Verlegung des Handelsplatzes dürfte darauf zurückzuführen sein, daß Rachaya traditionelles Verwaltungszentrum in der Caza Rachaya ist. Gleichzeitig ist es als eine Konzession an die drusische Cazabevölkerung durch den libanesischen Staat aufzufassen.

V. A. 8. e. Verwaltungsgrenzen in bezug zu zentralörtlichen Einzugsbereichen

Die Relevanz der administrativen Grenzen der Caza Rachaya für die heutige Zentralität ist im Hinblick auf den Handelseinzugsbereich des Marktes von Dahr el Ahmar zu sehen, der einzigen Funktion in der Caza Rachaya, die Zentralität entwickelt. Da sich der Markt ursprünglich in Rachaya, dem historischen Zentrum, befand, ist es legitim, den heutigen zentralen Einzugsbereich des Marktes Dahr el Ahmar in Relation zu den administrativen Grenzen zu setzen.

Die östliche, nördliche und südliche Grenze der Caza zeigt zumindest seit 1881 unveränderten Verlauf. Sie ist durch das Relief vorgezeichnet, dem darüber hinaus heute noch die Staatsgrenze zu Syrien folgt. Im Westen dagegen ist die ursprünglich die drusischen Dörfer (im Osten) von sunnitischen (im Westen) abtrennende Grenze nach Westen verlegt worden. Sie folgt jetzt dem Jabal Aarbi und seiner nördlichen Fortsetzung (s. Abb. 12).

Weder die ehemalige noch die neue Westgrenze der Caza zeigt sich im Handelseinzugsbereich von Dahr el Ahmar. Die geringe Ausstattung dieses Teils der Bekaa mit zentralörtlichen Funktionen führt zu einer Ausdehnung des Einzugsbereiches des Marktes Dahr el Ahmar weit in die Caza Joub Jannine hinein und verhindert die Kongruenz von Verwaltungs- und zentralen Einzugsbereichen.

V. A. 9. Baalbek

In der nördlichen Bekaa hat sich im Gegensatz zum Südteil eine große Siedlung städtischen Charakters entwickelt (Luftbild, Abb. 14). Baalbek, wegen seiner Tempelbauten berühmt, liegt am Fuß des Antilibanon in 1120 m Höhe, ca. 40 km nordöstlich von Zahlé. Baalbek hat eine bewegte Geschichte hinter sich, die seine Entwicklung stark beeinträchtigt hat.

Nachdem Araber aus Baalbeks griechisch-römischen Akropolisbauten nach der Ortseinnahme eine Zitadelle gemacht hatten, bot sich dieser befestigte Ort als Siedlungsplatz für spätere Herrscher an. Seldjuken, Mongolen, Osmanen, Ägypter und wiederum Osmanen richteten dort Verwaltungszentren ein.

Ständige Machtkämpfe, besonders während der Herrschaft der von den Osmanen eingesetzten Feudalfamilie Harfouch, und Erdbeben führten dazu, daß immer mehr Menschen die Stadt und ihre Umgebung verließen und Baalbek seine Bedeutung verlor.

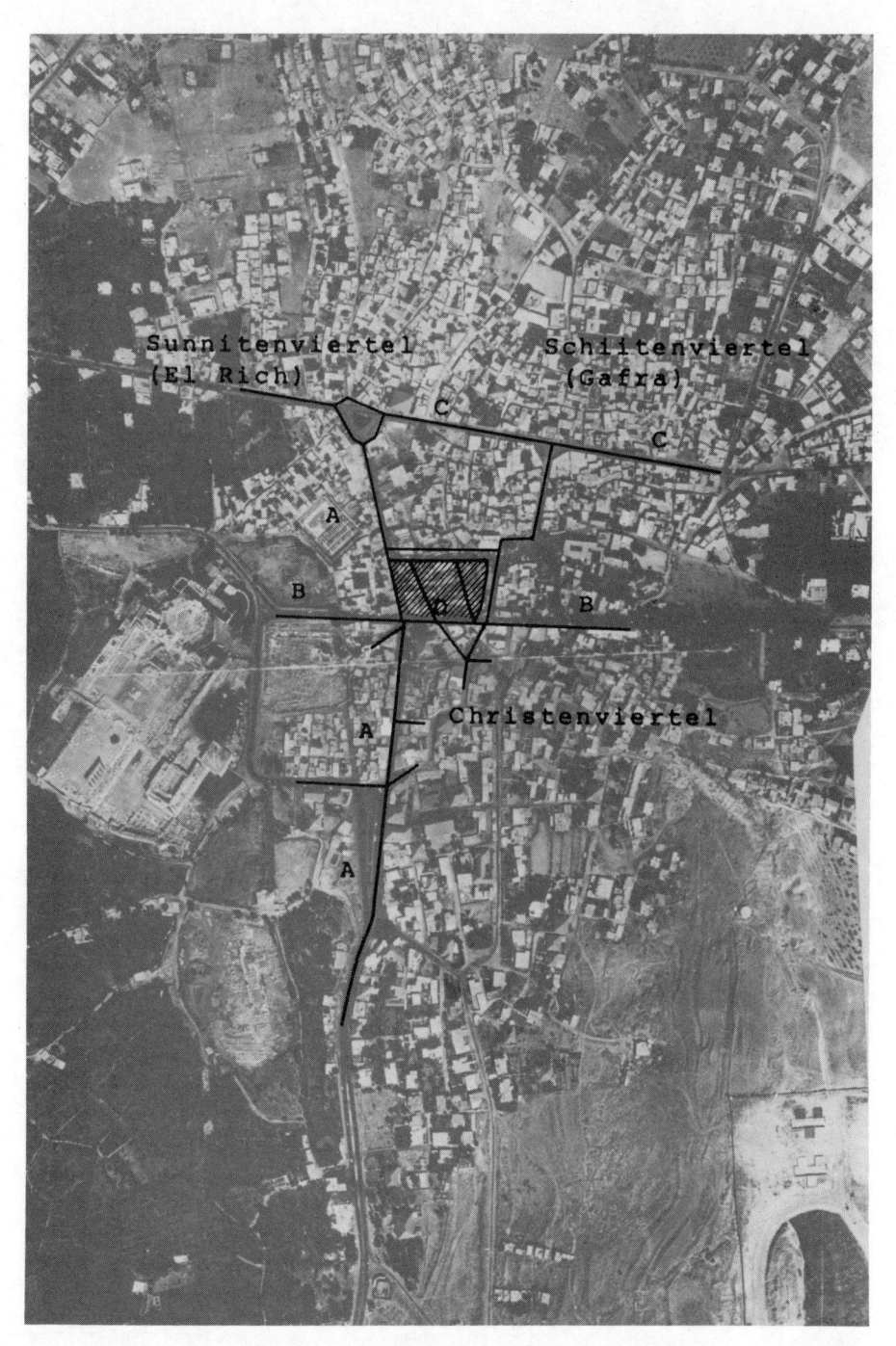

Abb. 14. Luftbild von Baalbek (1970). Die schwarz eingetragenen
Linien bezeichnen die Geschäftsstraßen (vgl. Kartierung Abb. 4),
der schraffierte Teil den Altstadtsouk. (Maßstab ca. 1:6 600)

MICHAUD und POUJOULAT (1831, 6. Bd., S. 251) berichten z. B.:
"Baalbek, qui au commencement du dix-huitième siecle, renfermait encore une population de cinq mille habitants n'en comptait plus que deux mille en 1733, époque où voyageait le botaniste Granger; en 1784, Volney trouva à Baalbek douze cents habitants, aujourd'hui je trouve à peine deux cents habitants dans les cabanes de pierres voisines du temple du soleil."

Erst nach der Neuordnung des osmanischen Reiches, als die Harfouch-Familie entmachtet und ein Caimakam eingesetzt wird, erholt sich Baalbek langsam wieder. 1898 kann CUINET bereits berichten, daß die Bevölkerung auf 5000 Einwohner angestiegen ist. In französischer Mandatszeit wird Baalbek auch noch das Gebiet der späteren Caza Hermel unterstellt. Bis heute ist Baalbek Cazazentrum geblieben.

Nach Schätzungen, basierend auf Angaben für 1964, hat Baalbek 18.000 Einwohner (1970), davon ca. 70 % Schiiten, 20 % Sunniten und 10 % Christen. Die drei Religionsgruppen haben, wie für orientalische Städt typisch, eigene Wohnviertel. Das Christenviertel liegt südwestlich des Souk, während die beiden muselmanischen Viertel nordöstlich davon angeordnet sind. Das schiitische Viertel (El Rich) liegt weiter im Osten, das sunnitische (Gafra) mehr im Westen. Zu den 18.000 Bürgern Baalbeks kommen noch ca. 12.000 Palästinenser hinzu, die in einem Lager am südlichen Stadtrand Baalbeks wohnen. Die Gesamteinwohnerzahl des Ortes beläuft sich somit auf ca. 30.000 Menschen.

V. A. 9. a. Administrative Einrichtungen und ihre Inanspruchnahme

Im Vergleich zu den Cazazentren der südlichen Bekaa ist Baalbek mit weit mehr staatlichen Funktionen ausgestattet: 3 Gerichte (ein ziviles, 2 geistliche), Baubehörde, Finanzamt, drei Ämter für Landwirtschaft (Veterinärdienst, Beratungsbüro für Tierzucht, Amt des "Plan Vert").
Baalbek weist eine gute Verwaltungsausstattung auf Cazaebene auf, da das Mohafazazentrum Zahlé aus mehreren Gründen die Belange Baalbeks nicht so mit bearbeiten kann, wie es weitgehend in der südlichen Bekaa der Fall ist.
- Zahlé ist aus der Caza Baalbek nur mit einem Zeitaufwand von bis zu 3 Stunden erreichbar (80 km und mehr).
- Die Metuali-Bevölkerung der Caza Baalbek vermeidet es, Verwaltungsbelange in einem christlichen Zentrum zu erledigen. (Umgekehrt suchen die christlich besiedelten Dörfer der Caza

Baalbek meist direkt die höheren Verwaltungsstellen in Zahlé auf.)
- Baalbek ist die größte Caza der Bekaa mit einer Gesamtbevölkerung von ca. 100.000 Menschen (1968). Da Baalbek seit langem Verwaltungsfunktion hat, ist die Landbevölkerung traditionell auf Baalbek ausgerichtet.

Besonders die zwei letztgenannten Gründe sind dafür verantwortlich, daß selbst die Bevölkerung des südlichen Cazateils, die entfernungsmäßig genauso schnell, wenn nicht noch schneller nach Zahlé gelangen könnte, Baalbek aufsucht. - Traditionelle Verhaltensnormen weiter Kreise der schiitischen Landbevölkerung führen allerdings dazu, daß Verwaltungsstellen, selbst landwirtschaftliche Beratungsstellen, kaum aus dem Umland in Anspruch genommen werden. Die konservativen Bevölkerungsteile lehnen staatliche libanesische Einflußnahme noch immer weitgehend ab. Teilweise werden sogar noch Anschlußwünsche an Syrien laut. Kontakte sind daher oft nur möglich, indem die Beamten selbst die Dörfer besuchen. Demzufolge ist zwar das ganze Cazagebiet auf Baalbeks Verwaltungseinrichtungen orientiert, ein direkter Kontakt zwischen der Landbevölkerung und der Stadt ergibt sich jedoch hieraus nur begrenzt.

V. A. 9. b. Handels- und Gewerbeeinrichtungen und ihre Inanspruchnahme

Baalbeks Handels- und Gewerbeeinrichtungen erstrecken sich über mehrere Straßenzüge der Stadt (Abb. 14 u. 4):
- die Durchgangsstraße von Zahlé nach Norden (A),
- die Straße von den Ruinenstätten in Richtung der Quelle Ras el Ain (B),
- die nördliche Parallelstraße (C) zu der vorgenannten Straßenführung,
- den Altstadtsouk (D).

Zwischen den einzelnen Geschäftsstraßen - mit Ausnahme des Souks und seiner unmittelbaren Umgebung - lassen sich kaum Qualitätsunterschiede im Angebot und in der Geschäftsaufmachung feststellen:

An der Durchgangsstraße nach Norden (A) konzentrieren sich vor allem Geschäfte des modernen längerfristigen Bedarfs (2 Apotheken, Uhrmacher, Reparaturgeschäft von Radios und Fernsehgeräten, relativ anspruchsvolle Textil- und Schuhläden), dazwischen liegen aber auch Verkaufsboxen traditionellen langfristigen oder periodischen Bedarfs (Haushaltswaren, Stoffe, Gebrauchtkleidung). Läden für speziellen landwirtschaftlichen Bedarf (Düngemittel, Insektizide, Saatgut) befinden sich im nördlichen Teil des Straßenzuges.

Am südlichen Ortsende, in der Nähe der Altertümer, konzentrieren sich Geschäfte des gehobeneren Bedarfs (Fotogeschäft, Souvenirladen, Verkauf von Alkoholika und anderen Genußmitteln). Sie dienen offensichtlich den Besuchern der Tempelbauten.

Noch weiter stadtauswärts liegen verkehrsorientierte Gewerbe, vor allem Autoreparatur- und -servicewerkstätten. Generell handelt es sich an diesem Straßenzug um kleine Geschäfte mit vielfältigem Warenangebot (Typ I und II) (s. Abb. 4). Die Geschäfte am Rande des Christenviertels unterscheiden sich leicht von den anderen durch bessere Qualität der Waren und saubere Aufmachung der Läden.

Die Läden der Geschäftsstraße B bieten in den peripheren Teilen moderne länger- und langfristige Bedarfsartikel an (s. Abb. 4). (Der zentrale Straßenabschnitt, gegenüber dem Souk gelegen, soll in Zusammenhang mit diesem behandelt werden.)

Der parallel dazu verlaufende Straßenzug (C) weist bereits ein durch Wohnhäuser, Gärten und freie Plätze aufgelockertes Laden- und Gewerbeangebot auf. Geschäfte für täglichen Bedarf, traditionelle Handwerksstätten und kleine Kfz-Reparaturwerkstätten bestimmen das Bild. Diese Gewerbebetriebe stellen auch die Verbindung zu dem "Marktplatz" der Stadt her, auf dem die Service-Taxis und Autobusse aus der Caza und aus Zahlé halten. In dieser verkehrsgünstigen Lage finden sich die "Großhändler" für Mehl, Körner, Düngemittel, Obst und Gemüse.

Gleichzeitig beginnt hier das älteste Einkaufszentrum, der Souk (D), der allerdings heute deutlich in seiner Wertigkeit hinter den bisher genannten Einkaufsstraßen zurücktritt: In engen Gassen stehen kleine, zur Front hin offene Verkaufsstände, die zum Teil mit Tüchern und Decken gegen die Sonneneinstrahlung abgeschirmt sind. Das Warenangebot zeigt drei Schwerpunkte mit strenger Warensortierung:
- tägliche Bedarfsgüter, wobei sektorenweise der Obst- und Gemüsehandel vom Fleischhandel getrennt ist. Zum Teil finden sich aber auch vor festinstallierten Verkaufsboxen für Fleisch auf dem Boden ausgebreitete Obst- und Gemüseangebote.

- Textilien und Schuhe, in zwei räumlich voneinander getrennten Ladenzeilen aufgegliedert für männlichen Bedarf bzw. Frauen- und Kinderkleidung.

- traditionelles Handwerk und Hausrat, westlich an den Hauptsouk in Richtung der Durchgangsstraße nach Norden angeschlossen.

An der Durchgangsstraße in nördlicher Richtung ließ sich kurz vor der Abbiegung zu den westlich gelegenen Tempelbauten eine kleine, noch älter wirkende Soukstraße feststellen, in der sich heute nur noch traditionelles Handwerk (Töpferei, Kesselflikkerei, Ofenherstellung) befindet. Dies könnte ein ehemaliger Viertelssouk sein.

Es ließen sich zwei Geschäftsbereiche ausgliedern, die keine oder nur wenig Inanspruchnahme aus dem Umland zeigten (Befragung von 80 Händlern und 300 Straßenpassanten):
- Die Läden im zum Christenviertel gehörenden Teil der Durchgangsstraße (A) dienen mit Ausnahme der verkehrsorientierten Läden in erster Linie der dort seßhaften christlichen Bevölkerung. Auch die relativ weit entfernte Lage dieser Geschäfte von dem Halteplatz der öffentlichen Verkehrsmittel ist für ihre geringe Umlandrelevanz verantwortlich.
- Ein zweites bevorzugt von der dort ansässigen Bevölkerung in Anspruch genommenes Viertel ist die weiter im Norden verlaufende Parallele (C), die ebenfalls recht weit vom Ortszentrum, dem Halt der öffentlichen Verkehrsmittel, entfernt ist.

In den übrigen Straßenzügen und im Souk besteht etwa ein Gleichgewicht zwischen städtischen und ländlichen Käufern. Nur Verkaufsstände mit besonders einfachen längerfristigen Bedarfsartikeln (Gebrauchtkleidung, Plastikschuhe) im Soukbereich haben mehr ländliche als städtische Kundschaft.

Der Einzugsbereich der Handels- und Gewerbebetriebe deckt sich mit der Cazafläche Baalbeks bis auf den südlichen Teil der Caza ab Beit Shama, der auf Zahlé als Zentrum ausgerichtet ist (s. Abb. 8). Auch die größeren christlichen Dörfer zwischen Zahlé und Baalbek und in der nördlichen Caza (besonders Ras Baalbek, Qaa, Deir el Ahmar, s. u.) tendieren nach Zahlé. Dafür versorgt Baalbek die südlichen Dörfer der Caza Hermel mit, die verkehrsmäßig auf Baalbek orientiert sind (vgl. Abb. 8).

Die Besuchshäufigkeit in Baalbek erlaubt es, einen relativ gut versorgten Raum von einem unterversorgten abzutrennen, entsprechend der jeweiligen Entfernung vom Wohnsitz zum Zentrum: Die näher zu Baalbek gelegenen Dörfer (generell bis 15 km entfernt, an den Hauptstraßen auch weiter, jedoch nicht den Service-Taxi-Fahrpreis von 0,75 LL für einen Weg überschreitend, s. Abb. 8 u. 12) besuchen das Zentrum ca. 1 mal in der Woche bis 1 mal im

Monat. Die weiter entlegenen Gebiete entwickeln eine Besuchshäufigkeit von 1 mal im Monat bis wenige Male im Jahr, wobei die größere Besuchshäufigkeit der jeweils wohlhabenderen Bevölkerung zukommt.

Da es in Baalbek keine Großhändler gibt, die das Umland durch Lieferwagen versorgen (vgl. Zahlé und Qabb Elias), ist der weiter als 15 km entfernte Bereich effektiv unterversorgt. Lieferwagen aus Beirut (meist Getränkelieferungen und Lieferungen der Keksfirma "Ghandour"), die in regelmäßigen Abständen diese Dörfer besuchen, können den dortigen Bedarf nicht umfassend befriedigen.

Als weitere Handelsfunktion mit zentraler Bedeutung im Ort ist ein Viehmarkt zu nennen, der zweimal wöchentlich am Rande Baalbeks abgehalten wird. Auf diesem Markt werden nur Schafe gehandelt. Hier treibt die Landbevölkerung der ganzen Caza, allerdings bevorzugt der nördlichen Berglandgebiete (auch der Caza Hermel), Vieh zum Verkauf auf.

Das Vieh stammt zum großen Teil aus Syrien. Es wird oft schwarz über die Grenze getrieben, von den Bauern aufgekauft bzw. in Kommission übernommen und auf dem Baalbeker Markt weiterverkauft. Im Frühjahr sollen pro Markttag ca. 3000 bis 5000 Schafe umgesetzt werden. Für nicht verkaufte Tiere stehen in der Umgebung von Baalbek 15 "Pensionsfarmen" mit Weidemöglichkeiten für maximal 5000 Schafe zur Verfügung. Die Tiere bleiben bis zum nächsten Marktauftrieb dort.

Die Käuferschicht des Vieh-Marktes umfaßt Bauern aus der Caza (Aufkauf von Schafen zur Aufzucht), Vieh- und Fleischhändler aus Baalbek und Beirut sowie Fleischhändler aus den größeren Dörfern der Caza. Die überregionale Bedeutung des Marktes (Käufer aus Beirut) ist rückläufig, da sich diese Käufergruppe mehr und mehr, besonders wegen der Preisvorteile, in Syrien und in der Türkei eindeckt. Der Markt entwickelt sich also zu einem Umschlagplatz der regionalen Viehzucht. Auch hier ist bereits die Tendenz festzustellen, daß größere Viehzüchter weniger den Markt beschicken, sondern direkt nach Beirut oder Tripoli verkaufen.

Zusammenfassung: Insgesamt gesehen besitzt Baalbek im Handel den relativ größten Einzugs- und Versorgungsbereich der Bekaa

(ein relativ unterversorgter Bereich ist hinzuzuzählen). Bemerkenswert ist die weite Ausdehnung in Richtung Zahlé. Die Gründe für Baalbeks bedeutende zentrale Stellung sind:
- Baalbek bietet Zahlé gegenüber Preisvorteile.
- Das Angebot Baalbeks ist stärker auf den Geschmack der Cazabevölkerung ausgerichtet als das Zahlés.
- Baalbek besitzt eine traditionelle Zentrumsstellung in der nördlichen Bekaa.
- Die konfessionelle Übereinstimmung des Zentrums mit den Dörfern der Caza wirkt einzugbereichsfördernd, da das "Alternativzentrum" Zahlé einer anderen Religion angehört.
- Die Vermarktung der Agrarprodukte erfolgt im wesentlichen noch über Baalbek. 70 % der Anbauer bringen ihre Ernte selbst auf den Markt von Baalbek (Angaben des "Office du Développement Social"). Geringe Anbaumengen und oft auch mangelnde Qualität machen diese Erzeugnisse für Zahléer und Beiruter Großhändler wenig interessant.

Innerhalb des Einzugsbereiches von Baalbek liegen jedoch einige christliche Siedlungen, die, wie bereits erwähnt, Zahlé zur Bedarfsdeckung aufsuchen. Außer einigen zwischen Zahlé und Baalbek liegenden Christenorten (s. Religionskarte) sind dies vor allem die in der nördlichen Bekaa gelegenen großen Dörfer Ras Baalbek (ca. 30 km nördlich von Baalbek), Deir el Ahmar, ein maronitisches Dorf am Libanonabhang, und Qaa, ein Dorf an der syrischen Grenze.

Alle drei Orte haben eine Bevölkerung von mindestens 3000 Einwohnern. Durch günstigere Wasserverhältnisse (Ras Baalbek und Deir el Ahmar) bzw. durch Brunnenbohrungen (Qaa) haben sich Oasenkulturen entwickeln können mit Gemüse, Obst und Haschisch, die der Bevölkerung ein besseres Einkommen verschaffen als den Bauern der meisten anderen Dörfer. Dies besonders, da die Vermarktung der Agrarprodukte über Zahlé und nicht Baalbek vorgenommen wird. Ras Baalbek unterhält zusätzlich noch Hühnerzuchtbetriebe.

Der bessere Verdienst bringt ein höheres Lebensniveau mit sich, gesteigert durch die bekannte größere Innovationsbereitschaft der Christen. Dies zeigt sich z. B. in der guten Ausstattung der Orte im Handelsbereich: Es sind jeweils ca. 40 Läden vorhanden, von denen mehr als 10 auch nichttäglichen Bedarf decken. Wie bereits bei Machgara festgestellt, sind *diese Orte auf unterer Stufe Selbstversorger*, da sie
- sehr weit von einem ihnen entsprechenden Zentrum (Zahlé) ent-

fernt liegen,
- Baalbek auch nur durch ca. eine Stunde Fahrt und mehr zu erreichen ist und sie
- eine so große Einwohnerzahl haben, daß ein größeres Angebot am Ort genügend Absatz findet.

Die drei genannten Orte werden von den umliegenden Dörfern gar nicht (Qaa) oder nur in geringem Maß in Anspruch genommen (Ras Baalbek, Deir el Ahmar).

V. A. 9. c. Handelsbeziehungen zu Zahlé

Die Stadt Baalbek steht nur in geringem Kontakt mit Zahlé. Händler beziehen landwirtschaftliche Produkte direkt aus der Caza Baalbek (s. o.), von den Bauern der zentralen Bekaa und aus Beirut. Alle anderen Bedarfsgüter kommen ebenfalls direkt aus Beirut. Der relativ weite Weg dorthin (ca. 2 1/2 Stunden Fahrtzeit) fällt wenig ins Gewicht gegenüber dem in Beirut vorhandenen breiteren Angebot und günstigeren Preisen im Vergleich zu Zahlé.

Ein Teil der Angebote stammt aus Syrien. Meist handelt es sich um Schmuggelware syrischer oder ausländischer Herstellung (letztere besonders aus dem Ostblock). Auch Privatpersonen aus Baalbek suchen kaum Zahlé zum Einkauf auf. Mangelndes Angebot an höheren Bedarfsgütern, das allenfalls von den wenigen besser situierten Familien in Baalbek vermißt wird, deckt man in Beirut. Darüber hinaus bietet eine Fahrt nach Beirut eine angenehme Abwechslung und kann zu einem Verwandten- oder Bekanntenbesuch genutzt werden. (Am südlichen Stadtrand von Beirut liegt ein vorwiegend von der Bevölkerung der Stadt und der Caza Baalbek besiedeltes Viertel.)

Der Bedarf der Landbevölkerung des Kreises Baalbek wird noch prozentual mehr als der der Städter durch Baalbek gedeckt (Ausnahme: christliche Siedlungen s. o.). *Die Zentralität Baalbeks wird dabei wesentlich durch die Kreditabhängigkeit der Cazabevölkerung von den Händlern der Stadt beeinflußt.* Traditionelle persönliche Beziehungen zu einem Händler waren hier häufiger festzustellen als in Zahlé. So ergab die Befragung der 80 Händler in Baalbek, daß gut 80 % von ihnen Geschäfte mit der Landbevölkerung überwiegend auf Kreditbasis machen, in Zahlé dage-

gen lag der Prozentsatz nur bei 40 - 50 %. Für die nördlich
Baalbeks gelegenen Dörfer, einschließlich der christlichen, ist
auch das syrische Homs Einkaufsort für längerfristigen und
periodischen Bedarf (ca. 40 % der Einkaufsfahrten). Preisvorteile, z. T. selbst sogar gegenüber Baalbek, besonders bei
Stoffen, Haushaltswaren, Süßwaren, aber auch ein weit größeres
Angebot gegenüber Baalbek, sind ausschlaggebend für Fahrten
nach Homs. Da es sich meist um recht geringe Einkaufsmengen in
Homs handelt, fallen an sich fällige Zollabgaben meist weg.

V. A. 9. d. Einrichtungen des Gesundheitswesens und ihre Reichweite

Fünf Ärzte und drei Zahnärzte (bei 30.000 Einwohnern) praktizieren in Baalbek. Außerdem gibt es eine staatliche Krankenstation. Die privaten Ärzte werden aus dem Umland, wie überall,
nur wenig in Anspruch genommen, d. h. praktische Ärzte ca. zu
10 %, Zahnärzte zu ca. 20 - 30 %, wobei als Gründe besonders
die Behandlungskosten genannt werden. Das "Moustouseif" bezeichnet ca. 50 % seiner Patienten als Landbevölkerung. Sein
Einzugsbereich wird allerdings beschränkt durch weitere Stationen in Chmistar, Deir el Ahmar und Qaa[1] (s. Abb. 9) bzw.
durch ambulante Krankenstationen aus Zahlé, deren Aktionsbe-
reich sich vor allem auf die Dörfer am Ostabhang des Libanon
und in der Caza Hermel erstreckt. Baalbek ist demzufolge nur
noch ein Bereich von ca. 15 km Reichweite zuzuordnen.

Ein staatliches Krankenhaus ist seit 1970 in Betrieb. Von den
150 Betten sind wegen Personalmangels und fehlender Ausstattung
nur 2/3 belegbar. Offiziell erstreckt sich die Zuständigkeit
des Krankenhauses auf die Cazas Baalbek und Hermel (dort erst
ab 1972 ein Hospital mit 15 Betten), tatsächlich müssen aber
monatlich durchschnittlich 200 Patienten in Baalbek abgewiesen
werden. Sie werden, wenn möglich, in Zahlé untergebracht oder
nach Beirut transportiert.

---

1) Die genannten christlichen Dörfer tendieren in der privat-
ärztlichen Versorgung nach Zahlé oder haben selbst einen
Arzt am Ort.

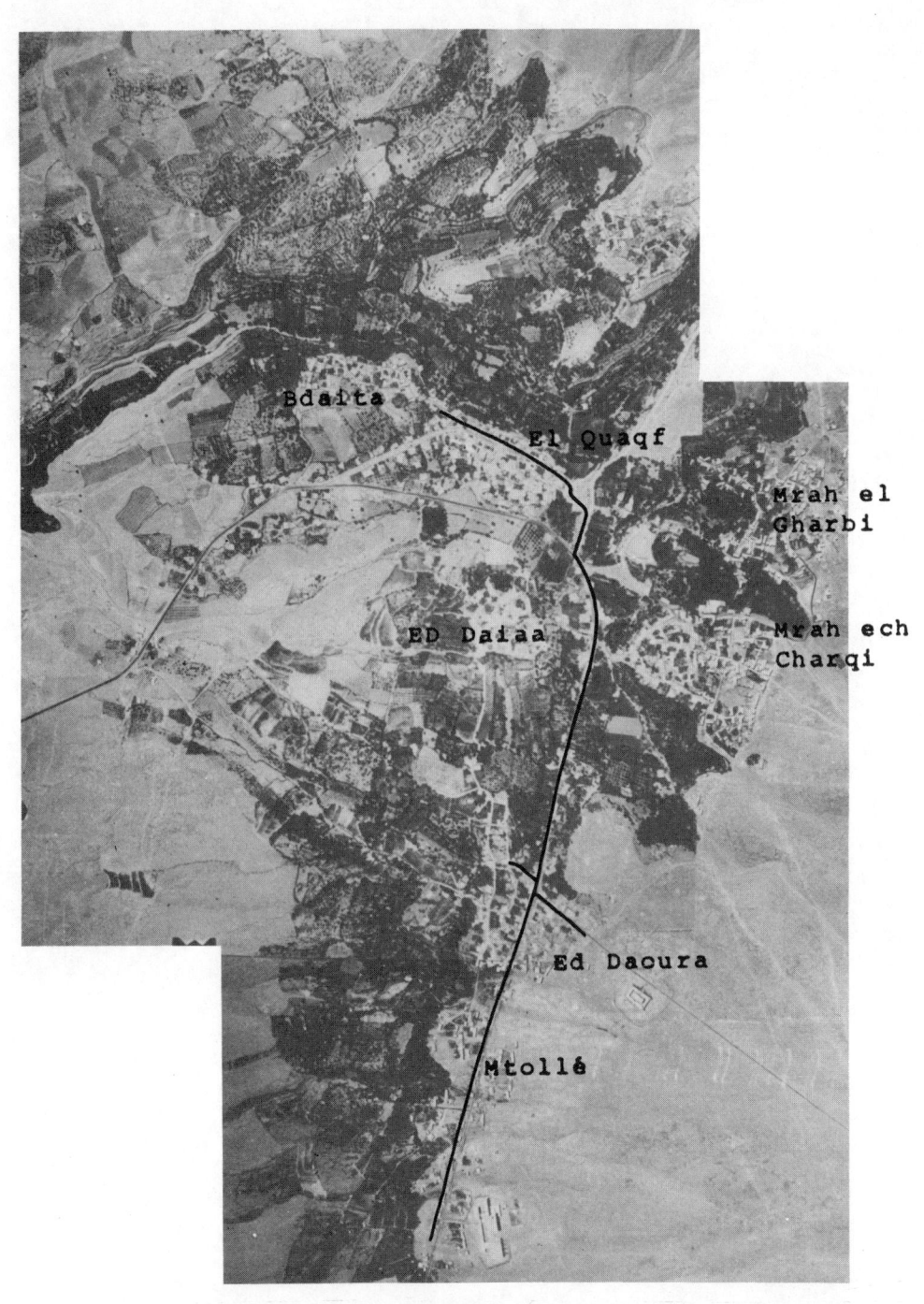

Abb. 15. Luftbild von Hermel (1969). Die schwarz eingetragene Linie markiert die "Geschäftsstraße".(Maßstab ca. 1:30 000)

V. A. 9. e. Einrichtungen des Schulwesens und ihre Reichweite
            (Abb. 10)

Es gibt in Baalbek 11 Grundschulen, 4 Mittel- und 2 Oberschulen.
In der Jungenoberschule sind 50 % Auswärtige zu verzeichnen (in
der Mädchenoberschule dagegen nur knapp 15 %).

78 % der auswärtigen Schüler legen je Schulweg bis zu 20 km zurück. Einzelne Schüler (ca. 1 %) besonders aus den nördlich
Baalbeks gelegenen Dörfern kommen bis zu 40 km weit. Die übrigen
21 % der Auswärtigen, meist über 20 km entfernt wohnend, halten
sich während der Schulwochen ständig in Baalbek auf.

Neuerdings wird der Einzugsbereich im Norden durch eine 1973 in
Betrieb genommene Oberschule in Ras Baalbek eingeschränkt. Es
handelt sich um eine Aufbauoberschule, an der bisher nur 80
Schüler unterrichtet werden. 50 % davon stammen aus den Dörfern
Jdaide, Fakihe, Ain, Qaa in der Umgebung Ras Baalbeks. Allerdings schränkt diese Schulgründung weniger den potentiellen
Einzugsbereich Baalbeks als den Zahlés ein, auf das die isolierten christlichen Selbstversorgerorte in der höheren Bedarfsdeckung ausgerichtet sind.

Auch aus dem südlichen und westlichen Teil der Caza bzw. aus
der Stadt Baalbek selbst gehen Schüler nach Zahlé. Es handelt
sich besonders um Kinder der christlichen Bevölkerung. Aber
auch fortschrittliche schiitische Familien schicken ihre Kinder nach Zahlé, da man das Ausbildungsniveau der Zahléer Schulen für besser hält (vgl. Abschn. V. A. 1. b.). Die religionssoziologische Struktur der Einzugsbereiche führt also räumlich
zu einem Überschneiden des Schulumlandes von Zahlé und Baalbek
(Abb. 10).

V. A. 10. Hermel

Am Nord-West-Rand der Caza Baalbek, in diese blockförmig hineinragend, liegt die Caza Hermel.

Die Lage und Form dieser Caza wirft die Frage auf, warum dieses
Gebiet nicht in die Caza Baalbek einverleibt wurde. Mehrere
Gründe lassen sich dafür anführen: Die Caza Hermel ist eine
traditionelle Einheit, die bis 1860 den Feudalbesitz der Familie Hammadé mit Sitz erst in Hermel, später in Baalbek bildete. Nach der Aufhebung der Feudalherrschaft wurde die heutige
Caza als Nahie zur Caza Batroun im Mutessarifia Jabal Lubnan

zugeordnet. Die Einbeziehung in das christliche Bergland erklärt sich aus der ursprünglich vorwiegend maronitischen Bevölkerung in diesem Raum, in den die heute dominierende Schicht der Schiiten erst ab Ende des 18. Jh.s einwanderte. Unter französischem Mandat wurde das Gebiet allerdings Baalbek und damit der Provinz Bekaa als Nahie unterstellt. Nach der libanesischen Staatsbildung erhielt es seine Selbständigkeit als Caza zurück (s. Abb. 11). Dies erfolgt aus politischen Gründen von seiten der libanesischen Regierung, da die rein stammesmäßig gegliederte Bevölkerung staatliche Ordnung ablehnt und ihre Unabhängigkeit immer wieder unter Beweis stellen will (Kennzeichen sind z. B. durchschnittene Telefonleitungen, Angriffe auf den Gendarmerieposten in Hermel oder auf andere staatliche Einrichtungen, wie 1972 auf die neue Berufsschule).

Die physischen Bedingungen der Landnutzung in der Caza sind ungünstig. Intensivere Landnutzung ist nur in einigen Siedlungen in der Ebene mit Bewässerungsmöglichkeit, wie in Hermel, Qasr und Chouaghir, vorhanden. Das Bergland ist so trocken, daß Getreideanbau nur zur Eigenversorgung lohnt. Die Landnutzung basiert auf halbnomadischer Kleinviehzucht, wenig Getreideanbau auf den Riedeln der Nord-West-Bekaa und etwas Obst und Gemüse in ein paar Taloasen.

Hermel besteht aus ursprünglich 6 selbständigen Vierteln, die jeweils von einer Großfamilie gegründet wurden und bewohnt werden. Diese Quartiere (El Hermel, El Quaqf, Ed Daiaa, Ed Doura, Mrah ech Charqi, Mrah el Gharbi) liegen heute noch weit auseinander bzw. läßt sich das Ende eines Viertels nur durch eine Verdünnungszone in der Bebauung feststellen (vgl. Luftbild, Abb. 15).

Es erhebt sich daher die Frage, ob bzw. in welcher Weise das Cazazentrum Hermel, heute ein Metualiort mit ca. 5500 Einwohnern (1972), die hauptsächlich autark wirtschaftende und z. T. nomadisierende Bevölkerung des Umlandes auf sich als Zentrum orientieren kann.

V. A. 10. a. Administrative Einrichtungen und ihre Inanspruchnahme

Die Zahl der Verwaltungsämter in Hermel ist relativ hoch. Ausser dem Kaimakam gibt es ein schiitisches und ein ziviles Gericht, ein Finanzamt, eine Veterinärdienststelle und - besonders bemerkenswert für dieses ertragsarme Agrargebiet - ein landwirtschaftliches Beratungsbüro. Letzteres erklärt sich aus dem Bemühen der libanesischen Regierung, den Haschischanbau auf den Bewässerungsflächen vor allem der Orte Hermel,

Chouaghir, Qasr durch die Kultivierung von Sonnenblumen[1] zu ersetzen. Das Landwirtschaftsamt versucht, die Bauern zu einer solchen Umstellung zu bewegen, und es überwacht den neuen Anbau. Außerdem soll dieses Amt helfen, die Reserve der Bevölkerung gegenüber dem Staat abzubauen. Es soll den Eindruck erwecken, die Regierung unternähme etwas zur Verbesserung der Lebenssituation der Cazabevölkerung.

Befragungen dieser landwirtschaftlichen Dienststelle und des Veterinäramtes[2] ergaben allerdings, daß die Bevölkerung sie kaum in Anspruch nimmt. Vielmehr müssen sich die Beamten ihrerseits mit der Landbevölkerung in Verbindung setzen; dabei haben sie - die einen mehr, die anderen weniger - nur geringen Erfolg (vgl. Baalbek, V. A. 9. a.). Während also in der südlichen Bekaa die Cazazentren (Joub Jannine, Rachaya) aufgrund geringer Verwaltungsausstattung nur geringe Zentralität entwickeln können, geht die mangelnde zentrale Bedeutung der Verwaltung in der nördlichen Bekaa vor allem auf die Zurückhaltung der Bevölkerung gegenüber staatlichen Institutionen zurück.

V. A. 10. b. Handels- und Gewerbeeinrichtungen und ihre Inanspruchnahme

Entlang der Hauptstraße durch Hermel zieht sich die neuere Ladenstraße des Ortes. Eine ältere Geschäftsgasse befindet sich zusätzlich in El Quaqf in typisch orientalischem Stil (eingeschossige geschlossene Bauweise mit kleinen Boxen, die zur Straße hin offen oder durch Holzflügeltüren verschließbar sind). Der größte Teil der Läden ist heute ständig geschlossen (von insgesamt 66 Boxen 43). Die verbliebenen beliefern die in diesem Viertel ansässige Bevölkerung mit Artikeln des täglichen

---

1) Finanzielle Unterstützung bei der Umstellung des Anbaus auf Sonnenblumen und bei der Abfindung der Bauern für den geringen finanziellen Ertrag aus der neuen Anbaufrucht kommt von dem amerikanischen Büro für Narkotika und wird aus den Mitteln der Weltbank gezahlt.

2) Da die geringe zentrale Bedeutung der Verwaltungseinrichtungen für Finanzen, Justiz, allgemeine Verwaltung usw. schon mehrfach dargelegt wurde, soll dies hier und in den noch zu untersuchenden Orten nicht mehr behandelt werden.

und periodischen Bedarfs traditioneller Art bzw. führen Reparaturen aus und stellen traditionelle Bedarfsgegenstände her (Töpfe, Kessel).

Diese ehemals einzige Handels- und Gewerbestraße ist zu einem Viertelssouk herabgesunken. Dafür ist nicht zuletzt die Abseitslage dieser Gasse in der heutigen Agglomeration verantwortlich. Die neue Ladenstraße stellt demgegenüber ein Verbindungsglied zwischen mehreren Vierteln Hermels her.

Aber auch sie macht auf den Betrachter einen bescheidenen Eindruck: Die Handels- und Dienstleistungseinrichtungen bilden noch keine geschlossene Straßenfront, sondern sind durch Wohngebäude und Gärten getrennt. Zwar sind die einzelnen Läden relativ groß, da in moderner Betonbauweise errichtet, ihre Ausstattung ist jedoch sehr einfach. Aushängeschilder und Beschriftungen gibt es so gut wie gar nicht. Schaufenster sind rar. Auch das Ladeninnere unterscheidet sich von dem Ladentyp I und II der bisher untersuchten kleinen Landorte durch ein geringeres Warenangebot.
Während traditionell orientierte Läden anderer Orte im Untersuchungsgebiet überquellen von Waren, führen die Geschäfte Hermels nur wenige Artikel, die auf einem einfachen Regal hinter der Ladentheke aufgebaut sind. Die Mehrzahl der 78 Läden und Gewerbestätten ist auf tägliche und traditionelle periodische Bedarfsdeckung eingestellt. Nur vier Läden bieten westliche Waren bzw. Dienstleistungen: ein Fotogeschäft, eine Reparaturwerkstätte für Radios, ein Laden für Möbel, Lampen und Kühlschränke und ein Schreib- und Schulwarengeschäft. Hinzu kommen ein paar Autoreparaturwerkstätten, eine Traktorwerkstatt und eine Tankstelle. Gaststätten und Kinos fehlen völlig.

Die Einrichtungen dienen in erster Linie der Bevölkerung Hermels selbst. Während Kunden aus den bis zu 10 km entfernt liegenden Dörfern immerhin ca. alle zwei Monate nach Hermel kommen, besucht die Bevölkerung der weiter entfernten Ortschaften - oft handelt es sich um Einzelsiedlungen - Hermel durchschnittlich nur wenige Male im Jahr, vorzugsweise während der Winterzeit, wenn sich die Bevölkerung in ihren festen Wohnsitzen in den Wadis befindet.

Vom Einzugsgebiet Hermels ausgenommen sind die Siedlungen im Südteil der Caza (einzelne Befragungen in Faraa, Wadi Faraa, Mrah Bekaach). Sie sind auf Baalbek ausgerichtet, wie das Wegenetz zu diesen Ortschaften bereits deutlich macht (s. Abb. 8).
Einige Händler aus Hermel zogen bis vor wenigen Jahren den nomadisierenden Landbewohnern im Sommer als ambulante Händler nach. Der geringe Verdienst bei mühseligen Wegen hat jedoch

dazu geführt, daß kaum noch ein Händler die Nomaden in ihren
Sommergebieten besucht. Die Halbnomaden kaufen außerdem oft in
der nördlichen Küstenebene ein, wenn sie ihr Vieh im Sommer
dorthin zum Verkauf treiben.

Insgesamt gesehen besitzt Hermel im Handel nur eine schwache
Zentralität für sein Umland. Besonders gering ist die Besuchshäufigkeit der Landbewohner im Zentrum. Traditionelle Lebensweise der Landbevölkerung bei Halbnomadismus und die schlechte
Erreichbarkeit Hermels aus den Berglandgebieten sind dafür verantwortlich. Da jedoch ein Einzugsbereich durchaus existiert
und nicht von gleichrangigen Nachbarorten versorgt wird, ist
Hermel wohl am besten als ein *"zentraler Ort mit geringer Inanspruchnahme"* zu bezeichnen.

V. A. 10. c. Handelsbeziehungen zu "übergeordneten" Zentren

In Hermel angebotene Waren kommen z. T. über Baalbek. Dabei
handelt es sich vor allem um Artikel des täglichen und des
traditionellen periodischen Bedarfs (Gebrauchtkleidung, Plastikschuhe). Besonders bei letztgenannten Waren zeigt sich
eine Tendenz, bevorzugt in Beirut und Tripoli einzukaufen.
Größeres Angebot und geringere Einkaufspreise sind auch hier
ausschlaggebend. Da der geringe Warenumschlag, vor allem bei
längerfristigen Bedarfsgütern, nur eine ein- bis dreimalige
Fahrt pro Jahr zur Auffrischung des Angebots notwendig macht,
spielt sicher auch der Wunsch nach einem Besuch in Beirut oder
Tripoli eine Rolle. Der Fahrpreis von 10,- LL für Hin- und
Rückfahrt dorthin wird in Kauf genommen. Der Zeitaufwand einer
mehrstündigen Fahrt wird üblicherweise nicht als Kostenfaktor
gewertet. Hermel wird außerdem durch das ganze Land befahrende
ambulante Großhändler besonders mit Getränken, Konserven und
Keksen versorgt.

Ein weiterer Großhandelsmarkt ist das syrische Homs. Kaufleute
aus Hermel beziehen die in Syrien preiswerteren Artikel, besonders Stoffe, Möbel und Haushaltswaren, von dort und bieten sie
auf dem lokalen Markt an. Moderne optische, technische und
elektrische Geräte (meist Ostblockware), aus Homs geschmuggelt,
transportiert man zum Absatz weiter nach Baalbek, Beirut und

Tripoli. (Bei Besuchen in Homs verkauft man dort gleichzeitig
Kleenextücher, Kekse und Elektroartikel, die in Syrien rar
sind und daher einen guten Absatz finden. Vgl. Chtaura, Abschn.
V. A. 2.). Auch Privatpersonen aus Hermel und den größeren Dörfern des Bekaa-Anteils der Caza fahren zum Einkauf längerfristiger Bedarfsgüter bevorzugt nach Homs, weniger nach Baalbek.
Ein Handelskontakt mit Zahlé ließ sich gar nicht feststellen.

V. A. 10. d. Einrichtungen des Schul- und Gesundheitswesens
und ihre Reichweite (s. Abb. 10)

Auch im staatlich kontrollierten Schul- und Gesundheitswesen
bemüht sich die Regierung, durch recht gute Ausstattung des
Cazazentrums die Loyalität der Bevölkerung zu gewinnen. Es gibt
in Hermel je eine Ober-, Mittel- und Volksschule. 1971 wurde
sogar eine Berufsschule eingerichtet, die von der Bevölkerung
jedoch von Anfang an boykottiert wurde. Demzufolge stammen von
den 110 Berufsschülern nur 10 aus der Caza und dem Ort Hermel.
Alle anderen kommen aus Orten außerhalb dieser Region.

Der Einzugsbereich der übrigen Schulen[1] wird, da nur an die
Berufsschule ein Internat angeschlossen ist, wesentlich durch
die mangelnde Verkehrserschlossenheit der Caza beschränkt. Die
Wege sind mit wenigen Ausnahmen so schlecht, daß sie nur durch
Landrover befahrbar sind. (Ausnahmen: Hermel-Qasr, Hermel-
Charbine und Hermel-Quadi et Tourkmane, von dort neuerdings
weiter bis nach Akkar ausgebaute Straße.) Demzufolge besteht
kein öffentlicher Bus- oder Taxi-Service-Verkehr in der Caza,
selbst nicht zu den über feste Straßen erreichbaren Orten.
Dort befördern private Autobesitzer die nichtmotorisierte Bevölkerung in den wenigen Bedarfsfällen meist zu normalen Taxigebühren. (Die Angaben in Abbildung 12 beziehen sich auf die
durchschnittliche Anzahl der Privatwagen, die täglich öffentliche Transporte durchführen.)

---

1) Von 1972 insgesamt 5562 schulpflichtigen Kindern der Caza
waren nur 3105 eingeschult. (Unveröffentlichtes Material
des "Office du Développement Sociale", eingesehen in Beirut.)

Da also Hermel von den Schülern noch meist zu Fuß aufgesucht wird, ergibt sich ein Schuleinzugsbereich von maximal 10 km, durchschnittlich nur 5 km Entfernung von Hermel. Nicht mehr als knapp 10 % der Schüler Hermels kommen außerdem aus Orten in der Umgebung. Der Einzugsbereich reicht im Osten nicht über die Cazagrenze hinaus. Die überwiegend christlichen Dörfer in der nördlichen Bekaa unterhalten keinen Kontakt mit Hermel.

Das Problem der Ereichbarkeit Hermels spielt auch im Gesundheitswesen eine Rolle. Zwar hat das Cazazentrum seit 1972 ein kleines Krankenhaus mit 15 Betten und zwei Krankenstationen (eine staatliche, eine des libanesischen Roten Kreuzes). Ihr Einzugsbereich erstreckt sich jedoch nur auf den Ort Hermel und die wenigen besser zu erreichenden Orte in der Umgebung. Letztere stellen zwischen 20 und 30 % der Patienten der "Moustouseif"stationen. Diese Orte werden allerdings auch von der ambulanten Station aus Zahlé periodisch aufgesucht.

Auch hier gilt wie im Handelssektor: Hermel verfügt über einen Einzugsbereich. Seine zentrierende Kraft kommt jedoch vor allem aus Erreichbarkeitsgründen kaum zur Geltung. Die Folge ist ein "zentraler Ort unterster Stufe mit beschränkter Inanspruchnahme" (s. Abb. 8).

V. A. 10. e. Verwaltungsgrenzen in der nördlichen Bekaa in ihrer Beziehung zu zentralörtlichen Einzugsbereichen

Wie Abbildung 11 zeigt, besteht schon seit recht langer Zeit eine Kontinuität der Verwaltungsgrenzen in der nördlichen Bekaa. Abweichungen treten nur in osmanischer Zeit (nach 1860) im Süden an der Grenze zur Caza Maalaka (Erläuterung, Abschn. V. A. 7. a.) und im Nordwesten, an der Grenze der Cazas Baalbek und Hermel, auf (Erläuterung, Abschn. V. A. 9. u. 10.). Die ehemaligen und heutigen Grenzen der Verwaltungseinheiten von Baalbek und Hermel zeichnen sich sehr deutlich in den heutigen Einzugsbereichen wider, rechnet man die relativ unterversorgten Bereiche hinzu:

Die administrativen Ost- und Westgrenzen in der nördlichen Bekaa folgen den Bergkämmen des Libanon bzw. Antilibanon, die sich als Grenzlinien geradezu anbieten. Wären diese Gebirgsräume stärker besiedelt, so zeichneten sich diese Leitlinien sicher auch als zentralörtliche Einzugsbereichsgrenzen ab.

Nicht durch das Relief festgelegt sind dagegen:
- die Südgrenze der Caza Baalbek zur heutigen Caza Zahlé,
- die Nordgrenze der Caza Baalbek zur Caza Hermel.
Hier fehlt es auch an Übereinstimmungen zwischen Verwaltungs- und Einzugsbereichsgrenzen. Die südlichen Dörfer der Caza Hermel sind verkehrsmäßig eindeutig auf Baalbek ausgerichtet und werden entsprechend dorthin orientiert. Ihre Zugehörigkeit zu Hermel scheint auf die Anlehnung der Cazagrenzen an alte Feudalgrenzen zurückzugehen (vgl. den Verlauf der südlichen Cazagrenze von Hermel), die in diesem Fall nicht mehr heutigen Bedürfnissen entsprechen.

Die Sonderstellung des nordöstlichen Teils der Caza Bekaa aufgrund der religiösen Bevölkerungsstruktur vor allem in den Siedlungen Ras Baalbek, Jdaide, Fakihé und Ain hat in osmanischer Zeit auch administrativ ihren Niederschlag gefunden. Es bestand zumindest zur Zeit des Dorfzensus von 1898 eine Nahie Fakihé, die die christlichen Dörfer umfaßte. Obwohl Fakihé als Nahiehauptstadt genannt wird[1], ist es durchaus möglich, daß der heute die christlichen Dörfer zumindest im Schul- und Gesundheitswesen zentrierende Ort Ras Baalbek auch ehemals schon die bedeutendste Siedlung in diesem Teil der Bekaa war.

Demgegenüber läßt die ebenfalls in der osmanischen Dorfliste von 1898 ausgegliederte Nahie Tamine el Tatha südwestlich von Baalbek, selbst wenn das Zentrum gewechselt haben sollte, heute keine entsprechende zentrale Einzugsbereichsbildung erkennen. Zwar zeigen die westlich in dieser Nahie gelegenen Dörfer, besonders Deir el Ahmar und in geringerem Umfang auch Chmistar,

---

1) Die Angabe Fakihé als Nahiezentrum kann z. B. darauf zurückzuführen sein, daß zur Zeit der Dorfnahme der Mudir dieser Nahie aus Fakihé stammte. Mit einem neuen Mudir wechselte die Verwaltungsfunktion unter Umständen in ein anderes Dorf über. Daher darf die Bedeutung des jeweils als Nahiezentrum genannten und namengebenden Dorfes nicht überbewertet werden (vgl. HÜTTEROTH 1968, S. 96 u. 97 ff.).

eine relativ gute Ausstattung und starke Selbstversorgung, im sanitären Sektor sogar Einzugsbereiche aufgrund ihrer Krankenstationen, aber es ergibt sich keine auch nur annähernde Übereinstimmung von heutigen Einzugsbereichen und der damaligen Nahiegliederung.

Im ganzen gesehen ist festzustellen, daß die heutigen Einzugsbereichsgrenzen weitgehend den heutigen (mit den älteren zusammenfallenden) Verwaltungsgrenzen folgen, wobei beide an Relief- und Konfessionsgrenzen weitgehend angepaßt sind.

V. B. Das zentralörtliche Angebot und seine Inanspruchnahme im Südlibanon

V. B. 1. Saida

Die Hafenstadt Saida liegt am Rande der hier ca. 3 km breiten Küstenebene. Sie ist landwärts umgeben von intensiv bewirtschafteten Obstgärten mit Agrumen- und Bananenanbau (s. Luftbild, Abb. 16). Die Stadt hat ca. 50.000 Einwohner (1972) überwiegend sunnitischer Glaubensrichtung (92 %). Hinzu kommen ca. 6 % Christen und 2 % Schiiten. Außerdem sind ca. 30.000 Palästinenser in zwei Lagern in der unmittelbaren Umgebung Saidas angesiedelt.

V. B. 1. a. Administrative Einrichtungen und ihre Inanspruchnahme

Saida ist Sitz der Mohafazaregierung des Südlibanon und weist eine entsprechende Verwaltungsausstattung auf (vgl. Zahlé 1. b): ein Zivilgericht und zwei geistliche Gerichte höherer Instanz, eine "Direction des Waqf Islamique", Finanzbehörde, Baubehörde, Wirtschaftsamt, Sozialamt mit Sozialkasse und Sozialversicherungsstelle, Gesundheitsamt mit Blutbank, vier Dienststellen für die Landwirtschaft (Beratungsbüro, Obstabsatzbüro, Grüner Plan, Forstamt).

Auch hier kommt vor allem den landwirtschaftlichen Einrichtungen, d. h. besonders dem Obstamt, größere zentrierende Bedeutung zu. Seine Aufgabe besteht in erster Linie darin, die Obst-

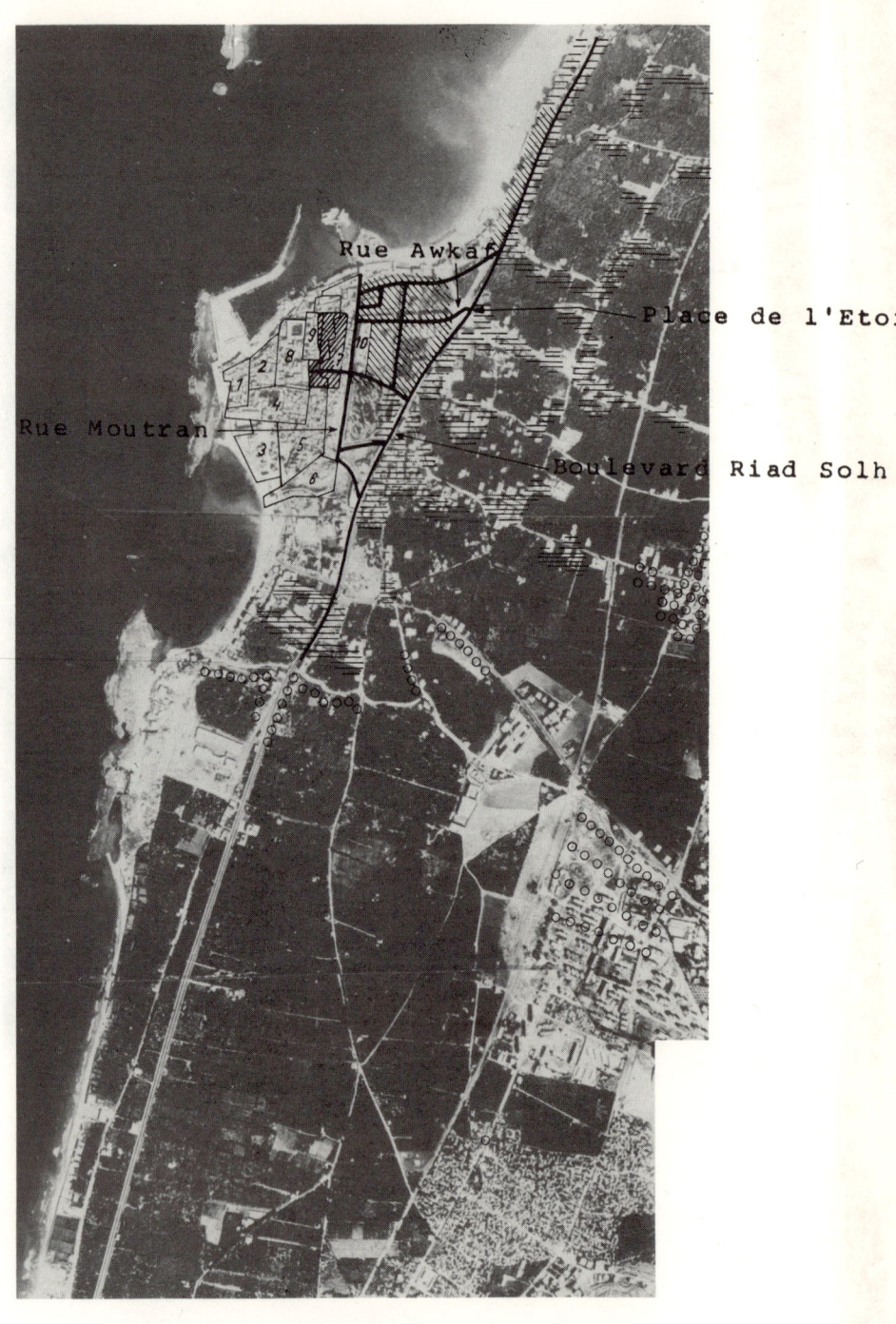

Abb. 16. Luftbild von Saida (1970).
(Legende siehe Nebenseite)

LEGENDE ZU LUFTBILD SAIDA

I *Altstadtviertel* *Neustadtviertel*

1 Kanan	98 % Sunniten 2 % Schiiten 2940 E/qkm	II Dekeman
2 Sebil	98 % Sunniten 2 % Schiiten 1270 E/qkm	III Ouastani IV Ain Helau V Chategone VI neues Industriegebiet
3 Rijal el Arbain	64 % Schiiten 34 % Sunniten 2 % Christen 1150 E/qkm	
4 Kechk	98 % Sunniten 2 % Schiiten 1435 E/qkm	*Bauzeit*
5 Massalin Khiat	96 % Sunniten 3 % Schiiten 1 % Christen 890 E/qkm	☐ vor 1930 = Altstadt ▨ ca. 1930 - 1945 ☰ ca. 1945 - 1960 ooooo nach 1960
6 Zoutinat	85 % Sunniten 7 % Schiiten 8 % Christen 1170 E/qkm	Der schraffierte Bereich in der Altstadt kennzeichnet den Souk.
7 Chareh	84 % Sunniten 6 % Schiiten 10 % Christen 540 E/qkm	
8 Saraya	85 % Sunniten 6 % Schiiten 9 % Christen 325 E/qkm	
9 Hayet Yehoud? (ehem. Judenviertel)	1225 E/qkm	
10 Saint Nicolas? (Christenviertel)	1250 E/qkm	

Quelle: Von der Verfasserin eingesehenes unveröffentlichtes Material des Stadtbauamtes Saida

ausfuhr besonders des meist schwierig abzusetzenden Kernobstes (vor allem Äpfel) zu fördern. Unter Umständen kauft das Obstamt die Ernte zu einem Teil auf und exportiert sie selbst (Näheres s. LECHLEITNER 1972, S. 55 ff.). Der Einzugsbereich des Amtes erstreckt sich - da nur in Saida, auf Provinzebene, eine derartige Institution besteht - auf die Obstanbaugebiete in den beiden Cazas Saida und Sour und auf das Bergland von Jezzine.

Die Attraktivität dieser Dienststelle ist allerdings nicht immer gleich stark. Als es dem Amt z. B. 1973 nicht gelang, die Öffnung der über lange Zeit geschlossenen Grenzen nach Syrien zu erreichen, so daß die Obstbauern von ihrem Hauptabsatzmarkt, den arabischen Nachbarländern abgeschnitten waren, wurde das Obstamt geradezu boykottiert. Darüber hinaus beschränkt sich der Einzugsbereich des Obstamtes vornehmlich auf kleinere Anbauer. Die großen Obstplantagenbesitzer in der Küstenebene besorgen die Vermarktung ihrer Produktion meist ohne staatliche Hilfe. Allerdings vergrößern sie ohnehin nicht die zentrale Bedeutung des Amtes, da sie zum größten Teil in Saida ansässig sind[1].

V. B. 1. b. Handels- und Gewerbeeinrichtungen und ihre Inanspruchnahme

Geschichtlicher Überblick:

Über Saidas zentrale Umlandbedeutung in der Vergangenheit ist ebenso wenig bekannt wie über die der Bekaazentren. Weit mehr weiß man allerdings von Saidas Bedeutung als Fernhandelsstadt (vgl. besonders BAEDEKER 1891, 1912; EISELEN 1907, THOMSON 1886).

Die Fernhandelsfunktion, gebunden an seine Meereslage und die guten Hafenmöglichkeiten (Klippen vor der Stadt schützen die Hafeneinfahrt), geht bereits auf phönizische Zeit zurück. In den wechselvollen Jahren der Kreuzfahrerzeit verliert es seine dominierende Rolle unter den phönizischen Städten. (Auf die

---

1) Im ganzen gibt es ca. 200.000 Obstgärten an der Südküste, 500 davon haben mehr als 100 ha Größe. Ca. 20 Familien besitzen jeweils 150 ha und mehr. Der Rest gliedert sich in Kleinbesitzstücke auf. (Angaben des Leiters der Industrie- und Handelskammer in Saida.) Auf die Tendenz zur Vergrößerung der Parzellen wurde bereits hingewiesen (s. Abschn. IV. D. 3.). Um Saida gibt es ca. 600 ha Obstgärten, die zu mehr als 50 % von in Saida lebenden Besitzern bewirtschaftet werden (Quelle s. o.).

Kreuzfahrerzeit gehen die Burgen "Khalat el Bahr" und "Khalat el Mezze" in Saida zurück.) Im 16. Jh. erholt es sich unter dem Drusenherrscher Fakhreddin II wieder. Er zieht französische Händler in die Stadt, belebt den Handel zusätzlich durch den Bau mehrerer Khane und Karawansereien von z. T. erheblicher Größe (besonders "Khan de Frange"). Gleichzeitig entwickelt Saida sich zum Hauptumschlagplatz von Damaskus. Saidas Bedeutungsrückgang im Fernhandel setzt ein, als Fakhreddin den Hafen der Stadt zuschütten läßt, um türkischen Schiffen die Einfahrt zu verwehren. Damit legt er Saidas wichtigsten Handelsweg lahm.

Als 1791 die französischen Händler aus der Stadt vertrieben werden, wandert Saidas restlicher Fernhandel nach Beirut und Tripoli ab. Zusätzlich kommt es zu verstärkter Abwanderung christlicher Familien (besonders in der 1. Hälfte des 19. Jh.s). 1837 zerstört ein schweres Erdbeben die Stadt. Reisebeschreibungen des 19. Jh.s (THOMSON S. 154, EISELEN S. 120) beklagen den desolaten Zustand der Stadt, deren Bürger (1858 ca. 9000 Einwohner, 1902 ca. 11.000 Einwohner) sich vor allem von Fischfang und Landwirtschaft ernähren. ANGLES (1902, S. 92) berichtet sogar: "I have visited the most ancient quarters of Jerusalem and Damaskus, but there I have never seen a semblance of the aspect of desolation and decay which Saida presents, a little village, almost ignored by tourists to which modern civilisation has not yet penetrated". (Diese Angaben sind einziger Anhaltspunkt für die geringe Umlandbedeutung Saidas in jener Zeit.)

Eine größere Stadtausdehnung (s. Abb. 16) über die Mauern der Altstadt hinaus erfolgt daher erst in den dreißiger Jahren dieses Jahrhunderts, als Saida unter französischem Mandat Mohafazazentrum wird. Damit kommt ein großer Beamtenstab dorthin. Gleichzeitig wird ein Militärstützpunkt errichtet (Oberkommando für den Süden). Zwischen 1940 und 1945 wird etwa das Gebiet bis zum heutigen Boulevard Riad Solh bebaut. Nach der Unabhängigkeit des Libanon geht die Stadtausdehnung weiter nach Norden und Osten. Ab 1960 werden selbst die Abhänge des Berglandes bebaut und "Wohnsilos" westlicher Art mit bis zu 9 Stockwerken errichtet. Die Bebauung dehnt sich auch auf das südlich Saidas gelegene Gebiet aus. Dort entsteht ein neues Industrieviertel, modern geplant, das sich weiter südlich im Dorf Ghaziyé wild wachsend fortsetzt.

Diese Entwicklung Saidas ist zurückzuführen auf
- die aufblühende Obstgartenwirtschaft, die den Gartenbesitzern verstärkt erlaubt, nach Saida zu ziehen,
- den Zuzug aus dem Bergland, um den Kindern in den Schulen Saidas eine bessere Ausbildung zukommen zu lassen (Nach Angaben des Bürgermeisters von Saida ziehen jährlich ca. 200 Familien aus diesem Grund in die Stadt, etwa 80 von ihnen bleiben permanent dort wohnen.),
- zurückkehrende Emigrierte, die sich in Saida niederlassen und ihr Guthaben im Obstanbau investieren.

Es zeigt sich somit, daß Saidas heutige Größe und Stellung nicht aus seiner ehemaligen Fernhandelsfunktion zu erklären ist. *Ihr*

Wiederaufstieg zu einer großen Mittelstadt geht allein auf die landwirtschaftliche Nutzung der Küstenebene zurück. Aus dem zusehends intensiver und moderner durchgeführten Anbau zieht Saida Profit.

Saidas Zentralität im Handel und Gewerbe:

Saida hat, wie Zahlê, mehrere Einkaufsviertel, die sich in ihrer Wertigkeit und ihrem Kaufpublikum unterscheiden (Abb. 16). Der Altstadtbazar und die Rue Moutran im Bazarbereich sind als ein Handels- und Gewerbezentrum zu nennen.

Die Altstadt besteht aus acht (ehemals zehn) Wohnvierteln (s. Abb. 16). Die Differenz ergibt sich aus der Abwanderung der Christen aus der Altstadt in den Außenbezirk der nördlichen Stadtmauer. Außerdem löste sich das Judenviertel auf.
Sieben der acht Viertel sind von Sunniten bewohnt. Das Schiitenviertel, zu 30 % bereits von Sunniten eingenommen, liegt im Süden der Stadt. In der Altstadt leben heute ca. 15.000 Menschen. Dies führt zu einer extrem hohen Bevölkerungsdichte in einigen Vierteln (s. Abb. 16). Die Anzahl der Altstadtbewohner ändert sich kaum, da ausziehende libanesische Familien durch die sozial tiefer stehenden Palästinenser aus den umliegenden Lagern ersetzt werden.

Das älteste und größte zusammenhängende Einkaufsgebiet ist der Bazar im Norden der Altstadt (s. Abb. 16) mit meist überdachten winkligen Soukgassen (obere Stockwerke jedoch bewohnt!) und mit alten Gewölben, in denen sich Handel und Handwerk in der typisch orientalischen Warensortierung befinden.

Bei der Warensortierung, die jeweils Gassen oder Gassenteile einnimmt, lassen sich in jeweils benachbarter Lage folgende Gruppen unterscheiden:
1. Gemüse, Obst und Fleisch; 2. Back- und Konditoreiwaren; 3. Schmuck; 4. Kleidung, Schuhe, Stoffe, Wolle, Decken; 5. Handwerksbetriebe, a) für Möbelherstellung und Tischlerei, b) für Bilderrahmen und c) für Schuhe.
Im Bereich der Textilien und Schuhe läßt sich keine in größeren Souks übliche Trennung zwischen Artikeln für Damen- bzw. Herrenbedarf feststellen. Allerdings bestehen Schwerpunkte jeweils für Damen- und Kinderkleidung bzw. Herrenbedarf innerhalb eines Soukteils manchmal. Zum Beispiel befinden sich in einem der zur "Rue Moutran" führenden Soukeingänge 3 x Damenbekleidung, 1 x Kinderkleidung, 1 x Kosmetik, 1 x Damenbekleidung und -schuhe, 1 x Herrenoberbekleidung, 1 x Herrenoberbekleidung und -schuhe, 1 x Plastikartikel, 1 x Damenschuhe, 1 x Damenwäsche, 2 x Kinderkleidung, 1 x Wolle.
Im ganzen gibt es 217 Händler für täglichen Bedarf (Fleisch,

Obst, Gemüse und andere Lebensmittel), 190 Läden für Bekleidung, Schuhwaren, Stoffe, Decken, 78 Läden für Hausrat, Elektroartikel, Papierwaren, Möbel, Dekorationsmaterial u. ä.

In der Altstadt schließt sich südlich an den beschriebenen Souk ein zweites offensichtlich älteres Souk-Viertel an. Heute befinden sich hier zwischen zahlreichen geschlossenen Boxen nur noch einige Läden täglichen Bedarfs und ein paar kleine traditionelle Handwerksbetriebe, vor allem Tischler. Dieser Soukteil wird nur noch von der Bevölkerung der umliegenden Viertel zur täglichen Bedarfsdeckung genutzt.

Der Souk hat sechs Eingänge, von denen nur einer zum Hafen führt, die fünf übrigen münden auf die den Souk im Osten begrenzende "Rue Moutran" (s. o.). An den vier südlichen Eingängen und in den anschließenden Soukgassen werden Bedarfsartikel höherer Stufe angeboten (Damen- und Kinderkleidung, Lederwaren, Schmuck, Schreibwaren, Spielzeug). Durch moderneres Angebot und bessere Sortierung bzw. Ladenaufmachung unterscheiden sich diese Läden von denjenigen in den übrigen Soukteilen (vgl. WIRTH 1968, typische Strukturwandlungen im Bazar).

Erstgenannte Läden müssen in Zusammenhang mit dem zentralen Teil der Rue Moutran gesehen werden, in der entsprechende Güter längerfristigen traditionellen, aber auch moderneren Bedarfs angeboten werden (Ladentyp II). Die höhere Wertigkeit geht ursprünglich wohl auf das angrenzende Christenviertel zurück. So kaufen auch Christen aus Saidas Umgebung, der südlichen Caza Chouf, der Caza Jezzine und aus der Caza Saida hier ein. Die Abfahrtsstellen der Service-Taxis deuten bereits auf diesen Einzugsbereich hin:
- die nach Jezzine fahrenden Taxis (ca. 10 T.) halten in dem zentralen Teil der Rue Moutran,
- Service-Taxis nach Machdouché (13 T.) fahren ein wenig weiter südlich ab, und zwar Ecke Rue Moutran, Rue Ancienne (dort Fahrgastwarteraum und eigene Agentur).

Einen noch weit größeren Einzugsbereich hat jedoch der Altstadtsouk aufzuweisen. Ihm kommt die größte Umlandrelevanz unter den Einkaufseinrichtungen und Gewerbebetrieben in Saida zu mit ca. 40 % Kunden aus dem Umland (Befragung von 100 Ladenbesitzern in der Altstadt, 250 Straßenpassanten und repräsentativen Personen in den ländlichen Siedlungen der Caza, s. Anhang).

Die hier angebotenen Artikel entsprechen besonders der ländlichen Nachfrage. Darüber hinaus sind die Waren ca. 10 % billiger als in den übrigen Einkaufsstraßen Saidas.

Als Einzugsbereich konnte das gesamte Cazagebiet Saidas festgestellt werden (s. Abb. 8). Selbst die ganz im Süden gelegenen Dörfer der Caza (bis Zrariyé) fahren zur Bedarfsdeckung nach Saida mit der Begründung, in Saida sei ein besseres und umfangreicheres Angebot vorhanden als in dem nähergelegenen Sour. Außerdem sind die Verkehrsverbindungen nach Saida zahlreicher (vgl. Service-Taxi-Karte Abb. 12). Die Service-Taxistationen für die südlichen Dörfer des Kreises liegen ebenfalls nur ca. 5 Min. entfernt vom Souk.

Die Besuche in Saida erfolgen je nach Entfernung und Sozialzugehörigkeit der Landbevölkerung mehrmals in der Woche bis einmal im Monat, wobei ein enger Kreis (bis zu 10 km Entfernung) mehrere Male bis einmal in der Woche Saida aufsucht. In erster Linie dient der Altstadtsouk allerdings der Stadtbevölkerung Saidas (zu 60 %). Wichtigstes Kaufpublikum sind die sozial schwachen Schichten der Altstadt und die Palästinenser.

Bei etlichen Ladenbefragungen war festzustellen, daß die Palästinenser den Hauptkundenstamm der Läden stellen. Dies erklärt sich vor allem daraus, daß sie, die ihren Lebensunterhalt meist mit 7,- LL Tageslohn in den Obstgärten verdienen, diesen Lohn vollständig konsumieren können, da sie als Lagerbewohner keine Miete zu entrichten brauchen. Außerdem erhalten sie noch finanzielle Unterstützung von der UNWRA, einer Organisation der UNO. Sie bilden somit eine recht kaufkräftige Konsumgruppe. Zum Einkauf täglicher Bedarfsgüter kommen daneben allerdings auch Bewohner der neuen Stadtviertel in den Altstadtsouk.

Im nördlichen Teil der Rue Moutran, der ehemaligen von Beirut nach Sour weiterführenden Hauptstraße Saidas (bis ca. 1930), sinkt das Sortiment stark in seiner Wertigkeit. Neben Gütern des traditionellen längerfristigen Bedarfs, wie Gebrauchtkleidung und einfachen Schuh- und Haushaltsartikeln (Typ I), gibt es die typischen großen Gemischtwarenläden mit umfangreichem Angebot. Dazwischen liegen Barbiere und Imbißstuben. Weiter nördlich schließt sich der Obst- und Gemüsegroßmarkt an. Noch weiter stadtauswärts befinden sich Handwerksbetriebe traditioneller und moderner Art (Autoreparatur). Dieser Straßenzug

hat neben dem Souk den größten Umlandeinzugsbereich (knapp 40 %
ländliche Kunden). Der Käuferkreis erstreckt sich vor allem auf
die Caza Saida und die christlichen Dörfer der Umgebung (befragt
wurden 34 Händler und 85 Straßenpassanten bzw. das Umland, s.
o.). Die Taxistation für die nördlichen und östlichen Dörfer der
Caza Saida liegt in einer nahen Seitenstraße der Rue Moutran.
Aber auch in diesem Straßenteil stellt Saidas Bevölkerung einschließlich der Palästinenser 60 % der Kunden.

Die Rue Awkaf führt im Norden der Stadt vom Place de l'Etoile
(am Magistratsgebäude) zur Rue Moutran. Die meist 3-4stöckigen
Gebäude (Bauzeit 1945-60) sind oft auch noch in den ersten
Etagen kommerziell genutzt (Fotoläden, Friseure, Werkstätten
modernen Gewerbes, Büros).

Das Angebot dieser Straße ist sehr vielseitig. Es reicht vom
Spezialgeschäft für Waffen und Sportartikel über Zeitschriften, Herren- und Damenbekleidung zu Haushalts- und Gemischtwaren. Auf Karren und Holzständen werden Obst und Gemüse angeboten. Dazwischen liegen drei Banken und zwei Kinos. Das
Sortiment und die Aufmachung der Läden ist besser als in der
Rue Moutran (z. B. Aushängeschilder und Leuchtreklamen, besonders in französischer Sprache). Die Geschäfte entsprechen
einer Mischform des Ladentyps II und III.

Die Einrichtungen spiegeln die Sozialschicht der Käufer wider:
Städtisches Publikum des Mittelstandes und Landbewohner aus
der nördlich Saidas gelegenen Caza Chouf (ca. bis Barja, Chhim)
kaufen dort ein (s. Abb. 8). Der Umlandseinzugsbereich erklärt
sich wie folgt:

- Die Bevölkerung der südlichen Caza Chouf, zum großen Teil
  Christen, lebt meist nicht von der hier wenig ertragreichen
  Landwirtschaft (schmale Küstenebene, steile Berghänge im
  Hinterland), sondern arbeitet in gewerblichen und Dienstlei-
  stungsberufen oder in der Verwaltung von Saida und Beirut.
  Daraus resultieren gehobenere Ansprüche, die aus Preisvortei-
  len gegenüber Beirut bevorzugt in Saida gedeckt werden.
- Einige sunnitische Einwohner von Chhim unterhalten Läden in
  Saida. Bei ihnen kaufen vor allem Sunniten aus dem südlichen
  Chouf ein. (Sie bilden hier recht große religiöse Minoritä-
  ten.) Man sucht diese Läden nicht zuletzt wegen des leichte-
  ren Krediterhalts auf, da man bei den Händlern aus Chhim be-

kannt ist.
- Der Schulbesuch der Kinder aus dieser Region mit hohem Bildungsbedürfnis lenkt auch die Einkaufsausrichtung nach Saida.

Auch hier sind die Service-Taxihalteplätze ein Hinweis auf den Einzugsbereich dieser Einkaufsstraße:
- Taxis in das nördliche und nordöstliche Bergland halten in einer von der Rue Awkaf auf die Rue Moutran führenden Seitenstraße,
- Taxis und Busse in Richtung Beirut, die von den Landbewohnern der Küstendörfer mitbenutzt werden können, halten am Place de l'Etoile. Es gibt dort zwei Service-Taxi-Büros nach Beirut mit 26 bzw. 34 Autos (Jedes Taxi fährt täglich ca. 8 mal nach Beirut). Hinzu kommt eine private Buslinie.

Der Boulevard Riad Solh, der den Durchgangsverkehr nach Norden und Süden aufnimmt, zeigt ein unterschiedliches Gesicht und eine verschiedenartige Nutzung zu beiden Straßenseiten.

Die westliche Seite wird von älteren Gebäuden mit generell nicht mehr als vier Stockwerken eingenommen. Meist sind sie bis in die zweite Etage gewerblich genutzt. Auf der anderen Straßenseite stehen Gebäude mit durchschnittlich 4 Etagen, wir finden dort aber auch ein Bürohochhaus mit 10 Stockwerken (Banken, Arztpraxen, Rechtsanwalts- und Ingenieurbüros). In den übrigen Gebäuden sind ebenfalls meist alle Etagen gewerblich genutzt, z. T. sogar von Läden bis in die zweite Etage.
Die Läden der westlichen Straßenseite wirken traditioneller. Meist werden tägliche Bedarfsgüter (Süßwaren, Zeitungen) angeboten. Dazwischen liegen Cafés und Konditoreien in arabischem Stil und kleine Imbißstuben. Auf der östlichen Straßenseite bieten die Geschäfte dagegen moderne länger- und langfristige Bedarfsartikel an, wie Schuhe, Kleidung, Spielzeug, Möbel, Lampen und Elektroartikel. Ihre Häuser verraten westlichen Geschmack und sind z. T. im Boutique-Stil gebaut; den Geschäften in Beiruts modernen Einkaufsstraßen stehen sie näher als dem Innenstadteinkaufsbereich von Zahlé (s. Abschn. V. A. 1. b.). Ein bedeutender Teil der Straßenfront wird von europäisch-modernen Terrassencafés eingenommen.

Die traditionelle Straßenseite dient überwiegend der Transitbevölkerung Saidas. Will man, aus Beirut kommend, weiter in Richtung Sour fahren, so muß dieser Boulevard zu Fuß zurückgelegt werden, da sich die Service-Taxi- und Busstation nach Sour am anderen Ende des Boulevards, in Höhe der Kreuzfahrerzitadelle ("Khalat el Mezze"), befindet. Man erledigt dabei kleine Einkäufe oder ruht sich in den Cafés und Imbißstuben aus. Auch Freizeitgäste aus Beirut nutzen diese Einrichtungen im Herbst und Frühjahr auf der Durchfahrt zum Strand von Sour.

Die östliche Straßenseite dagegen wird von der wohlhabenden Bevölkerung der Neustadtgebiete Saidas, besonders von jungen Leuten, aufgesucht. Publikum aus dem Umland ist hier nur in den Sommermonaten manchmal anzutreffen. Es handelt sich meist um Emigrierte, die ihren Urlaub in den Heimatdörfern verbringen und Saida zur Freizeitgestaltung aufsuchen.

Nicht zuletzt muß ein in den sechziger Jahren entstandener Komplex von modernen boutiqueartigen Geschäften zwischen dem Boulevard Riad Solh und einer weiter stadteinwärts liegenden Parallele (namenlos) genannt werden. In den Boutiquen bestimmen vor allem Kleidung, Schuhe und Kosmetikartikel das Angebot. Dieser Einkaufsteil hat fast nur städtisches Publikum der sozial höher stehenden Schichten Saidas. Befragungen ergaben, daß diese Geschäfte trotz der Nähe zu Beirut einen recht großen Käuferkreis aus der Stadtbevölkerung verzeichnen, da sie ein Angebot mit fast Beiruter Niveau, aber zu niedrigeren Preisen, bieten.

Zusammenfassung: Saidas Einzelhandelseinrichtungen verzeichnen an drei Stellen Umlandspublikum: Wichtigster Einkaufsort ist der Souk der Altstadt mit dem zentralen Teil der Rue Moutran. Die Umlandbevölkerung setzt sich zusammen aus den Landbewohnern der Caza Saida, der westlichen Caza Jezzine und der südwestlichen Caza Chouf (s. Abb. 8). Bei der letztgenannten Gruppe handelt es sich bereits um eine halbstädtische Schicht mit entsprechend höheren Ansprüchen (zum großen Teil Christen!).

Die Majorität der Käufer wird jedoch von Bewohnern Saidas gestellt, aus der Altstadt und der Neustadt und von Palästinensern der Lager am Stadtrand Saidas. Besonders die traditionellen Ladeneinrichtungen werden von Palästinensern und der Altstadtbevölkerung in Anspruch genommen, die westlich-moderneren dagegen von den Neustadteinwohnern.

Saidas zentraler Einzugsbereich wäre wohl noch größer, wenn das Umland nicht weitgehend religiös anders strukturiert wäre als

Saida (s. Religionskarte Abb. 12) und im Hinterland das starke schiitische Zentrum Nabatiyet et Tahta läge.

Saidas Großhandel und seine Reichweite:

Der Fisch-Großhandel verliert immer mehr an Bedeutung, da die Fangergebnisse ständig rückläufig sind. Obwohl das Meer um Saida reiche Fischgründe stellt, ist dies eine Folge der rückständigen Ausrüstung der ca. 200 Fischer in Saida, die das Fischen nur bis zu 4 km Entfernung vom Lande erlaubt. Außerdem schädigt das noch häufige Fischen mit Dynamit die Fischgründe. Zusätzlich differieren die Fangmengen stark. Nach Aussagen eines Großhändlers werden ihm zwischen 2 kg und 300 kg an einem Tag zum Kauf angeboten. Demzufolge gibt es nur zwei Fisch-Großhändler in Saida. Sie vermarkten 90 % der Fänge. Die restlichen 10 % gehen an die vier Fischeinzelhändler der Stadt bzw. werden manchmal auch von den Fischern direkt nach Beirut gebracht (höhere Preise). Da die Großhändler keine Kühlmöglichkeit haben, muß der Fang täglich verkauft werden. Sie beliefern vor allem Restaurants und Geschäfte in Beirut. Der Transport erfolgt meist einfach mit Service-Taxis.

Dem Fischgroßhandel von Saida kommt weder in der Belieferung des Umlandes mit Fisch noch im Ankauf der Fischproduktion aus den umliegenden Küstendörfern zentrale Bedeutung zu. Fisch ist zu teuer, als daß er zu den Speisegewohnheiten der Landbevölkerung zählen könnte. Außerdem beliefern Fischer der Küstendörfer Saida nicht. Bei größeren Fängen bringen Fischer der nördlich gelegenen Dörfer ihre Fänge direkt nach Beirut (Preisvorteile), die der südlichen Dörfer in die südlich Saidas gelegenen Restaurants im Ausflugsort Khaizarane.

Der Großhandel für Gemischtwaren, Körner und Haushaltswaren (= traditioneller Bedarf) konzentriert sich im nördlichen Teil der Rue Moutran (etwa gegenüber dem Obst- und Gemüsegroßmarkt). Hauptkunden sind die Einzelhändler aus Saida und der Caza Saida. Zum geringen Teil nur kommen Händler aus der östlich gelegenen Caza Jezzine.

Nur einer der Großhändler besitzt einen Lieferwagen, mit dem er die Dörfer befährt. Sein Absatzbereich erstreckt sich auf

die Cazas Saida, Sour, Nabatiyet et Tahta und die nördliche
Caza Marjayoun (s. Abb. 8, Bereich für Funktion höherer Ordnung). Das Absatzgebiet der übrigen Großhändler erreicht dagegen noch nicht einmal die Größe des Einzelhandels-Einzugsbereiches (Teil der Caza Chouf fehlt). Gründe sind
- die Nähe zu Beirut mit dem dort größeren und preiswerteren Angebot und
- die Belieferung der ländlichen Einzelhändler durch Beiruter Großhändler und Herstellungsfirmen im Dorf;
- außerdem fehlt es an entsprechender Aktivität der Großhändler Saidas in der Belieferung des Umlandes.

Der Großhandel für Obst und Gemüse ist in einem Khangebäude des nördlichen Teils der Rue Moutran[1] untergebracht. 12 Händler vermarkten nur ca. 20 % der Küstenproduktion. Die übrigen 80 % werden von den Verpackungs- und Handelsfirmen "Safa" und "Zatari" aufgekauft und vermarktet (s. u.). Die Großhändler Saidas gehen mehr und mehr dazu über, den Bauern die Ernte noch vor der Reife abzukaufen, da sie befürchten, daß das Obst sonst direkt an den Beiruter Großmarkt geliefert wird.

Auch die Kreditgewährung an die Erzeuger (bei ca. 60 - 70 % der Einkäufe) wird als Mittel eingesetzt, das Umland weiterhin an den Großhandel von Saida zu binden. Auch im Verkauf der Waren erfährt der Saidaer Großhandel, wie bereits erwähnt, wachsende Konkurrenz durch Beirut, besonders in Produktgruppen, die vom Großhandel aus Beirut bezogen werden können (günstigere Preise, größeres Angebot). Außer der Obstproduktion der Küste und der des umgebenden Berglandes kaufen die Einzelhändler der ländlichen Siedlung bevorzugt in Beirut.

Das Absatzgebiet des Obstgroßhandels von Saida erstreckt sich auf das ganze anschließende Bergland (Kreise Jezzine, Nabatiyet, Marjayoun). Es umfaßt aber nur die Händler der größeren wohlhabenden Siedlungen und der Cazazentren (s. Abb. 8). Den

---

[1] Bis 1930 befand sich der Großhandel in einer kleinen Gasse zwischen der Rue Moutran und der Rue Awkaf. Aus Gründen der besseren Erreichbarkeit bei zunehmend motorisiertem Verkehr zog man an den heutigen Platz um.

größten Abnehmerkreis der Großhändler von Saida stellt allerdings der Einzelhandel von Saida selbst, der in Läden, auf Karren und Holzständen täglich ein reiches Obst- und Gemüseangebot aufweist.

Demzufolge rangiert auch im Großhandel für Obst und Gemüse die Selbstversorgung Saidas vor der Umlandversorgung, wie bei einem vorwiegend landwirtschaftlichen Umland mit noch starken Selbstversorgertendenzen nicht anders zu erwarten ist. Ein Warenbezug des Beiruter Großhandels vom Großmarkt in Saida (Obstproduktion der Küstenebene) ließ sich nicht feststellen. Analog zu den Verhältnissen der zentralen Bekaa decken sich die Beiruter Händler direkt beim Hersteller ein oder sie werden von den Verpackungsfirmen Saidas (s. o.) beliefert.

Gewerbeeinrichtungen und ihre Reichweite:

Saidas überdurchschnittlich große Ausstattung mit den verschiedensten Gewerbebetrieben macht eine besondere Behandlung dieses Sektors notwendig: Der größte Teil der traditionellen Gewerbebetriebe ist noch im Altstadtsouk ansässig. Einige befinden sich auch am nördlichen stadtauswärts führenden Teil der Rue Moutran. Befragungen in 22 Betrieben mit meist ein bis drei Arbeitskräften ergaben, daß ihr Kundenkreis sich vor allem auf die Stadt und die Palästinenserlager erstreckt. Allerdings ist selbst aus diesem Bereich der Kundenkreis so gering, daß diese Betriebe nur ein Existenzminimum erbringen. Hauptgrund dafür ist, daß die Produktion dieser Gewerbe sich einer stark sinkenden Nachfrage gegenübersieht, da handwerklich hergestellte Gegenstände durch billigere westliche Industrieerzeugnisse ersetzt werden (z. B. Plastikschuhe, Hausrat usw.).

Einrichtungen des Kfz-Handwerks und der Autoservice-Betriebe befinden sich in kleinerer Zahl an allen Ausfallstraßen Saidas.

Eine stärkere Konzentration dieses Gewerbes besteht im nördlichen Teil des Boulevard Riad Solh. Hier gibt es fünf Tankstellen, sieben größere Reparaturwerkstätten und sieben Reifendienstbetriebe, zwei Autovertragshändler (Honda und Toyota) mit großen Ausstellungsräumen und drei Autozubehörgeschäfte. Ein großes Personenwagen- und LKW-Reparaturzentrum liegt außerdem im Süden Saidas. 1962 von der Stadtverwaltung errichtet, bietet es Platz für 34 Kfz-Werkstätten. Eine dritte Agglomeration von Werkstätten befindet sich in dem südlich von Saida gelegenen Dorf Ghaziyé. Dort liegen ca. 40 Werkstätten für Autos und vier weitere für landwirtschaftliche Geräte entlang der Straßenfront.

Der Einzugsbereich dieser Einrichtungen erfaßt in erster Linie die Stadt Saida; zusätzlich kommen Bewohner aus den nördlich und östlich Saidas gelegenen Gebieten. Man benutzt Saidas Einrichtungen (besonders im nördlichen Stadtteil) lieber als die Beiruts, da Saida Preisvorteile und schnellere Bedienung bietet (vgl. Zahlé V. A. 1. b.). Die Betriebe in der südlichen Stadt und in Ghaziyé werden besonders aus der Caza Saida in Anspruch genommen. Die Reparaturwerkstätten für landwirtschaftliche Geräte haben selbst Kunden aus der Caza Sour, da es dort an entsprechenden Werkstätten mangelt.

Im ganzen gesehen entsprechen sich Saida und Zahlé etwa in diesem Bereich. Das Angebot in Zahlé ist allerdings größer. Dies erklärt sich aus dem höheren Wohlstand größerer Bevölkerungskreise von Zahlé und der zentralen Bekaa gegenüber Saida bzw. seinem Umland. Auch der größere Bedarf an Landwirtschaftsmaschinen und entsprechenden Wartungsdiensten aufgrund anderer Landnutzung in der Bekaa ist mitverantwortlich für das größere Angebot in Zahlé.

Zwei große und zehn kleine Schreinereibetriebe sind mit der Herstellung von Obstkisten betraut (größere Betriebe stellen in der Saison ca. 1000 Kisten pro Tag her). Käufer der Produktion sind sowohl Obstanbauer in der Küstenebene und im Bergland von Jezzine als auch die beiden Obstverpackungsfirmen von Saida.

Zwei Verpackungsfirmen landwirtschaftlicher Produkte ("Safa", "Zatari") liegen südlich Saidas in Ghaziyé. Die beiden etwa gleichgroßen Betriebe verarbeiten in der Saison bis zu 6000 Kisten Obst und Gemüse pro Tag. Wichtigste Früchte sind die Agrumen der Küstenebene. Der Ankauf der Produktion (ca. 80 % der Ernten in der Küstenebene) erfolgt vor der Reife. Die Ernte wird durch Pflücker der Werke durchgeführt ("Zatari" z. B. in der Saison 500 Pflücker). Absatzgebiete sind vor allem die arabischen Länder, hinzu kommt Osteuropa. Teile der Ware gehen auch an Beiruter Großhändler und von dort weiter ins In- und Ausland.

Eine die Käufer nach Saida ziehende Kraft geht also nicht von den Werken aus, zumal die Produktion in eigenen LKWs in die Bestimmungsorte gebracht wird (Zatari 1972 30 LKWs, 8 mit Kühlvorrichtungen). Auch die in den Werken beschäftigten Packer kommen kaum aus dem Umland Saidas. Saisonal beschäftigte Packer sind zu 30 % Fachkräfte aus dem Nordlibanon, zu 50 - 60 % Palästinenser und zu 10 - 20 % Arbeitskräfte aus Saida selbst. Die Landbevölkerung aus der Umgebung Saidas kann für diese wenig einträgliche Arbeit kaum gewonnen werden. Beirut wird von ihnen als Arbeitsort vorgezogen.

Das seit alters her in Saida ansässige Gewerbe der Möbelherstellung ist mit ca. 75 Betrieben (meist 3 - 10 Arbeitskräfte) vertreten. Recht gute Qualität bei günstigen Preisen hat den Einzugsbereich dieses Handwerks nicht nur auf städtische sozial schwächer gestellte Schichten, sondern auch auf Käufer vom Lande fast des ganzen Südlibanon (bis in die Kreise Marjayoun und Bent Jbail) ausgedehnt, da es außer in Sour kaum Konkurrenzbetriebe gibt. Besuche in Saida zum Einkauf von Möbeln finden allerdings sehr selten statt, da es sich um ein langfristiges Konsumgut handelt.

Banken und ihre Reichweite:

Es gibt 15 Banken in Saida, von denen nur eine auf eine Ortsgründung zurückgeht. Die übrigen Institute sind Filialbetriebe Beiruts. Interviews mit den Direktoren von drei Banken ergaben eine Beschränkung des Einzugsbereiches auf bestimmte Bevölkerungskreise mit vorwiegend städtischem Wohnsitz.

90 % der Kredite werden an Stadtbewohner vergeben. Allerdings fließt das Geld zum großen Teil auf das Land (Obstgärten). Anders verhält es sich mit den Sparern. Immerhin 30 % der Geldeinlagen stammen aus dem Umland, vor allem aus den christlichen Siedlungen im Nordosten von Saida. Es handelt sich meist um die Spareinlagen von nicht in der Landwirtschaft arbeitenden Personen. Nur ca. 5 % sind Einlagen von selbständigen Landwirten, vor allem aus der Caza Saida. Die restlichen 65 % werden von städtischen Sparern eingezahlt.

V. B. 1. c. Einrichtungen des Gesundheitswesens und ihre Reichweite

In Saida gibt es seit 1970 ein staatliches Krankenhaus mit 150 Betten. Dieses Hospital befriedigt kaum den lokalen Bedarf, obwohl es der ganzen Caza dienen soll. Es mangelt jedoch nicht nur an Liegeplätzen, sondern es fehlt auch an genügender Fachausrüstung, so daß komplizierte Fälle nach Beirut transportiert werden müssen.

Außerdem gibt es in Saida 7 Privatkliniken, die eine Bettenzahl von je 10 bis 50 (letzteres nur in einem Fall) haben. Ihr Patientenkreis beschränkt sich vor allem auf Saida selbst (Kostenfrage). Zusätzlich kommen Kranke, besonders krankenversicherte Beamte, aus dem nördlich und nordöstlich angrenzenden Bereich.

In Saida praktizieren 36 Privatärzte (6 Zahnärzte). Die Spezialisten (14 Ärzte) haben bis zu ca. 60 % Patienten aus dem Umland (7 Ärzte befragt). Ihr Einzugsbereich umfaßt außer Saida ebenfalls die Dörfer im Norden und Nordosten von Saida, das heißt Bevölkerungsschichten mit meist nichtlandwirtschaftlichem Einkommen (s. Abb. 9). Auch aus den übrigen Cazazentren und großen Dörfern (z. B. Jbaa, Tebnine, Qana) kommen gelegentlich Patienten. Die praktischen Ärzte (5 befragt) versorgen bis zu 80 % städtisches Publikum. Die übrigen Patienten kommen aus den bereits mehrmals genannten Gebieten in der Caza Chouf und Jezzine.

In Saida gibt es drei staatliche Krankenstationen und eine des libanesischen Roten Kreuzes. Eine der staatlichen Stationen ist auf die Versorgung von Arbeitern spezialisiert (vom Arbeitersyndikat unterhalten). Ihr Einzugsbereich beschränkt sich daher vor allem auf Saida und Ghaziyé. Die zweite versorgt werdende Mütter. Die übrigen beiden stehen allen Kranken in der Stadt und aus der Caza zur Verfügung. Ihr Einzugsbereich umfaßt das Cazagebiet mit Ausnahme des südlich Adluns gelegenen Teils (s. Abb. 9). Dort beginnt bereits der sanitäre Versorgungsbereich von Sour.

V. B. 1. d. Einrichtungen des Schulwesens und ihre Reichweite

Einer Zahl von ca. 15.000 Schülern (Angaben des Bürgermeisters) stehen in Saida 8 Volksschulen (5 staatliche, 3 private), 6 Mittelschulen (4 staatliche, 2 private) und 4 Oberschulen (2 staatliche, 2 private) gegenüber. Außerdem gibt es ein Lehrerseminar und eine in Bau befindliche staatliche Berufsschule (1973).

Das staatliche **Jungengymnasium**[1] in Saida hat ca. 1000 Schüler, die in einen englisch- und einen französischsprachigen Zweig aufgegliedert sind. In der englischen Abteilung stammen ca. 60 % der Schüler aus der Stadt selbst, 40 % aus dem Umland. Ein Viertel von den letzteren wohnt bis zu 5 km von Saida entfernt (Bramiyé, Aabra, Miye ou Miye). Drei Viertel verteilen sich auf Dörfer in der übrigen Caza bis Adlun im Süden[2] (s. Abb. 10). In der französischen Abteilung stammen nur 40 % der Schüler aus Saida, 50 % pendeln täglich aus der südlichen Caza Chouf (bis Jiyê), der westlichen Caza Jezzine (bis Roum) und aus dem südlichen Cazabereich von Saida (bis Adlun) in den Schulort (s. Abb. 10).

10 % der auswärtigen Schüler wohnen während der Schulwochen in Saida. Ihr Einzugsgebiet erstreckt sich auf das Grenzgebiet zur Caza Nabatiyet, auf die südliche Caza Saida (südlich von Adlun) und auf die nördliche Caza Sour. Auch aus der Caza Hasbaya kommen Schüler. Es handelt sich um Kinder sunnitischer Familien. Diese Familien ziehen es vor, die Kinder in das sunnitische Saida anstatt in das christliche Marjayoun zu schicken (s. Abb. 10).

Ein Vergleich mit dem Schuleinzugsbereich von Zahlé macht deutlich, daß Saidas Schulpendlergebiet einen etwa gleichgroßen Raum einnimmt wie der Zahlés. Der Anteil der Auswärtigen, die im Schulort in der Schulzeit wohnen, ist aber deutlich kleiner. Gründe mögen sein:
- Im Norden grenzt Saida an das vorwiegend christlich besiedelte Bergland, das gut mit höheren Schulen ausgestattet ist. Außerdem schicken christliche Familien selten ihre Kinder in islamische Schulorte.
- Das sunnitische Saida hat auch bei der überwiegend schiitischen Bevölkerung im Hinterland keine so zentrale Stellung,

---

1) Die Mädchenoberschule soll unberücksichtigt bleiben, da 80 % der Mädchen aus Saida kommen und der Rest aus den in der Nähe gelegenen Dörfern (ca. bis 10 km) stammt, die ohnehin von dem Einzugsbereich der Jungenschule mit erfaßt werden.

2) Bemerkenswert ist der fehlende Einzugsbereich des "englischen Teils" in der Caza Chouf und Jezzine. Dies könnte evtl. mit der ehemaligen Lage der beiden Cazas im Jabal Lubnan zu tun haben, dessen christliche Bevölkerung eine enge Bindung zu Frankreich hatte. In den muselmanischen Gebieten bestand sie weniger.

wie Zahlé sie in der Bekaa genießt.
- Der Bedarf an höherer Schulbildung ist im ländlichen Raum, besonders in den schiitisch besiedelten Gebieten, geringer als in der noch weitgehend christlich besiedelten südlichen Bekaa mit höherem Lebensstandard.
- Die Hinterlandszentren sind relativ gut mit Oberschulen ausgestattet, so daß oft keine Notwendigkeit besteht, Schüler nach Saida zu schicken.

V. B. 1. e. Verwaltungsgrenzen in ihrer Beziehung zu heutigen zentralörtlichen Einzugsbereichen (s. Abb. 11)

Die heutigen Cazagrenzen folgen im Norden und Süden den osmanischen Kreisgrenzen nach 1860/61 entlang der Flußläufe des Awali und Qasmiyé. Auch im Osten besteht die Grenze zur Caza Jezzine mindestens seit jener Zeit. Trotz langzeitigem unveränderten Verlauf stimmen die Verwaltungsgrenzen nicht mit den zentralörtlichen Einzugsgrenzen von Saida überein. Es kommt zu dieser Ausdehnung des Einzugsbereiches, weil die Entfernung aus den angrenzenden Gebieten der benachbarten Caza Chouf und Jezzine nach Saida geringer ist als in die "eigenen" Verwaltungszentren. Auch die größere Ausstattung Saidas mit zentralörlichen Funktionen ist hier zu nennen. Im Süden der Caza verhindert dagegen die Nähe zu Sour eine Kongruenz von Verwaltungs- und zentralörtlichen Bereichen.

Im Osten erstreckte sich die Caza im 19. Jh. wesentlich weiter. Sie umfaßte mit das Gebiet von drei Nahies, Jbaa, Cheqif und Chomer. Selbst in französischer Zeit gehörten diese Nahies noch zur Caza Saida[1]. Erst nach der Unabhängigkeit bildeten die Nahies Jbaa und Cheqif eine eigene Caza (Nabatiyet), während die Nahie Chomer in die Caza Saida einbezogen wurde. – Die südöstliche Grenze des zentralörtlichen Einzugsbereiches von Saida scheint sich an die ehemalige Ostgrenze der Nahie Chomer anzulehnen[2] (s. Abb. 11).

---

1) Nach Angaben von EDDE (1964, S. 175) war selbst Jezzine in französischer Mandatszeit eine Nahie der Caza Saida.

2) Diese Angaben beziehen sich auf das Dorfregister von 1902. Nach den Angaben von 1881 begann die Nahie Chomer erst bei Kautariyet er Rezz weiter südlich. Offensichtlich liegt hier ein Fehler vor, denn die nördlichen Dörfer Bissariye, Meranouiye, Teffatha, Siyad, Khartoum, Babliyé, Insariye, Adlun, die noch unter die Nahie von Jbaa gerechnet werden,

Die ehemaligen Zugehörigkeiten der Nahie von Jbaa und Cheqif
zu Saida scheinen Saidas Umlandsbedeutung nicht vergrößert zu
haben. Vielmehr hat sich das Zentrum der Nahie Cheqif,
Nabatiyet, zu einem bedeutenden zentralen Ort im Hinterland
Saidas entwickelt, das die Nahiegebiete Cheqif und Jbaa weitgehend auf sich als Mittelpunkt orientiert (s. u.). Der von Saida
heute im wirtschaftlichen und sozialen Sektor zentralörtlich
betreute Bereich erstreckt sich daher nur auf ein Teilgebiet
der noch in französischer Zeit bestehenden ehemaligen Caza
Saida, nämlich auf die der "Qasaba" Saida unmittelbar unterstellten Dörfer und auf die Nahie Chomer. Letztere wird jedoch
im Schul- und Gesundheitswesen auch nur noch zu einem Teil von
Saida versorgt (vgl. Abb. 10). Die Versorgung nördlich und
nordöstlich Saidas gelegener Gebiete von benachbarten Cazas
und die Versorgung der eigenen Stadtbevölkerung und der umwoh-
nenden Palästinenser kompensieren Saidas mangelnde Bedeutung
für östlich und südlich gelegene Räume.

V. B. 2. Jezzine

Dieser Ort liegt in ca. 800 m Höhe am Westabhang des Jabal
Barouk. Er gliedert sich in einen älteren oberen Ortsteil, der
sich eng an das steil aufragende Gebirge anlehnt, und einen
tiefer liegenden neueren Ortsteil in ebenerem Gelände.

Der alte Siedlungsteil soll (nach mündlichen Angaben in Jezzine)

---

sind räumlich von dieser durch die Saida unterstellten Dörfer und den Haie Cheqif getrennt. Ein Fehler kann um so
mehr angenommen werden, da sich mehrfach herausgestellt
hat, daß das Register von 1881 die direkt einer "Qasaba"
unterstellten Dörfer nicht von den zu der nächstgenannten
Nahie zugehörenden Siedlungen abhebt. Zum Vergleich mit
den heutigen Einzugsbereichsgrenzen wurde die Grenze nach
dem Register von 1902 außerdem herangezogen, da es außer
der oben genannten Diskrepanz auch andere Veränderungen
gibt (z. B. ist die Nahie Jbaa größer geworden, die Nahie
Cheqif ist von Saida abgetrennt). Es kann angenommen werden, daß eine Gebietsreform stattgefunden hat. Unter dem
Aspekt, daß kurzfristig geltende Grenzen auch wenig Beeinflussung der Zentralität hervorrufen können (LAMPING 1970),
wäre es daher sinnlos, diese Grenzen zu berücksichtigen.

über 600 Jahre alt sein und auf eine ursprünglich schiitische
Gründung zurückgehen. Der Ort wurde dann von Drusen und später
von Maroniten übernommen. Der neuere Ortsteil entstand aus
Platzmangel im alten Ortsgebiet von Jezzine. Die Umsiedelung
wurde gefördert durch ein Erdbeben (1956) in dem alten Ortsteil. Da man das ebenere Gelände nicht länger als Getreidean-
baufläche benötigte, entstanden dort die neuen Ortsteile.

Jezzine hat ca. 4000 Einwohner und ist rein christlich (maro-
nitisch) besiedelt. Auch die umliegenden Dörfer im Westen und
Süden sind christlich. Besonders dieses Gebiet verzeichnet eine
stark rückläufige Bevölkerungsentwicklung als Folge der unter
Christen allgemein größeren Abwanderungsbereitschaft. Heute
wird die Abwanderungsbewegung durch die gute Verkehrserschließung weitgehend in eine Pendelbewegung, vor allem nach Beirut,
aber auch nach Saida, abgelöst. Es ist zu prüfen, inwieweit
das Cazazentrum Jezzine eine Umlandbevölkerung auf sich als
Mittelpunkt hin ausrichten kann, eine Bevölkerung, die zum
großen Teil ihren Lebensunterhalt in der Verwaltung und im
privaten Dienstleistungsgewerbe von Saida und Beirut verdient.
(Von den ca. 600 Erwerbstätigen in Jezzine selbst arbeiten ca.
250 als Beamte und Lehrer (s. o.) und 150 in handwerklichen
Berufen; ca. 200 leben von der Landwirtschaft.)

V. B. 2. a. Administrative Einrichtungen und ihre Inanspruchnahme

Nur wenige staatliche Institutionen sind in Jezzine vorhanden:
Kaimakam, Gendarmerie, Finanzamt, Gesundheitsamt, Forstamt und
"Litanibüro". (Dieses Amt wurde zur Entwicklung von Projekten
gegründet, durch die besonders die Flußwässer des Litani besser für die Landwirtschaft genutzt werden können. Man unterhält eine Zweigstelle in Jezzine wegen der in der Nähe liegenden Talsperre.) Alle übrigen Verwaltungsfunktionen werden von
Saida wahrgenommen, das in gut einer halben Stunde Fahrtzeit
erreichbar ist.

V. B. 2. b. Handels- und Gewerbeeinrichtungen und ihre Inanspruchnahme

Die Einkaufsstraße in der Oberstadt zieht sich entlang der von

Kfar Houné nach Norden führenden Straße und ist überwiegend nur an der östlichen Straßenseite durch Geschäfte genutzt. Das Angebot ist besonders auf tägliche Bedarfsartikel ausgerichtet, Handel und Gewerbe bedienen die hier noch ansässige Bevölkerung. Dorfbewohner der Umgebung, wie aus Bkassine, Haitoura und Kfar Houné, kaufen hier ein, wenn der Bedarf gerade nicht zufriedenstellend im eigenen Dorf gedeckt werden kann und man nicht nach Saida fahren will. (Befragung von 9 Einzelhändlern und repräsentativer Personen in den Dörfern der Umgebung, s. o.)

Die Hauptstraße im unteren Ortsteil bietet ein gehobeneres Angebot. Zwar gibt es auch hier kleine traditionell aufgemachte Läden für Lebensmittel und Gemischtwaren (Typ I), auffällig aber sind dazwischenliegende, modern ausgestattete Geschäfte für Bekleidung, Waffenbedarf, Fernseher, Elektrogeräte und Spielwaren. Es gibt sogar einen Damenfriseur. Das Angebot dient der Nachfrage der lokalen Bevölkerung, die aufgrund städtischer Tätigkeiten höhere Ansprüche entwickelt, und der Sommerfrischler, die in recht großer Zahl Jezzine aufsuchen.

Letzteres weist auf Jezzines heutige Hauptbedeutung hin. Seine schöne Lage am Barouk, mit mehreren Karstquellen, einem Wasserfall und den in der Umgebung wachsenden Pinien, hat es zum Aufenthaltsort für die libanesische "Estivia" gemacht. Sommergäste kommen aus Saida und aus anderen Städten des Libanon. Zum Teil handelt es sich um abgewanderte Einwohner Jezzines, die die Sommermonate bei ihren Angehörigen verbringen. Jezzine ist generell als ein Sommerzentrum der finanziell schwächeren Schichten einzuordnen, die es sich nicht leisten können, die Berglandorte in der Umgebung Beiruts aufzusuchen. Außerdem ist Jezzine besonders für Saidas Stadtbewohner ein beliebtes Ausflugsziel an Sonn- und Feiertagen.

Diese Funktionen haben besonders zu einer Entwicklung des Gaststättengewerbes geführt. Am Ortseingang und entlang der Hauptstraße liegen mehrere große Gaststätten und Kaffehäuser in einfacher Aufmachung. Meist sind sie nur im Sommer geöffnet.

Außerdem hat sich in Jezzine ein typisches Fremdenverkehrsgewerbe entwickelt. In sieben Betrieben und in Heimwerkstätten werden Gebrauchsgegenstände aus Metall, wie Bestecke, Brieföffner und Schlüsselanhänger, mit Hornschnitzereien verziert, hergestellt. Allerdings werden nur noch ca. 30 % der Produktion am Ort vermarktet (Läden sind den Werkstätten meist angeschlossen). Dekorierte Schaufenster mit englischen und französischen Inschriften versuchen zum Kauf zu bewegen. 70 % der Waren gehen an das "Maison des Arts" in Beirut, d. h. werden von der staatlichen Sozialbehörde vermarktet.

Insgesamt gesehen ist Jezzine daher weniger wirtschaftlicher Umlandversorger als vielmehr Fremdenverkehrsort für Saida und für abgewanderte Einwohner aus Jezzine und seiner Umgebung. Analog zu den in der Nähe Zahlés liegenden Siedlungen Chtaura und Rayak bzw. dem Markt von El Marj erklärt sich Jezzines Angebotsgröße daraus, daß der Ort nicht in Konkurrenz zu den Handels- und Dienstleistungsfuktionen von Saida steht.

V. B. 2. c. Einrichtungen des Gesundheitswesens und ihre Reichweite

Jezzine hat ein staatliches Krankenhaus mit 25 Betten. Diese geringe Bettenzahl macht bereits die Unterversorgung der Stadt und der Caza deutlich. Der Patientenkreis wird weiterhin dadurch eingeschränkt, daß keine Operationen in Jezzine durchgeführt werden können. Kranke müssen in derartigen Fällen nach Beirut transportiert werden.

Jezzines staatliche Krankenstation hat ebenfalls nur beschränkte Reichweite. Bereits in Lebaa, westlich von Jezzine, gibt es eine weitere Station. Außerdem haben nicht nur Jezzine (3 praktische Ärzte, 1 Zahnarzt), sondern auch die umliegenden Dörfer privatärztliche Versorgung (Kfar Houné, Bkassine, Roum, Maknoumiyé).

Die große Anzahl der Privatpraxen im Umland macht deutlich, daß Jezzines zentrale Bedeutung auch hier nicht groß ist. Die Ärzte verzeichnen nur Patienten aus dem südlichen Cazabereich (s. Abb. 9). Der Einzugsbereich der Privatärzte findet ein Ende an der Religionsgrenze zwischen Christen und Schiiten, südlich von Aaramta.

V. B. 2. d. Einrichtungen des Schulwesens und ihre Reichweite

Jezzine hat als Cazazentrum und christliche Siedlung eine recht gute Schulausstattung: je eine staatliche Volksschule, Mittelschule und Oberschule, zwei private Volksschulen und eine private Mittelschule. Von den ca. 2000 Schülern in Jezzine stammen etwa 210 (in allen Schulen) aus dem Umland. An dem staatlichen Gymnasium steigt ihre Zahl auf 40 % an der Gesamtschülerzahl. Ca. 34 % der Auswärtigen pendeln täglich aus der südlichen Caza Chouf (größte Entfernung: Bater) nach Jezzine. Etwa 64 % kommen täglich aus der Caza Jezzine (im Norden aus Aariyé und Bkassine, im Osten aus Roum, Aazour und Qaitoulé und im Süden aus Haitoura, Kfar Houné und Aaramta). Außerdem wohnen ca.

40 Schüler nur während der Schulwochen in Jezzine. Es handelt sich meist um die Kinder von Abgewanderten, die hier bei ihren Angehörigen aufwachsen.

Es zeigt sich, daß im Schulbesuch nur das unmittelbare Umland von Jezzine zentralörtlich betreut wird (s. Abb. 10). Der Südteil der Caza ist bereits auf Nabatiyet ausgerichtet, der Osten auf Saida.

In allen untersuchten Bereichen kommt Jezzine nur recht geringe zentrale Bedeutung zu. Dies ist eine Folge
- der Beschränkung des Einzugsbereiches von Jezzine auf Orte gleicher Religionszugehörigkeit im Umland,
- der relativ schlechten Erreichbarkeit Jezzines über schmale, kurvenreiche Straßen, (Außerdem liegt es abseits der Verbindungen zwischen den größeren Zentren im Südlibanon.)
- der Ferien- und Freizeitfunktion Jezzines, die besonders im Handelssektor ein auf städtische Besucher ausgerichtetes Angebot mit entsprechenden Preisen aufweist, (Dadurch wird die Umlandbevölkerung abgeschreckt.)
- der recht guten Ausstattung von Jezzines Umlanddörfern mit sonst zentrierend wirkenden Funktionen, so daß der Besuch im Zentrum zu einer Bedarfsdeckung mit diesen Funktionen nicht notwendig ist (z. B. Ärzte).

Hier wird, analog zu westlichen Zentralitätssystemen, ein Ort zu einem Selbstversorgerort, weil das Umland bereits genügend mit entsprechenden Einrichtungen ausgestattet ist.

V. B. 2. e. Verwaltungsgrenzen in ihrer Beziehung zu zentralörtlichen Einzugsbereichen

Nach dem vorliegenden Material[1] besteht die Caza schon minde-

---

1) Ein Vergleich der Cazagrenzen einer 1862 als "Carte du Liban" von der "Brigade topographique du Corps Expéditionnaire de Syrie en 1860-61, dressé au dépôt de la Guerre par le Capitaine d'Etat-Major Gélis sous le Ministère de S. E. Le Maréchal Comte Randon" mit den heutigen zentralörtlichen Einzugsbereichen weist allerdings wesentlich größere Übereinstimmung mit den Einzugsbereichen Jezzines auf. In dieser Karte beschränkt sich die Caza Jezzine auf die um den Ort gelegenen christlichen Siedlungen (s. Abb. 12). Ob es sich

Abb. 17. Luftbild von Nabatiyet et Tahta (1968). Die schwarz eingetragenen Linien bezeichnen die Geschäftsstraßen, vgl. Kartierung Abb. 5. (Maßstab ca. 1:10 000)

stens seit Ende des letzten Jahrhunderts in den heutigen Grenzen (allerdings lassen die Unterlagen über die osmanische Zeit nur Aussagen über die West- und Ostgrenze der Caza zu). Übereinstimmungen mit den zentralen Einzugsbereichen Jezzines zeigen sich somit nicht. Oben genannte Gründe dürften dafür verantwortlich sein.

V. B. 3. Nabatiyet et Tahta

Nabatiyet liegt in ca. 450 m Höhe in einer Mulde im nördlichen südlibanesischen Bergland (Jabal Amal). Es ist Knotenpunkt der Verkehrslinien zu allen Zentren des Südlibanon: zu Saida, Sour, Jezzine, Marjayoun und Bent Jbail.

Nabatiyet et Tahta (generell Nabatiyet genannt) ist wahrscheinlich eine Filialsiedlung des südlicher gelegenen Dorfes Nabatiyet el Faouqa mit ca. 2000 Einwohnern (1964). Die bessere Schutzlage, am Berghang gegenüber von Nabatiyet et Tahta, läßt auf ein höheres Alter schließen.

Nach Angaben des Bürgermeisters hat Nabatiyet eine Bevölkerung von ca. 15.000 Personen (1972). Hinzu kommen etwa 3000 Palästinenser, die in einem Lager am Westrand des Ortes (Straße nach Doueir) wohnen. Nabatiyets Bevölkerung ist weitgehend schiitisch. Hinzu kommt ein geringer Christenanteil, der vor ca. 100 Jahren nach den Auseinandersetzungen mit den Drusen in den Schiitenort gezogen ist.

Die Bevölkerung teilt sich in mehrere Stadtviertel auf: Das älteste von ihnen (Saraya) liegt südlich der Straße Sour-Marjayoun. Sein Alter wird von der Baubehörde im Ort mit ca. 200 Jahren angegeben. (Nabatiyet als Ganzes ist mit Sicherheit jedoch erheblich älter. Es wird bereits in Dorfregistern des 16. Jh.s als Zentrum einer Nahie Cheqif genannt.)
Im Norden schließt sich daran das Christenviertel an. Bis zum Zweiten Weltkrieg wurde besonders der Raum zwischen Christenviertel und Altstadt in Richtung der Straße nach Saida sowie

---

in dieser Karte um Fehlinformationen handelt, oder ob zwischen den Angaben von 1860-61 und 1881 eine Gebietsreform stattgefunden hat, läßt sich nicht feststellen. Sollten die in der Karte des Majors Gélis dargestellten Grenzen zutreffen, wäre hier eine echte Übereinstimmung zwischen den heutigen zentralörtlichen Einzugsbereichen und ehemaligen administrativen Grenzen, wenn auch hier wieder eine Koinzidenz mit religiösen Grenzen berücksichtigt werden muß.

zwischen Christenviertel und Altstadt entlang der Straße nach
Marjayoun aufgefüllt. In den letzten 20 Jahren kamen sowohl
östlich der Straße nach Saida als auch südlich, die Fläche bis
zum Verkehrsweg nach Sour einnehmend, große Viertel hinzu
(Bayad bzw. Midan, letzteres besonders das Wohnviertel der
sozial höher gestellten Familien). Die starke Bautätigkeit erklärt sich vor allem aus dem starken Bevölkerungswachstum der
Schiiten bei nur geringer Abwanderung. Trotz der meist schlechten Einkommensverhältnisse gelingt es der Bevölkerung, in oft
über Jahre hingezogenem Eigenbau neue Wohngebäude zu errichten
(s. Luftbild, Abb. 17). Ein Teil der Neubauten wird auch von
Emigranten errichtet, selbst wenn sie nur ihre Ferienzeit in
Nabatiyet verbringen. Eine schiitische Sitte verlangt nämlich
von zu Reichtum gelangten Familien, in ihrem Heimatort ein
Haus zu errichtnn.

V. B. 3. a. Administrative Einrichtungen und ihre Inanspruchnahme

Nabatiyet ist Verwaltungszentrum der gleichnamigen Caza. Nach
der libanesichen Unabhängigkeit wurden die ehemaligen Nahies
Jbaa und Cheqif der Caza Saida zu einer eigenen Caza aufgewertet[1] (vgl. V. B. 1. e.).

Wenn Nabatiyet in seinen heutigen Verwaltungsfunktionen auch
bei weitem nicht an Saida heranreicht, so hat es doch, anders
als das unterausgestattete Jezzine, eine für Cazaorte normale
Anzahl von Verwaltungseinrichtungen: Kaimakam, Gendarmerie,
zwei Gerichte, Finanzamt, Bauamt, Gesundheitsamt, Sozialbehörde, landwirtschaftliches Beratungsbüro, staatliche Tabakregie.

Die letztgenannte Dienststelle unterhält am Ortseingang von
Nabatiyet eine große Verwaltungs-, Sammel- und Verarbeitungszentrale. (Weitere Sammelstellen der Tabakregie sind in
Marjayoun und Ghaziyé bei Saida.) Analog zu bisherigen Erfahrungen wäre mit einer starken zentrierenden Kraft dieser Dienststelle zu rechnen, da der gute Verdienst aus dem Tabakanbau zu

---

1) Nach 1860 wird Nabatiyet Sitz eines Mudirs der Nahie Cheqif
in der Caza Saida. Schon vorher ist das Gebiet Cheqif als
Feudalherrschaft des Cheikhs Banon Saab bekannt (vgl.
ROBINSON, Bd. I 1853. Neuauflage 1970, S. 48). Mit ziemlicher Sicherheit war Nabatiyet auch bereits vorher Verwaltungszentrum (mdl. Information von Prof. HÜTTEROTH aufgrund
von Untersuchungen über osmanische Steuerregister des 16.
Jh.s).

großer Nachfrage nach Anbaulizenzen führen muß[1]. Tatsächlich aber wird die Tabakregie kaum von Bauern aufgesucht. Die Vergabe der Lizenzen erfolgt nämlich über Dorfnotabeln, die sich durch die Lizenzverteilung politische Anhänger schaffen[2].

Trotzdem bewirkt der Sitz dieser für die Landwirtschaft des Südlibanon so wichtigen Stellen eine nicht unbeträchtliche Ansehenshebung Nabatiyets unter der Landbevölkerung, die sich auch in der Inanspruchnahme des Ortes für andere zentrale Einrichtungen niederschlägt.

Größere zentrale Bedeutung unter den Behörden in Nabatiyet kommt außerdem dem Bauamt zu, da der oben erwähnte Bauboom auch in den Dörfern dieses Raumes besteht und die Baubehörde häufiger aufgesucht wird, um eine schnellere Bearbeitung der Baugenehmigungen zu erreichen.

V. B. 3. b. Handels- und Gewerbeeinrichtungen und ihre Inanspruchnahme

Einzelhandel:

Das Ortszentrum und die Ausfallstraßen, vor allem nach Saida und Marjayoun, sind von Handels- und Gewerbeeinrichtungen eingenommen (s. Kartierung der Handels- und Dienstleistungseinrichtungen, Abb. 5). Zwischen den einzelnen Straßen oder Straßenteilen gibt es nur geringe Unterschiede im Aussehen und in der Nutzung. Fast durchweg herrschen auf einfachen ländlichen Bedarf eingestellte Läden vor (Typ I und II).

Gewisse Ausnahmen bilden nur:
- eine Geschäftsgasse in dem Altstadtteil Nabatiyets. In einfachen Läden werden tägliche und längerfristige traditionelle Bedarfsgüter angeboten. Dieser Einkaufsbereich dient ausschließlich der lokalen Bevölkerung, die sich aus meist finanzschwachen libanesischen und ständig zuziehenden Palästinensern zusammensetzt (14 Ladenbesitzer befragt). (s. Abb. 5)

---

1) Nach Angaben des Direktors der Tabakregie (1973) werden jährlich im ganzen Libanon ca. 8000 ha mit Tabak bepflanzt. Die Hälfte dieser Fläche fällt auf den Südlibanon, der von den 9,3 Mill. kg Ertrag über 4 Mill. produziert.

2) P. SANLAVILLE weist in seinem Aufsatz (1963) auf die Rolle der dörflichen Notabeln bei der Vergabe der Anbaulizenzen hin.

- einige Läden am Rand des Christenviertels und an der Ausfallstraße nach Saida (Viertel Midan). Warensortierung und Ladenaufmachung weisen auf ein höheres Käuferniveau hin als in den übrigen Straßenteilen. (Im Christenviertel liegen vor allem Bekleidungs- und Schmuckgeschäfte, an der Straße nach Saida fallen Läden für moderne, westlich orientierte Ansprüche (Elektroartikel, Apotheke, Reinigung, Bank) auf). (s. Abb. 5) Der Unterschied in Ausstattung und Angebot zu anderen Läden erklärt sich aus der besonderen Ausrichtung auf den Bedarf der jeweiligen Viertelsbevölkerung. Trotzdem zählt auch die Landbevölkerung zu den Käufern in diesen Läden (Apotheke, Elektrogeräte).

Haupteinkaufsplatz der Umlandbevölkerung ist das Zentrum Nabatiyets, der nach dem Altstadtsouk wohl älteste Handelsteil des Ortes. Hier ist, im Gegensatz zu den Ausfallstraßen nach Saida und Marjayoun, sogar eine noch recht deutliche Warensortierung erkennbar: Kleidung und Schuhe im nordwestlichen Teil, Fleisch im zum Teil überdachten Teil eines im Zentrum liegenden Gebäudekomplexes, Großhandel für Obst und Gemüse im Westteil desselben Gebäudekomplexes.

Die Straße nach Marjayoun weist dagegen im zentralen Bereich ein buntes Angebot an täglichen und längerfristigen Waren auf, im äußeren Bereich verkehrsorientiertes und anderes platzbenötigendes Gewerbe. - Die nach Sour führende Straße ist dagegen nur gering kommerziell genutzt. Meist handelt es sich um traditionelle Handwerksbetriebe, aber auch ein moderner Betrieb zur Eisenverarbeitung und ein Baustofflager befinden sich hier.

Die Läden des Zentrums verzeichnen bis zu 60 % Kunden aus der Landbevölkerung (Befragung von 54 Ladenbesitzern). Gaststätten, meist einfache Garküchen und Imbißstuben, bedienen sogar bis zu 70 % auswärtige Gäste. Ihre Lage in der Nähe von Taxiabfahrtsstellen weist bereits auf ihre Funktion hin.

Das Einzugsgebiet Nabatiyets erfaßt als Kernraum die ganze Caza Nabatiyet (s. Abb. 8). Eine Ausnahme bildet nur das Dorf Jbaa: Seine Bevölkerung versorgt sich weitgehend mit ca. 20 Geschäften (2 für Textilien und Schuhe) auf unterer Bedarfsstufe selbst. Darüber hinaus reicht das Einzugsgebiet Nabatiyets im Westen bis in die Caza Saida hinein. Im Osten erstreckt es sich auf die südlichen Dörfer der Caza Jezzine bis Aramta. Im

Süden umfaßt es auch die Dörfer der Caza Marjayoun bis Majdel Silim und Houla bzw. Dörfer der Caza Bent Jbail, wie z. B. Ghandouriyé und Khirbet Silim. Schließlich gehören auch die grenznahen Dörfer in der Caza Sour, wie Srifa und Deir Kila, zum Einzugsbereich Nabatiyets (s. Abb. 8).

Der große Einzugsbereich Nabatiyets erklärt sich nicht nur aus der guten Erreichbarkeit des Zentrums, sondern auch aus dem besonders auf ländlichen Bedarf ausgerichteten Angebot mit entsprechend geringem Preisniveau. Die weitgehende religiöse Gleichheit zwischen Zentrum und den Dörfern des "Jabal Amel" tritt begünstigend hinzu.

Einmal in der Woche vergrößert sich das Warenangebot durch einen im Ort stattfindenden Markt, den größten des ganzen Südlibanon. Ca. 150 Händler bieten eine Vielzahl von Artikeln des täglichen und traditionellen längerfristigen Bedarfs an (Obst, Gemüse, Fleisch, Textilien, Schuhe, Stoffe, Haushaltswaren), so daß der Markt auf zwei verschiedenen Plätzen stattfinden muß (vgl. Abb. 5). Hinzu kommt ein großer Viehmarkt, stadtauswärts in Richtung Sours gelegen.

Das reiche Angebot ländlicher Prägung und die niedrigen Preise machen diesen Markt auch heute noch zur Haupteinkaufseinrichtung der Landbevölkerung. Sein Einzugsbereich umfaßt die genannten Gebiete (Caza Nabatiyet und Randgebiete der Cazas Jezzine, Marjayoun, Bent Jbail, Sour), die nicht zuletzt besonders des Marktes wegen auf Nabatiyet ausgerichtet sind.

Auch der Herkunftsbereich der Händler des Marktes von Nabatiyet ist groß. Er zeigt besonders Analogien zu dem Markt von Dahr el Ahmar:
- Bauern aus dem Umland von Nabatiyet,
- ambulante Händler für Obst und Gemüse aus Saida und Sour,
- ambulante Händler für Bekleidung aus der Caza Marjayoun (besonders aus Marjayoun und Khiam),
- Beiruter Händler dieser Branche.
Der Händlerkreis des Viehmarktes erstreckt sich außer auf die Landbevölkerung des Jabal Amel auch auf Viehhändler aus Beirut, die hier meist importiertes Vieh (Türkei, Syrien) anbieten. - Im Gegensatz zu den Märkten in der Bekaa waren auf diesem Wochenmarkt keine Besitzer fester Läden (aus Nabatiyet oder anderen Zentren) festzustellen.

Großhandel:

Es gibt in Nabatiyet 10 "Großhändler" (mit meist zusätzlichem Detailverkauf). Vier davon handeln mit Obst und Gemüse (s. o.), die übrigen sechs mit der bekannten Kombination von Gemischtwaren und Haushaltsartikeln. Ihre Läden ziehen sich entlang der Durchgangsstraße nach Marjayoun hin. Das Absatzgebiet des Großhandels beider Branchen erstreckt sich im wesentlichen auf das auch dem Einzelhandel zugeordnete Gebiet (s. Abb. 8). Zwei der Großhändler für Gemischt- und Haushaltswaren versorgen ambulant mit Lieferwagen außerdem die verstreuten Einzelhändler in der ganzen südlichen Caza Marjayoun (Adaisse bis Blida) und im östlichen Teil der Caza Bent Jbail (Bent Jbail - Tebnine und nach Norden). Die Belieferung durch lokalen Großhandel, die bisher nur in Zahlé, Qabb Elias und Saida (dort nur 1 Großhändler) festzustellen war, stärkt Nabatiyets zentrale Stellung in der Umlandversorgung mit Konsumgütern.

V. B. 3. c. Handelsbeziehungen zu Saida

Es konnte festgestellt werden, daß nur der Obstgroßhandel Produkte aus Saida (und auch Sour) bezieht. Bereits Gemüse wird in Beirut eingekauft, zumindest im Winter. Im Sommer holt man es meist direkt aus den Erzeugergebieten der Caza Marjayoun bzw. der Bekaa. Alle übrigen Waren werden aus Beirut bezogen (durchschnittlich einmal in der Woche bis einmal im Monat). Der Fahrtpreisunterschied zwischen Beirut und Saida beträgt nur 3,- LL für Hin- und Rückfahrt per Service-Taxi. Der größere Zeitaufwand fällt auch hier nicht ins Gewicht.

Auch der Einzelhandel Nabatiyets bezieht wenig aus Saida. Artikel des täglichen Bedarfs, besonders Obst und Gemüse, werden direkt beim ortsansässigen Großhandel gekauft. Längerfristige, sowohl traditionelle als auch moderne Artikel stammen hauptsächlich von Großhändlern aus Beirut. Der Einkauf in Beirut findet zwischen einmal wöchentlich bis einmal in zwei Monaten statt.

Der traditionelle Kundenkreis vom Lande und aus Nabatiyet selbst ist generell mit den Einkaufsmöglichkeiten in Nabatiyet zufriedenzustellen. Nur höhere Sozialschichten suchen von Zeit zu Zeit ein besser ausgestattetes Zentrum auf. Meist wurde Beirut genannt. Prestigegründe und die größere Abwechslung des täglichen Einerlei durch einen Besuch in der Hauptstadt führen hauptsächlich zu einer Bevorzugung Beiruts gegenüber Saida.

V. B. 3. d. Einrichtungen des Gesundheitswesens und ihre Reichweite

Erst 1973 wurde in Nabatiyet ein staatliches Krankenhaus eröffnet. Da dies erst nach dem Zeitpunkt der vorliegenden Untersuchung geschah, muß die Frage unberücksichtigt bleiben, ob dieses Kreiskrankenhaus die Caza Nabatiyet genügend versorgt oder ob eine Unterversorgung besteht, wie in den meisten übrigen Cazas des Untersuchungsgebietes. Außerdem gibt es eine Privatklinik, mit 25 Betten, die aus bereits erwähnten Gründen vor allem der städtischen Bevölkerung dient.

An kostenlosen Krankenstationen in ausreichender Zahl fehlt es in Nabatiyet und in der Caza. Es gibt nur eine Station (in Nabatiyet), die für die ganze Caza zuständig ist. Sie wird außerdem noch von Patienten aus der südlichen angrenzenden Caza Marjayoun zwischen Qantara und Adaisse aufgesucht. (Die Bevölkerung dieser Dörfer meidet, wenn möglich, die Straße nach Marjayoun entlang der israelischen Grenze aus Furcht vor israelischen Angriffen.) Auch Dorfbewohner aus der nördlichen Caza Bent Jbail gehören zu den Patienten der Krankenstation in Nabatiyet; ebenso kommen Kranke aus der nördlichen Caza Sour (s. Abb. 9).

Demgegenüber ist die Ausstattung Nabatiyets mit privaten Arztpraxen relativ groß. Es gibt 10 Ärzte und einen Zahnarzt im Ort. Für diese Ärztezahl ist nicht zuletzt die hohe Anzahl der Beamten von Verwaltung und Tabakregie in Nabatiyet verantwortlich. Der Einzugsbereich erstreckt sich daher in erster Linie auf Nabatiyet selbst, zum geringeren Teil kommen auch Bewohner des nördlich des Zentrums gelegenen Raums der Caza Nabatiyet und der Caza Jezzine. Dabei handelt es sich meist um nicht in der Landwirtschaft tätige Personen.

V. B. 3. e. Einrichtungen des Schulwesens und ihre Reichweite
(s. Abb. 10)

Die Schulausrüstung Nabatiyets unterstreicht seine zentrale Stellung im Jabal Amel: Es gibt eine staatliche Oberschule, drei Mittelschulen und drei Volksschulen, ein Lehrerseminar und eine Berufsschule. Hinzu kommen zwei private Gymnasien, zwei private Mittelschulen und 2 private Volksschulen. Insgesamt besuchen ca. 6000 Kinder die Schulen Nabatiyets, von denen ca. 1/3 täglich aus dem Umland kommen (vgl. hohe Service-Taxizahl, Abb. 12). An dem staatlichen Gymnasium ist ihre Zahl noch größer. Von ca. 400 Schülern (1973) sind etwa 300 Auswärtige. 70 % von ihnen pendeln täglich in den Schulort (vor allem aus der Caza Nabatiyet). Die restlichen 30 % bleiben in der Schulwoche im Zentrum. Ein Zehntel von ihnen sind Kinder emigrierter Familien, die in Nabatiyet bei ihren Verwandten aufwachsen. Neun Zehntel stammen aus der südlichen Caza Jezzine, der Caza Marjayoun, d. h. besonders aus dem schiitischen Khiam und den südlichen, ebenfalls schiitischen Dörfern sowie aus der nördlichen Caza Bent Jbail (bis Tebnine). Seit 1972 gibt es allerdings in Tebnine eine Oberschule, die in Zukunft den Einfluß Nabatiyets auf diesen Bereich verringern wird (Abb. 10).

Der Einzugsbereich der Schulen wird vor allem durch das Angebot an Schulplätzen bestimmt. Schulqualität, die den Einzugsbereich Zahlês mit beeinflußt, scheint im Süden weniger ausschlaggebend zu sein. Demgegenüber war eine deutliche Beeinflussung durch religiöses Denken festzustellen. So kommen z. B. Kinder aus dem schiitischen Khiam in der Caza Marjayoun nach Nabatiyet, obwohl im unmittelbar benachbarten Marjayoun (christlich!) eine Oberschule besteht. Auch aus den bereits näher zu Saida gelegenen Dörfern der Caza Nabatiyet besuchen Jugendliche schiitischer Familien eher die weiter entlegene Schule in Nabatiyet als die in Saida.

V. B. 3. f. Verwaltungsgrenzen und ihre Beziehung zu zentralörtlichen Einzugsbereichen

Ein Vergleich der zentralörtlichen Einzugsbereiche Nabatiyets mit den administrativen Grenzen macht deutlich, daß sich der Kernraum der Einzugsbereiche weitgehend mit dem heutigen Cazagebiet deckt. Ihre Grenzen gehen auf osmanische Zeit zurück (nach 1860), d. h. auf die Nahiegrenzen von Jbaa und Cheqif.

Nabatiyet war Nahiezentrum des Cheqif (s. Abb. 11).

Die heutigen Einzugsbereiche decken vollständig die ehemalige Nahie ab mit Ausnahme des westlich bis an die Küste reichenden Streifens (s. Abb. 11). Allerdings bestehen Diskrepanzen zwischen den Dorflisten für 1881 und für 1902. Es ist fraglich, ob dieser Westzipfel tatsächlich zur Nahie Cheqif gerechnet werden kann: Das entlang der Küste bis Saida reichende Gebiet (Dorfliste von 1881) ist wohl darauf zurückzuführen, daß die im Anschluß an die Qasaba Saida genannten Dörfer nicht von den Dörfern der folgenden Nahie Cheqif abgehoben werden. Da die Register von 1902 auf denjenigen von 1881 sicherlich weitgehend beruhen, kann dieser Fehler übernommen worden sein.

Die Grenzen der heutigen zentralen Einzugsbereiche von Nabatiyet stimmen allerdings nur mit der Westgrenze der Nahie Cheqif überein. In den übrigen Teilen greifen die Einzugsgebiete weit darüber hinaus.

Es ist daher abschließend festzustellen, daß das Bestehen der Nahie Cheqif mit dem Verwaltungssitz Nabatiyet sicherlich die Ausrichtung des Umlandes auf Nabatiyet begünstigt hat. Dies besonders, da alte Traditionen in diesem noch recht traditionsgebundenen schiitischen Lebensraum wirksam werden können. Die über alte Grenzen hinausreichenden Einzugsbereiche zeigen aber auch, daß andere Faktoren, wie Angebot, Religionsgleichheit und Erreichbarkeit des Zentrums, von so großer Bedeutung sein können, daß Gebiete, die administrativ bereits zu anderen Räumen gehören, sich auch auf Nabatiyet ausrichten und *diesen Ort zum Hauptzentrum des Jabal Amel machen.*

V. B. 4. Sour (Tyr)

Die Stadt Sour, ca. 40 km südlich Saidas gelegen, erstreckt sich auf einer Landzunge ca. 2 km vom Festland in das Mittelmeer hinaus. Die Stadt zählt nach Angaben des Bürgermeisters 1972 ca. 17.500 Einwohner (offizielle Zahl von 1964: 14.978), zu denen etwa 20.000 Palästinenser hinzuzurechnen sind (1964: 18.898), die in fünf Lagern in der Umgebung Sours bzw. in der Altstadt wohnen. Religiös gliedert sich die Bevölkerung der Stadt in ca. 65 % Schiiten (Metualis), 30 % Christen und 5 % Sunniten.

Die Landzunge von Sour hat ihren Ursprung in einem Damm, den Alexander der Große wahrscheinlich 322 v. Chr. zu der ehema-

ligen Inselstadt Sour bauen ließ, um die reiche phönizische
Stadt zu erobern. Der Damm hat sich durch Sandanlagerungen zu
der heutigen Breite entwickelt und trägt die Neubaugebiete der
Stadt. In der 2. Hälfte des 18. Jh.s, ca. ab 1765, erfolgte
die Ansiedlung von Schiiten des südlichen Berglandes in und um
Sour (zuvor ist Sour ein hauptsächlich sunnitisch besiedelter
Ort, dessen Bevölkerung besonders durch Kriegseinflüsse jedoch
stark reduziert war)[1]. Zuzug durch christliche Familien erhielt Sour außerdem Ende des 18. Jh.s von Flüchtlingen aus
Akko, die vor der Schreckensherrschaft des Ahmed el Jazzar
(ägyptische Herrschaftsperiode) in das vom Regierungssitz
Jazzars relativ weit entfernte Sour flohen.

Zur Abwanderung von Christen kommt es in der Zeit der Christenverfolgungen in der ersten Hälfte des 19. Jh.s und nach der
Bildung des Mutessarifia Jabal Lubnan. Seit Beginn des 20. Jh.s
erfolgt weitere Abwanderung, vor allem aus ökonomischen Gründen, da Sour besonders der christlichen Bevölkerung nicht die
erwartete qualifizierte Arbeitsmöglichkeit bieten kann. -
Schiiten und Christen haben in der Altstadt noch eigene Wohnquartiere, die Christen im Nordteil der Halbinsel (drei Quartiere), die Moslems im Südteil (fünf Quartiere).

Trotz bedeutender Handelstradition beginnt erst Ende des 18.
Jh.s langsam der neuzeitliche wirtschaftliche Aufstieg Sours
mit Vermarktung der im Umland angebauten Baumwolle. Ein schweres Erdbeben 1837 und die Kriegszüge der Ägypter bringen allerdings wieder Rückschläge. Auch die Verwaltungsfunktion Sours
als Cazazentrum ab 1860/61 schafft kaum eine Besserung der Lebenssituation der ca. 5000 Bewohner des Ortes. (Vgl. besonders
FLEMING 1915, BAEDEKER 1891, 1902; VOLNEY 1859.)

Einen wirtschaftlichen Aufschwung erlebt es erst in französischer Mandatszeit, als Schmuggelzentrum mit dem unter englischem Mandat stehenden Palästina. Sour wird Depot- und Verschiffungsort französischer Waren in den englischen Bereich,
englische Waren kommen auf Sours Markt. Auch heute noch soll
in geringem Umfang mit dem nördlichen Israel geschmuggelt werden.

Bis zum Beginn des Zweiten Weltkrieges erstreckte sich Sour
nicht über die Altstadt hinaus, die heute ca. die Hälfte der
ehemaligen Insel einnimmt (um den nördlichen Hafen gelegen, s.
Luftbild, Abb. 18), obwohl die antike Stadt die ganze Insel bedeckte. Die Altstadt weist den für orientalische Städte typischen Grundriß mit engen, z. T. nicht mit Pkws zu befahrenden
Straßen auf. Hier leben ca. 9000 Menschen in einer durchschnittlichen Bevölkerungsdichte von 411 Einwohnern/ha in 8 Wohnvierteln. Davon stellen die Christen ca. 47 %, die Schiiten 40 %
und die Sunniten 13 %. Bei den Christen handelt es sich allerdings oft um Familien, die noch in Sour registriert, zum
größten Teil aber bereits nach Beirut abgewandert sind. Hinzu
kommen ca. 4000 Palästinenser. Nach 1948 erfolgte die Ausdeh-

---

1) VOLNEY (1859) berichtet z. B., daß in der 2. Hälfte des 18.
   Jh.s die Stadtfläche des alten Sour nur zu einem Drittel von
   bewohnten Hütten eingenommen wird.

↑ Bass

Palästinenser-
lager

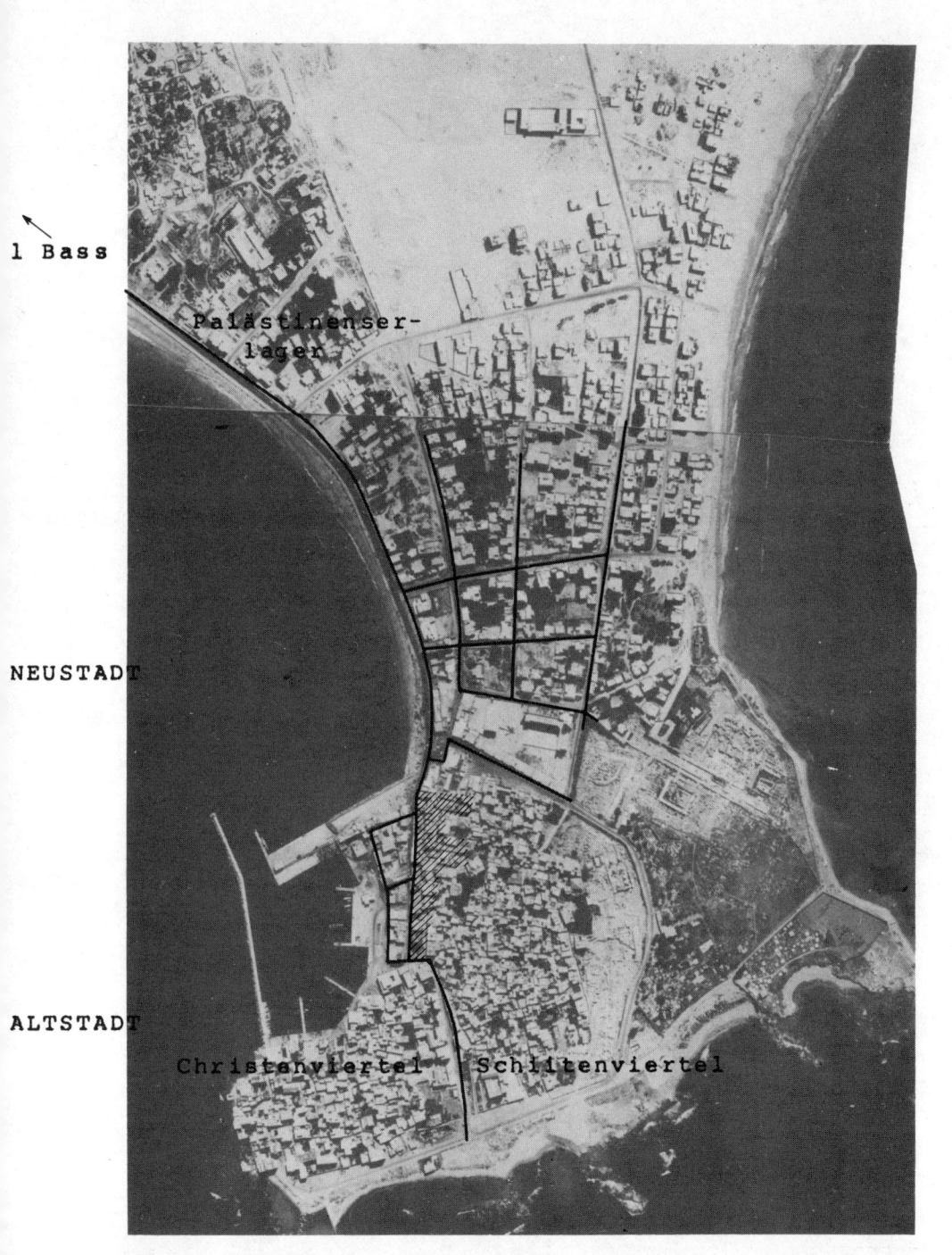

NEUSTADT

ALTSTADT

Christenviertel Schiitenviertel

Abb. 18. Luftbild von Sour (1970). Die schwarz eingetragenen
Linien bezeichnen die Geschäftsstraßen (vgl. Teilkartierung
Abb. 6), der Soukbereich ist schraffiert. (Maßstab ca.
1:10 000)

nung Sours entlang dem Damm zum Festland an geraden, zueinander rechtwinklig verlaufenden Straßen, die mit mehrstöckigen Wohnblocks (meist 4 Etagen) in europäischem Stil bebaut sind. Errichtet werden diese Häuser vor allem von ehemals oder noch emigrierten Familien (für eigene Besuche in Sour) bzw. als Mietwohnungen für die aus der Altstadt herausstrebende Bevölkerung.

Diese Neustadt Sours ist inzwischen bis an das Palästinenserlager herangewachsen, das den Ostteil der Landzunge am Übergang zum Festland einnimmt. In diesem Lager leben weit über 5000 Menschen (1964: 4343) in verwahrlosten, völlig unzureichenden Hütten (500 Einwohner/ha). - Auf dem Festland (Ortsteil El Bass) schließt sich in nördlicher Richtung (Ausdehnung nach Süden ist nicht möglich, da sich dort Militäranlagen befinden) eine letzte Ausbauphase seit Ende der sechziger Jahre an mit mehrstöckigen Wohnblocks und einem neuen Industrieviertel.

V. B. 4. a. Administrative Einrichtungen und ihre Reichweite

Sour ist seit 1860 Sitz eines Kaimakams der gleichnamigen Caza. Seine Cazagröße hat sich allerdings nach Bildung des libanesischen Staates um die ehemalige Nahie Tebnine, die heutige Caza Bent Jbail, verkleinert. Die Ausstattung Sours mit administrativen Institutionen entspricht einem "normal" ausgerüsteten Cazazentrum: Kaimakam, Gendarmerie, 2 Gerichte, Finanzamt, Baubehörde, Gesundheitsamt und Forstamt.

Als Dienststelle mit größerem Publikumsverkehr auch aus der Landbevölkerung erweist sich hier das Bauamt (Gründe vgl. Nabatiyet). Das Fehlen von Dienststellen für die Landwirtschaft in Sour führt zu einer Übernahme der zentralen Funktionen durch die entsprechenden Behörden in Saida (besonders Obstamt). Die übrigen in Sour vorhandenen Ämter tragen nicht anders als in anderen Verwaltungsorten des Untersuchungsgebietes wenig zur zentralen Bedeutung der Stadt bei.

V. B. 4. b. Handels- und Gewerbeeinrichtungen und ihre Inanspruchnahme

Einzelhandel und Dienstleistungen:

Sour benötigt allein schon für die eigene Bevölkerung und die Palästinenser ein großes Angebot im Handel. Demzufolge erstrecken sich Handels- und Dienstleistungseinrichtungen über mehrere Teile der Stadt. Die einzelnen Geschäftsviertel unterscheiden sich sowohl in ihrer Ausstattung als auch in ihrem Publikum.

Als wohl ältester Handelsteil ist der Souk in Sours Altstadt (s. Kartierung der Handels- und Dienstleistungseinrichtungen der Altstadt, Abb. 6) zu nennen. Er liegt östlich der die Altstadt querenden Hauptstraße, die die Christen- von den Moslemvierteln abtrennt (Abb. 18). Dieser Souk nimmt nur wenige Gassen ein. Er ist Saidas Souk in Größe und Warenangebot deutlich unterlegen.

Das nach Artikelgruppen sortierte Angebot umfaßt die traditionellen Sektoren Obst, Gemüse, Fleisch, hier auch Fisch, Schuhe, Haushaltswaren, Bekleidung für einfache Bedarfsdeckung (eine räumliche Trennung zwischen Angeboten für männlichen und weiblichen Bedarf besteht nicht). Eine Soukgasse ist auf Handwerksbetriebe, vor allem Tischlerei, spezialisiert.
Die nördliche Außenseite des Souks grenzt an die Hauptstraße, mehrere Soukausgänge führen auf sie zu. Diese Straße (s. Abb. 6) ist in ihrem östlichen und zentralen Bereich ganz von Handelsgeschäften eingenommen. Es handelt sich um eine für Landstädte typische Einkaufsstraße mit kaum sortiertem Angebot, das vor allem auf längerfristigen traditionellen Bedarf ausgerichtet ist, wie z. B. Haushaltswaren und Textilien. Auch einige Läden für moderne Artikel (Lampen, Fernseher, Uhren, Zeitschriften, Installationsmaterial, Spirituosen; Apotheke) liegen dazwischen.
Andeutungen einer Warensortierung lassen sich im östlichen Straßenteil finden. Hier häufen sich Läden für Mehl, Hülsenfrüchte, Öl, Fette und neuerdings auch Düngemittel und Insektizide. Im zentralen Teil, um das Rathaus, liegen etliche Geschäfte für Kleidung und Stoffe sowie einige Schneiderwerkstätten.

Befragungen im Souk und im östlichen Teil der Hauptstraße (10 Soukhändler, 18 Geschäftsbesitzer der Hauptstraße) ergaben eine Käuferschicht, die sich zu 60 % aus der Ortsbevölkerung Sours (libanesische Altstadtbewohner und Palästinenser) und zu 40 % aus Kunden aus dem Umland zusammensetzt. Die Landbevölkerung kommt aus der ganzen Caza Sour, gliedert sich jedoch aufgrund der sehr unterschiedlichen Entfernung nach Sour in zwei Gruppen der Besuchshäufigkeit (s. Abb. 8).

Käufer aus den grenznahen Gebieten des Südens besuchen Sour nur wenige Male im Jahr; aus dem küstennahen Bereich und dem östlich anschließenden Berglandsraum dagegen kommt man ca. 1 mal in der Woche bis 1 mal im Monat dorthin.

(Allerdings gehört der Ort Qana nur sehr beschränkt zum Einzugsbereich von Sour. Mit 40 Läden, 10 davon für höhere Bedarfsgüter, und einem Wochenmarkt mit ca. 50 Ständen versorgt er sich weitgehend selbst.)

Die Besuchshäufigkeit der Landbevölkerung, besonders aus dem südlichen Bereich, wird nicht nur durch die Nachfrage bestimmt, sondern auch durch das Vorhandensein von Militärkontrollen. Sie befinden sich zahlreich an der von Süden nach Sour führenden Straße und kontrollieren die Durchreisenden. Zur Zeit der Untersuchung wurde diese Straße außerdem ab 18 Uhr für jeden Verkehr gesperrt. - Die Umlandorientierung der Altstadt zeigt sich auch an den Service-Taxihaltestellen am Rande der Altstadt[1] und an der relativ großen Zahl (10) von Garküchen und Imbißstuben in der Hauptstraße.

Rechtwinklig zu der Altstadthauptstraße erstreckt sich eine nach Süden führende Straße entlang der Altstadtgrenze. Sie stellt den Übergang zu dem östlich anschließenden Neustadtbereich von Sour her (Abb. 18). - Die stadtauswärtige Seite ist durchgehend von Läden eingenommen. Unter anderem haben sich hier Großhändler für Gemischtwaren (s. Lage in der Nähe von Haltestellen der Service-Taxis) und Einzelhandelsgeschäfte für moderne Bedarfsgüter (Kleidung, Möbel, Matratzen, Farben) niedergelassen.

Die Einzelhandelsläden sind vor allem auf die östlich anschließenden Neustadtviertel des Ortes ausgerichtet, aus denen 50 bis 70 % der Kunden stammen. 25 bis 40 % sind Palästinenser, und ca. 5 % gehören der Landbevölkerung an (Befragung der Ladenbesitzer).

Auch in dem Neustadtviertel liegen entlang den Durchgangsstraßen zwischen Wohngebäuden etliche Handels- und Gewerbebetriebe, die neben den hauptsächlich angebotenen Artikeln des täglichen Bedarfs (Fleisch, Backwaren, Gemischtwaren, Obst) auch einige längerfristige Waren (Stoffe, Kleidung, Schuhe, Photoartikel,

---

1) Es gibt zwei Taxiagenturen, eine für das Umland, eine für Fahrten nach Beirut oder Saida. In der erstgenannten sind Taxis bis Qana stationiert, 5 weitere fahren über Tebnine nach Bent Jbail, 7 Taxis fahren nach Jouaiya, 10 nach Naqoura und weiter 10 in die übrigen Dörfer der nördlichen Caza.

Drogeriewaren) und moderne Dienstleistungen (Schneider, Friseur) anbieten. Das Warensortiment und die Geschäftsaufmachung zeigen eine Ausrichtung auf ein Publikum mit höheren Ansprüchen. Es handelt sich besonders um Emigrierte, Obstgartenbesitzer, größere Händler, freie Berufe und z. T. Beamte, die in dem Neustadtgebiet wohnen.

Auch der Nordrand des Neustadtviertels (Straße von der Altstadt zum Viertel "El Bass" auf dem Festland) wird durch Handels- und Gewerbebetriebe genutzt. Hier haben sich vor allem platzbenötigende Betriebe und Einrichtungen niedergelassen, wie z. B. ein Zementlager, Händler für Mehl und Hülsenfrüchte, für Öle usw., Autoreparatur- und -servicestätten, Schmieden und Banken.

Befragungen von 20 Einrichtungen ergaben, daß ländliches Publikum kaum, höchstens in den Läden für Nahrungsmittel (s. o.) anzutreffen ist. Die Läden und Dienstleistungsbetriebe leben ebenfalls vor allem von der Neustadtbevölkerung Sours. In recht bedeutendem Umfang werden sie auch von Palästinensern in Anspruch genommen, deren Wohnlager an diese Einrichtungen grenzt.

In der Höhe des Palästinenserlagers geht dieser Straßenteil in eine fast ununterbrochene Reihe von kleinen Läden und Gewerbebetrieben über, die den täglichen Bedarf und z. T. auch eine höhere Bedarfsstufe der dahinter wohnenden Palästinenser befriedigen (die Läden sind ein Teil des Lagers). Bemerkenswert ist die große Zahl der Auto- und Mopedreparaturwerkstätten. Die entsprechende Nachfrage erklärt sich aus den relativ guten Einkommensverhältnissen der palästinensischen Lagerbewohner im Vergleich zu unterprivilegierten libanesischen Schichten (mietfreies Wohnen, Unterstützung durch UNWRA, vgl. Saida, V. B. 2. b.).

Das Ostende des Palästinenserlagers (Ortsteil El Bass) ist ebenfalls durch eine Reihe von Läden besetzt, deren Angebot bereits auf ein überwiegend ländliches Publikum hindeutet (große Läden für Gemischtwaren und Obst, sowie speziell für den ländlichen Bedarf, wie Düngemittel und sogar kleine landwirtschaftliche Geräte, daneben Imbißstätten). Diese Läden profitieren vor allem von der Verkehrsorientiertheit des Standortes: Hier halten sowohl die nach Saida und Beirut als auch die in die Caza Sour fahrenden Taxis zur weiteren Fahrgastaufnahme. Die Handelseinrichtungen werden von umsteigenden Fahrgästen besonders zum Einkauf sperriger Güter genutzt. Außerdem ist das Preisniveau dieser Läden besonders auf Kunden aus dem ländlichen Raum eingestellt.

Nicht zuletzt muß das neue Gewerbeviertel von Sour Erwähnung finden, das in El Bass östlich der nach Saida führenden Straße liegt. Den Schwerpunkt bildet die Fahrzeugbranche mit 38 Betrieben (von insgesamt 67). Nur zwei der Werkstätten sind auf landwirtschaftliche Geräte spezialisiert. Dieser Sektor wird vielmehr durch die am Stadtrand von Saida liegenden Werkstätten in Ghaziyé mit versorgt. Die Kfz-Betriebe dienen vor allem dem städtischen Bedarf Sours.

Insgesamt gesehen kommt somit der Altstadt von Sour die relativ wichtigste Umlandbedeutung unter den Geschäftsvierteln und -straßen in Sour zu. Allerdings wurde die Mehrheit der Käufer auch hier von Kunden gestellt, die in Sour ansässig sind (einschließlich der Palästinenser).

Sours zentraler Einzugsbereich unterliegt folgenden einschränkenden Faktoren:
- Die Entfernung nach Sour ist besonders aus dem südlichen Cazagebiet groß.
- Die Fahrt nach Sour wird durch Militärkontrollen mit zeitlicher Beschränkung der Durchfahrterlaubnis behindert.
- Orte mit Wochenmärkten im Hinterland von Sour, wie Nabatiyet, Bent Jbail und Qana, stellen eine große Konkurrenz für Sours Handelsangebot dar, da die Waren auf den Wochenmärkten meist noch preiswerter angeboten werden als selbst im Altstadtsouk von Sour.
- Der Junikrieg Israels 1967 und die Übergriffe auf libanesisches Gebiet besonders ab 1970 haben zu starker Bevölkerungsabwanderung geführt.

Die Versorgung der lokalen Bevölkerung Sours mit Handelswaren und privaten Dienstleistungen (im ganzen ca. drei Viertel des

Umsatzes der Läden und Betriebe) wird besonders durch das Konsumverhalten der Palästinenser bestimmt. Der Warenumsatz in Sour wäre wohl bedeutend geringer, gäbe es nicht die ca. 20.000 Palästinenser in Sour und seiner unmittelbaren Umgebung.

Großhandel:

Der Großhandel für Obst und Gemüse ist mit 10 Händlern am Übergang von der Altstadt zur Neustadt, verkehrsorientiert zu den Abfahrtsstellen der öffentlichen Verkehrsmittel, angesiedelt[1]. Die Waren stammen aus dem Umland (ca. 20 % der Produktion der Küstenebene um Sour) und vom Großhandel in Beirut. In der Saison wird Gemüse auch direkt in den Produktionsgebieten eingekauft (Caza Marjayoun, zentrale Bekaa).

Der Verkauf von Obst und Gemüse erfolgt ausschließlich an Einzelhändler. Ca. 40 % des Absatzes bleiben in Sour. Der Rest verteilt sich auf Käufer aus der Caza Sour, aus Bent Jbail und aus dem Süden der Caza Nabatiyet, z. T. auch Nabatiyet selbst. Dem Obst- und Gemüsegroßhandel kommt, wie auch in Saida, keine Mittlerfunktion für Beirut zu.

Die Versorgungsbereichsgröße Sours erklärt sich wie folgt:
- Sour ist aus dem südlichen Jabal Amel besser zu erreichen als Saida. Dies ist besonders wichtig, da die Einzelhändler des Umlandes das Warenangebot an verderblichen Gütern häufig auffrischen müssen.
- Sour bietet geringe Preisvorteile gegenüber Saida, wenigstens beim Verkauf der Produktion des Umlandes.

Der Abtransport auch größerer Mengen in die Dörfer und Zentren des Hinterlandes bereitet wenig Schwierigkeiten, da ca. 50 kleine mietbare Lieferwagen von privaten Transportunternehmern in Sour zur Verfügung stehen (Mietpreis vgl. Abschn. IV. D. 3.).

Sechs Großhändler für Gemischtwaren, Haushaltswaren usw. liegen,

---

1) Der Großhandel befand sich bis Anfang der fünfziger Jahre am Südende des Souks. Die schlechte Erreichbarkeit dieser Lage, besonders mit den modernen Verkehrsmitteln, hat die Umsiedlung in den Bereich der Neustadt mit sich gebracht.

ebenfalls verkehrsorientiert, am zentralen Platz Sours und in der Hauptstraße der Altstadt (traditioneller Umschlagplatz). Der Versorgungsbereich dieses Großhandels deckt sich weitgehend mit dem Einzugsgebiet des Einzelhandels (s. Abb. 8). Eine Ausweitung des Bereiches durch ambulanten Großhandel gibt es nicht. Der Einzelhändler vom Land muß vielmehr nach Sour, um seinen Bedarf zu decken. Der Konkurrenz der ambulanten Händler aus Nabatiyet, Saida und Beirut ist der Großhandel Sours daher zumindest in entfernteren Gebieten unterlegen. Daraus folgt, daß der Umsatz dieses Handelssektors heute zu 70 % auf die Stadt Sour und die Palästinenserlager in seiner Umgebung bzw. die Dörfer in einem sehr engen Umkreis konzentriert ist.

Der Großhandel für Fisch leidet, wie in Saida, unter täglich stark schwankendem Angebot (rückständige Fangmethoden). Die vier in Sour ansässigen Großhändler müssen bedacht sein, täglich den gesamten Fischfang abzusetzen, da es keine Kühlmöglichkeiten gibt. Der Hauptteil der Fänge geht nach Beirut. Außerdem werden die Fischrestaurants von Khaizarane nördlich von Sour beliefert. Das Umland tritt ebenfalls vor allem aus Preisgründen nicht als Käuferschicht auf (vgl. Saida V. B. 1. b.).

V. B. 4. c. Handelsbeziehungen zu Saida und Beirut

Der Großhandel Sours unterhält keine Beziehungen zum Großhandel von Saida. Produkte, die nicht direkt aus den Erzeugergebieten stammen, werden in Beirut eingekauft. Einen Bezug aus Saida hält man für wenig lohnenswert, da die dortigen Großhändler nur der eigenen Größenklasse angehören und somit über keine ausreichend großen Warenmengen und niedrigen Preise verfügen. Der Einkauf in Beirut wird außerdem durch nur eine Stunde Fahrtzeitdifferenz zu Saida bzw. 1,25 LL Mehrpreis pro Fahrt (Service-Taxi) begünstigt.

Die Einzelhändler Sours kaufen, wenn es sich um kleinere Warenmengen handelt (besonders täglicher und traditioneller periodischer Bedarf), bei den Großhändlern im Ort ein. Sonst wird ebenfalls Beirut aufgesucht. Nur die Möbelgeschäfte beziehen überwiegend aus Saida (vgl. V. B. 1. b.).

Die Einkaufsgewohnheiten von Privatpersonen sind je nach ihrer Sozialschichtzugehörigkeit unterschiedlich. Die Landbevölkerung und die unteren städtischen Schichten sind durch das Angebot Sours völlig zufriedenzustellen. Angehörige höherer Sozialschichten kaufen auch auswärts ein. Besonders von den Moslems wurde dabei häufiger Saida angegeben. Die christliche Bevölkerung nannte dagegen direkt Beirut, eine Entscheidung, die durch Prestigegründe mitbeeinflußt wird.

V. B. 4. d. Einrichtungen des Gesundheitswesens und ihre Reichweite (s. Abb. 9)

In Sour gibt es ein staatliches Krankenhaus mit 80 Betten, das sich der Schwierigkeit gegenüber sieht, die ganze Caza versorgen zu müssen, obwohl bereits die Patienten der Stadt und der Palästinenserlager das Krankenhaus füllen. Die Caza ist daher weitgehend unterversorgt, besonders da auch Saida kaum eine Ausweichmöglichkeit bietet.

Eine ähnliche Unterversorgung ergibt sich aus nur zwei kostenlosen Krankenstationen in Sour, die die Stadt und die Caza versorgen sollen. Befragungen ergaben, daß sie bis zu 80 % städtische Bevölkerung und Palästinenser betreuen. Der Rest verteilt sich auf die Dörfer der näheren Umgebung (s. Abb. 9). Die Unterversorgung der Caza wird neuerdings durch eine ambulante Station des libanesischen Roten Kreuzes (in Saida stationiert) vermindert, die in etwa zweiwöchigem Abstand jedes Dorf der Caza aufsucht.

Die private Krankenversorgung wird durch 9 Ärzte und zwei Zahnärzte aufrechterhalten. Ihr auf höhere Sozialschichten ausgerichteter Versorgungsbereich erfaßt auch hier kaum Dorfbewohner, sondern ist vor allem auf Sour selbst ausgerichtet.

V. B. 4. e. Einrichtungen des Schulwesens und ihre Reichweite (s. Abb. 107)

Unter den 11 Schulen in Sour gibt es eine staatliche Oberschule mit 940 Schülern (1973). 50 % der Schüler sind in Sour zu Hause,

30 % pendeln täglich in den Schulort. Sie kommen aus einer Entfernung bis zu maximal 20 km. 20 % der Schüler wohnen während der Schulwochen in der Stadt.

Der Schuleinzugsbereich umfaßt die nördlichen und südlichen Cazateile und die bereits zur Caza Bent Jbail - grenznah - gelegenen Dörfer im zentralen Kreisteil. Der Einzugsbereich erreicht eine so große Ausdehnung, da es an weiteren Oberschulen in der Umgebung fehlt. Die nächsten Schulorte, Saida, Nabatiyet und Bent Jbail, sind nur unter größerem Zeit- und Fahrtkostenaufwand zu erreichen.

Allerdings dürfte der Schuleinzugsbereich zukünftig etwas durch die neue Oberschule in Qana eingeschränkt werden. Sie wurde 1973 als Aufbauschule mit einer Klasse von 70 Schülern eröffnet. 44 % von ihnen stammen aus Qana, 46 % aus den Dörfern der nächsten Umgebung (Siddiqine, Hamaouyé, Rechkanou). Bisher überlagert Qanas Einzugsbereich nur denjenigen des staatlichen Gymnasiums von Sour.

V. B. 4. f. Verwaltungsgrenzen und ihre Beziehung zu zentralörtlichen Einzugsbereichen

Die Grenzen der Caza Sour zeichnen sich recht deutlich in der Begrenzung der Einzugsbereiche ab. Dies gilt besonders für die nördliche Grenze zur Caza Saida und für die Ostgrenze zur Caza Bent Jbail. In beiden Fällen handelt es sich um Grenzen, die zumindest seit 1881 fast unverändert geblieben sind (Grenze zur Caza Saida entlang dem Qasmiyé-Fluß bzw. Grenze zur Nahie Tebnine in der Caza Sour) (s. Abb. 11). Die Beständigkeit der Grenzen bis heute hat sicherlich die Zentralitätsausbildung beeinflußt, wenn auch berücksichtigt werden muß, daß sich der Landbevölkerung kein anderer Einkaufsort als Sour im südlichen Jabal Amel oder an der Küste bietet.

Auch das osmanische Nahiezentrum Qana (sowohl 1881 als auch 1902 in den Dorfregistern als Nahie geführt)[1] zeichnet sich

---

1) Die Grenzen dieser Nahie lassen sich allerdings nur nach den Angaben des Registers von 1902 feststellen. Die Angaben von 1881 erlauben keine Trennung zwischen den im Zusammenhang mit der "Qasaba Aour" genannten Dörfern und denjenigen der Nahie Qana.

im heutigen Zentralitätssystem ab. Zentrale Bedeutung entwickelt es neuerdings im Schulsektor, im Handel erreicht es Selbstversorgerausstattung auf unterer Bedarfsstufe.

Im Gegensatz zu Qana kommt dem ehemaligen Nahiezentrum Maaraké (nach Dorfregistern von 1902) weder in der Selbstversorgung noch in der Umlandversorgung größere Bedeutung zu.

V. B. 5. Bent Jbail

Ähnlich Nabatiyet liegt Bent Jbail in einem weiten Muldental des südlichen Plateauberglandes (Jabal Amel). Es hat zentrale Verkehrslage sowohl zur Küste als auch nach Nabatiyet, Marjayoun und früher in den palästinensischen Raum (Safed). Die israelische Grenze liegt nur 6 km weit entfernt. Letzteres hat folgende Konsequenzen:

- In der Zeit von 1948 bis 1970 sind ca. 6500 Personen aus dem Südteil der Caza Bent Jbail abgewandert. Grenzunruhen und die Vorstöße der Israelis auf libanesisches Territorium haben seit 1970 zu einer weiteren Abwanderung von ca. 1000 Menschen aus dem Ort und dem grenznahen Umland geführt (Angaben des Kaimakam). Heute hat Bent Jbail noch ca. 7000 Einwohner (1972), ausschließlich schiitischer Religionszugehörigkeit.

- Vor der Entstehung Israels war der grenznahe nordgaliläische Raum auf Bent Jbail als Marktzentrum ausgerichtet. Man erreichte Bent Jbail leichter als das im Südostgaliläa liegende Safed. Die Hauptanziehungskraft Bent Jbails ging von dem dort wöchentlich einmal stattfindenden Markt aus. Er soll der größte Markt auch für das nördliche Galiläa gewesen sein. Dieser Markt erlebte eine besondere Blütezeit unter französischem Mandat, als die Grenzen zwischen dem französischen und dem englischen Mandatsgebiet geschlossen waren. Es bahnte sich ein reger Schmuggelhandel von hüben und drüben an (vgl. Sour V. B. 4.). Der Markt von Bent Jbail war Hauptabsatzort der englischen Schmuggelwaren, zu deren Einkauf man aus dem ganzen Südlibanon kam. Zum Teil wurden die Güter auch weiter nach Beirut oder Damaskus transportiert. Dieser Handel ist mit der Bildung des israelischen Staates zum Erliegen gekommen (zwar wird behauptet, daß noch heute begrenzt geschmuggelt wird, dies dürfte bei den strengen israelischen Kontrollen jedoch schwierig sein).

V. B. 5. a. Der Wochenmarkt und sein Einzugsbereich

Bent Jbails Wochenmarktfunktion besteht heute noch. Dieser Markt hat zwar durch das Fehlen billiger Schmuggelwaren und die Entstehung Israels eine Einschränkung des Käuferkreises erfahren, ist aber immer noch der Haupteinkaufsort des südlichen Jabal Amel. Die Tradition dieses Marktes, die Ausrichtung des Verkehrs auf Bent Jbail am Markttag und nicht zuletzt ein der ländlichen Nachfrage gemäßes Angebot mit entsprechender Preisgestaltung hat die Bedeutung des Marktes erhalten. Sein Einzugsbereich erstreckt sich nicht nur auf große Teile der Caza Bent Jbail, sondern auch auf Käufer aus der südlichen Caza Marjayoun sowie der südlichen Caza Sour. Nur der nördliche Zipfel der Caza Bent Jbail tendiert bereits nach Norden (s. Abb. 8).

Auch Tebnine gehört auf unterer Bedarfsdeckungsstufe zum Einzugsbereich von Bent Jbail. Dieses Dorf mit ca. 4000 Einwohnern hat außer etwa 10 meist großen und relativ gut ausgestatteten Geschäften auch einen kleinen Wochenmarkt und versorgt sich weitgehend selbst (ehemaliges Nahiezentrum!).

Die Anzahl der Marktbesucher aus der Caza wurde von Dorfnotabeln Bent Jbails auf ca. 1000 Personen pro Markttag geschätzt. Sie kommen meist mit den in den einzelnen Dörfern stationierten Service-Taxis nach Bent Jbail. Außerdem erledigen am Markttag 58 private Autobesitzer im Ort den Kundentransport im Taxidienst.

Ca. 150 Händler bieten auf diesem Markt an, der auf dem zentralen Platz des Ortes und in der nach Süden führenden Hauptstraße stattfindet.

Ihre Waren (Kleidung, Schuhe, Haushaltswaren, Obst, Gemüse, Fleisch, Mehl und Hülsenfrüchte), nach Warengruppen sortiert, werden z. T. auf der Erde ausgebreitet, z. T. auf kleinen Holzständern dargeboten. Außer diesen beweglichen Ständen befinden sich an der östlichen Marktplatzseite ca. 30 Betonboxen (Bauten der Ortsverwaltung = Belediyé), in denen nur Fleischer ihre Waren anbieten. Auch ein Viehmarkt ist, weiter südlich gelegen, angeschlossen. Pro Markttag werden hier ca. 100 Stück Kleinvieh aufgetrieben.

Während auf dem Viehmarkt nur die Landbevölkerung der Umgebung ihre Tiere anbietet, umfaßt die Gruppe der Anbieter sonstiger Waren den Kreis der auch auf anderen Märkten des Südens (Caza Marjayoun, Caza Bent Jbail, Caza Hasbaya, Beirut) vertretenen Händler. Allerdings beschränkt sich der Anteil der aus Beirut hierher kommenden Händler nur noch auf wenige Personen. Die relativ große Entfernung von Beirut und der Bedarfsrückgang aufgrund der starken Bevölkerungsabwanderung dürften dafür verantwortlich sein.

V. B. 5. b. Ständige Handels- und Gewerbeeinrichtungen und ihre Inanspruchnahme

Läden und Handwerksstätten von Bent Jbail erstrecken sich über mehrere Straßenzüge und reichen quantitativ fast an das Angebot Nabatiyets heran[1]. Die in den meist kleinen, oft verfallenen Läden angebotenen Waren dienen fast ausschließlich traditionellem Bedarf. Nur zwei Apotheken, zwei größere Geschäfte für Haushaltswaren, ein Möbelgeschäft sowie ein moderner Schuhladen heben sich von dem sonstigen Angebot ab. Der überwiegende Teil der Läden stammt aus der Blütezeit Bent Jbails vor 1948 (Befragung der Händler). Diese Läden leben heute nur noch am Rande ihrer Existenz, da die mangelnde Inanspruchnahme aus dem Umland nicht durch lokales Publikum ersetzt werden kann. Sie sind daher z. T. sogar mehrere Tage in der Woche geschlossen bzw. öffnen im Extremfall nur noch am Markttag.

Trotzdem entschließt man sich nicht zur Geschäftsaufgabe, da keine Arbeitsalternative im Ort besteht und nur die Abwanderung bliebe (vgl. z. B. Rachaya, V. A. 8. c.). Die relativ große Zahl der Geschäfte in Bent Jbail macht deutlich, daß eine nachlassende zentrale Bedeutung im Handelssektor sich zumindest bisher noch nicht in einer geringer werdenden Ausstattung des Ortes dokumentiert. Die Anzahl der Läden in Bent Jbail ist daher kein Maß für den Grad der Zentralität des Ortes. Nur der Warenumsatz bzw. die Häufigkeit der Beanspruchung der Handelsfunktionen können über die zentrale Handelsbedeutung Auskunft geben.

Auf längere Sicht ist allerdings damit zu rechnen, daß sich die

---

1) Die genaue Zahl, Gruppierung und Lage der Geschäfte kann nicht angegeben werden, da wegen politischer Schwierigkeiten die Kartierung abgebrochen werden mußte und ein späterer Besuch wegen einsetzender Unruhen nicht möglich war. Der kartierte Bereich umfaßt allerdings gut 4/5 des Angebotes. Es ließ sich noch feststellen, daß in dem nichtkartierten Ortsteil ein durch Wohngebäude aufgelockertes Angebot an täglichen und traditionellen längerfristigen Bedarfsgütern besteht.

Zahl der Händler reduzieren wird, besonders, da die junge Generation eher zu einer Abwanderung in wirtschaftlich günstigere Gebiete neigt.

V. B. 5. c. Handelsbeziehungen zu Saida und Beirut

Befragungen ergaben, daß die Einzelhändler kaum Waren aus Saida beziehen. Obst und Gemüse werden über Sour eingekauft, Gemischtwaren und Haushaltsgegenstände stammen aus Nabatiyet oder Beirut. Die Belieferung Bent Jbails erfolgt besonders aus Beirut, die Anlieferung geschieht durch ambulante Großhändler. Zum Einkauf von Kleidung und Schuhen fahren die Händler überwiegend selbst nach Beirut. Die seltene Notwendigkeit, das Warenangebot aufzufrischen (2 - 6 mal im Jahr), beeinflußt neben den bekannten Vorteilen Beiruts (Preis, Angebotsmenge) den Entschluß, in die Haupstadt zu fahren. Selbst die weite Entfernung bei einem Taxi-Fahrtpreis von 4,- LL pro Strecke ändert nichts an Beiruts Attraktivität, zumal der Weg nach Saida nur um eine Stunde kürzer und um 1,- LL billiger ist.

Auf auswärtigen Absatz ist das Schuhmachergewerbe in Bent Jbail ausgerichtet. Dieses Handwerk wurde von palästinensischen Schuhmachern, die 1948 nach Bent Jbail geflohen waren, begründet. 1972 umfaßte es 67 Kleinbetriebe mit ca. 150 Arbeitskräften. Die Produktion wurde mit etwa 80.000 Paar Schuhen pro Jahr angegeben (Befragung von Dorfnotabeln). Etwa 90 % der Produktion (Schuhe aus Kunstleder für einen Verkaufspreis von 8,- LL) werden nach Beirut geliefert. 5 % gehen nach Saida, und die restlichen 5 % setzt man auf dem lokalen Markt ab. Der Bezug des Kunstleders aus Beirut erfolgt jeweils dann, wenn die Schuhmacher Bent Jbails dort Verträge mit Abnehmern geschlossen haben und Kredite für den Kauf des Materials erhalten.

Der Einkauf von Privatpersonen in anderen Zentren hängt auch hier, wie zu erwarten, von der Sozialgruppenzugehörigkeit der Bevölkerung ab (vgl. Nabatiyet und Sour). Saida und Beirut wurde von denjenigen, die höhere zentrale Orte aufsuchen, fast gleichzeitig genannt. Die Einkaufsbesuche erfolgen maximal einmal monatlich. Die häufigen Militässperren auf dem Weg nach

Saida oder Beirut schränken die Besuchshäufigkeit ein (vgl. Sour, V. B. 4. b.).

V. B. 5. d. Einrichtungen des Gesundheitswesens und ihre Reichweite

Das Cazakrankenhaus liegt nicht in Bent Jbail, sondern in Tebnine (überwiegend christliche Bevölkerung, grenzfernere Lage!). Es bietet 70 Patienten Platz. Befragungen ergaben, daß diese Kapazität nicht ausreicht, um die Caza zu versorgen. Wurden bisher schwere Fälle nach Beirut gebracht, so bietet seit neuem auch das Krankenhaus in Nabatiyet die Möglichkeit, Kranke aus der Caza Bent Jbail aufzunehmen. Ambulante Behandlung kann dagegen sowohl in einer Station in Bent Jbail als auch in Tebnine durchgeführt werden, so daß die Caza in diesem Bereich recht gut versorgt ist (zwei Einzugsbereiche innerhalb einer Caza!).

Außerdem praktizieren in Bent Jbail 6 Ärzte (1973). Sie unterhalten jedoch nur nebenberufliche Praxen dort. Ihre Haupttätigkeit finden sie im Hospital von Tebnine. Ihre Patienten kommen meist aus Bent Jbail und Tebnine, Orten mit einem gewissen Bevölkerungsanteil höherer Sozialklasse, besonders Beamten.

V. B. 5. e. Einrichtungen des Schulwesens und ihre Reichweite
(s. Abb. 10)

Der Ort ist mit einer Oberschule, 3 Mittelschulen und 5 Volksschulen ausgestattet. Eine Berufsschule mit 600 Schulplätzen ist 1972 eröffnet worden. Sie bietet 300 Internatsplätze. Die hohe Schulplatzzahl der Berufsschule ist ein Versuch des Staates, die starke Bevölkerungsabwanderung aus diesem Raum zu bremsen (vgl. Hermel, V. A. 10. d.). Von den 240 Schülern der staatlichen Oberschule (1973) stammen ca. 40 % aus Bent Jbail, 60 % der Schüler pendeln täglich in den Schulort. Sie kommen aus dem ganzen südlichen Bereich der Caza Bent Jbail und aus den angrenzenden Gebieten der Caza Marjayoun (bis zu 12 - 14 km Entfernung je Schulweg).

Während der Schulwoche in Bent Jbail wohnende Schüler konnten nicht festgestellt werden. Dies erklärt sich aus der relativ geringen Nachfrage nach höherer Schulbildung in diesem unterentwickelten Raum besonders dann, wenn Unterbringungskosten im Schulort notwendig werden. Lassen sich diese Kosten aufbringen, so wählt man ungern das in der Nähe der israelischen Grenze gelegene Bent Jbail als Schulort, sondern zieht sicherere Schulorte, wie Nabatiyet, Saida oder gar Beirut, vor.

Seit 1972 besteht eine weitere Oberschule in Tebnine, die 1973 zwei Klassen mit insgesamt 60 Schülern hatte. 61 % davon stammen aus Tebnine, 39 % aus den umliegenden Dörfern (bis ca. 10 km Entfernung). Diese Schule schränkt den derzeitigen Einzugsbereich derjenigen Bent Jbails nicht ein (Abb. 10), sondern betreut einen bisher unterversorgten Raum, der aus den oben genannten Gründen nicht nach Bent Jbail tendiert.

V. B. 5. f. Verwaltungsgrenzen und ihre Beziehung zu zentralörtlichen Einzugsbereichen

Der heutige Cazahauptort Bent Jbail[1] besitzt diese Funktion erst seit dem Bestehen der Republik Libanon. Vorher gab es in etwa gleichen Cazagrenzen die Nahie Tebnine in der Caza Sour. Abweichungen zu den heutigen Cazagrenzen treten nur vor allem im Osten auf (Abb. 11).

Zwar besteht nach dem Register von 1902 eine wesentliche Abweichung, indem Bent Jbail bereits zur Caza Marjayoun gerechnet wird (Abb. 11). Da die Angaben für 1881 und auch die Karte der französischen Mandatszeit aber keine solchen Aussagen machen, sollen die Angaben von 1902 unberücksichtigt bleiben. Sie können entweder auf einem Fehler in den Registern beruhen, oder aber diese Gebietsgliederung war so kurzfristig, daß sich die Hinzuziehung Bent Jbails zur Caza Marjayoun kaum auf die Zentralität hat auswirken können.

Das Nahiezentrum Tebnine, bis zur Mitte des 19. Jh.s Herrschaftssitz einer Feudalfamilie (Cheikhs Bana Ali el Saghir),

---

[1] Auf die Bedeutung der Verwaltungseinrichtungen von Bent Jbail wurde nicht eingegangen, da die geringe Anzahl der Institutionen (Kaimakam, Gendarmerie, Gericht, Zollamt) kaum zentrierend wirkt.

mußte seine Verwaltungsfuktion an Bent Jbail abtreten. Wichtigster Grund dafür dürfte die wesentlich bedeutendere Stellung Bent Jbails als Marktort (s. o.) gewesen sein. *Hier tritt also zum ersten Male im Untersuchungsgebiet der Fall ein, daß Verwaltungsfunktionen von einem alten Zentrum auf eine Siedlung übergehen, die wirtschaftlich bedeutender geworden ist.*

Bemerkenswert ist auch, daß im Zuge der Infrastrukturausweitung besonders Tebnine mit staatlichen zentralen Einrichtungen ausgestattet wird (Gesundheits- und Schulwesen). Gründe dürften sein, daß Tebnine weiter von der israelischen Grenze entfernt liegt als Bent Jbail und als überwiegend christlich besiedelter Ort bisher von israelischen Angriffen verschont wurde. Dies führt dazu, daß im Schul- und Gesundheitswesen um beide Orte Einzugsbereiche entstehen, die quer zu den historischen Grenzen verlaufen.

V. B. 6. Marjayoun und Khiam

Im südlichen an den Jabal Lubnan grenzenden Bergland liegen langgestreckt auf zwei einander gegenüberliegenden Bergrücken in typischer Schutzlage Marjayoun und Khiam. Es sind die beiden größten Orte der Caza Marjayoun. Marjayoun, obwohl mit ca. 4000 Einwohnern kaum ein Drittel so groß wie Khiam (ca. 13.000 Einwohner, 1972)[1], ist administratives Zentrum der Caza.

Die Wahl Marjayouns zum Cazazentrum wurde durch besondere Umstände beeinflußt:
- Marjayoun kommt traditionelle Bedeutung als Verwaltungsort zu. Zumindest seit 1860/61 ist es Sitz eines Kaimakams. Zuvor soll die heutige Caza ein weitgehend selbständiger Teil im Feudalgebiet der Drusenfamilie Chehab (Sitz in Hasbaya) gewesen sein (vgl. ROBINSON III. 1852, S. 373).
- Marjayoun hat eine fast ausschließlich christliche Bevölkerung. (Erst neuerdinss ziehen schiitische Arbeitskräfte zu.) Sie stand der Einrichtung von Verwaltungsstellen positiver gegenüber als die schiitische Bevölkerung von Khiam.

---

[1] Die sehr unterschiedliche Größe der Orte erklärt sich unter anderem aus der wesentlich größeren Abwanderung der Bevölkerung aus dem christlichen Marjayoun im Gegensatz zum schiitischen Khiam bzw. aus der generell größeren Bevölkerungszuwachsrate unter den Moslems (Khiam).

V. B. 6. a. Administrative Einrichtungen und ihre Inanspruchnahme

Marjayoun hat die für kleinere Landstädte typische Ausstattung mit einem Kaimakam, zwei Gerichten (ein staatliches, ein schiitisches), einem Finanzamt, einer Gesundheitsbehörde und einem Bauamt, einer landwirtschaftlichen Beratungsstelle und einem Forstamt.

Für die zentrale Bedeutung dieser Dienststellen spielen folgende Faktoren eine Rolle: Begünstigend wirkt ein in der Umgebung Marjayouns recht hoher Anteil christlicher Bevölkerung, die sich als meist fortschrittlichere Gruppe eher staatlich beraten läßt (vor allem in der Landwirtschaft). Die weite Entfernung nach Saida (gut 2 Stunden Fahrtzeit) hält die Bevölkerung außerdem davon ab, sich gleich an die höheren Verwaltungsstellen in Saida zu wenden.
Einschränkend wirkt dagegen die generell traditionelle Einstellung der schiitischen Dorfbewohner in der Caza. Man versucht Behördenkontakte zu umgehen bzw. sie weitgehend durch einen Dorfnotabeln erledigen zu lassen.
Die Notwendigkeit, entlang der israelischen Grenze zu reisen, wenn man aus den südlichen Cazadörfern nach Marjayoun gelangen will, führt außerdem dazu, die Anzahl der Besuche im Zentrum so gering wie möglich zu halten. Diese Straße wird aus Furcht vor israelischen Angriffen gemieden.
Nicht zuletzt wirkt sich die negative Einstellung zum Staat und seinen Institutionen einschränkend für den Einzugsbereich aus, besonders unter der grenznah zu Israel lebenden Landbevölkerung. Man fühlt sich vom Staat im Stich gelassen, da oft Schäden, die die Israelis anrichten, aus Mangel an staatlicher Unterstützung über Jahre hinaus nicht behoben werden.

Demzufolge kommen höchstens Personen aus den nahegelegenen christlichen Dörfern zu den Dienststellen in Marjayoun. Der Kontakt mit entlegeneren Dörfern muß vor allem durch Beamte, welche diese Dörfer besuchen, aufrechterhalten werden.

V. B. 6. b. Handels- und Gewerbeeinrichtungen und ihre Inanspruchnahme

Die Ausstattung beider Orte ist mit ca. 80 Läden etwa gleich.

Die Läden von Khiam und Marjayoun zeigen aber deutliche Unterschiede. Die Geschäfte in Marjayoun sind relativ groß, bemerkenswert sauber und für eine Landstadt gut sortiert. Die Anzahl der Läden für nichttäglichen Bedarf ist mit 26 von insgesamt ca. 80 Läden recht hoch. Unter ihnen fallen mit nichttäglichem, westlichem Angebot 3 Möbelschäfte mit zusätzlichen Elektroartikeln, ein Fotoladen und ein Damenfriseur auf. Die La-

denaufmachung entspricht Typ I und II (vgl. Abschn. IV. D. 5.).
In Khiam[1] dagegen ist die Ladenaufmachung einfacher (meist
zur Straße offene kleine Verkaufsboxen). Das Angebot bietet
vor allem tägliche Bedarfsgüter; nur zwei Bekleidungsläden
übersteigen diesen Rahmen.

Die Unterschiede zwischen Marjayoun und Khiam erklären sich
aus dem verschiedenartigen Kaufpublikum, das in beiden Fällen
hauptsächlich aus dem Ort selbst kommt: Während die Läden und
Handwerksstätten in Khiam in erster Linie einer ortsansässigen
ländlichen Bevölkerung dienen, versorgen Marjayouns Handels-
und Gewerbeeinrichtungen hauptsächlich außerhalb der Landwirtschaft arbeitende Bevölkerungskreise im Ort. Nach Angaben des
Kaimakam ist ca. 1/4 der Erwerbstätigen von Marjayoun beamtet,
davon etwa 70 % Lehrer, 1/4 ist im Handel tätig, etwas weniger
als 1/4 im Handwerk, besonders in der Schneiderei, der Kfz-Reparatur und der Ofenherstellung. Der Rest ist in der Landwirtschaft beschäftigt. Marjayoun versorgt gleichzeitig auch weitgehend die Soldaten des militärischen Stützpunktes am südlichen
Ortseingang.

Der Cazahauptort zählt in geringem Umfang auch die christlichen
Dörfer in der Umgebung zu seinem Einzugsbereich (s. Abb. 8).
Die Versorgungsfunktion beschränkt sich allerdings vor allem
auf zwei Großhändler für Gemischtwaren, bei denen ländliche
Einzelhändler einkaufen. Wesentlich größere zentrale Bedeutung
kommt den Wochenmärkten von Marjayoun und Khiam zu.

Im Zentrum des Ortes finden sich donnerstags jeweils 60 - 70
Händler auf dem Wochenmarkt von Marjayoun ein. Sie kommen aus
den Kreisen Marjayoun, Hasbaya, Nabatiyet, Sour und Saida
(geringe Anzahl). Vor den Marktbesuchern breiten sie das wo-
chenmarktübliche Angebot aus. Einen Viehmarkt gibt es nicht.

Obwohl auch in einigen Dörfern der nahen Umgebung Wochenmärkte
abgehalten werden (z. B. in Qlaiaa, Adaisse, auf offenem Feld
in der Caza Hasbaya der Souk el Khan), konnte festgestellt wer-

---

1) Eine vollständige Kartierung der Einkaufsstraße von Khiam
konnte nicht durchgeführt werden, da die Bevölkerung die
Arbeit behinderte und die Gendarmerie die weitere Kartierung und Befragung untersagte.

den, daß Marjayouns Markt den nördlichen Teil der Caza - außer Khiam - einschließlich der Westecke der Caza Hasbaya und der südlichen Bekaadörfer bis Sohmor betreut (s. Abb. 8).

Auf dem Wochenmarkt von Khiam bieten ebenfalls donnerstags ca. 50 Händler ihre Waren an. Der Markt dient jedoch primär lokalem Bedarf, da kein Hinterland (außer zwei Dörfern) im Süden Khiams vorhanden ist. Dies gilt allerdings erst seit dem Junikrieg Israels 1967.

Die israelische Besetzung der syrischen Golanhöhen hat Khiam von einem wesentlichen Teil des Einzugsbereiches abgeschnitten (d. h. die Dörfer um das syrische Banias). Khiam war Angebotsplatz syrischer Erzeugnisse (Fette, Wolle, Tiere), die meist von syrischen Bauern frei über die Grenze auf den Markt getrieben wurden und daher ein sehr günstiges Preisniveau hatten. Zum anderen konnten libanesische Markthändler Kleidung, Schuhe, Radios usw. an einen syrischen Käuferkreis absetzen. (Selbst Marjayoun profitierte zum Teil von diesem Einzugsbereich.)

Die neue Demarkationslinie hat Khiam zusätzlich von den Dörfern des zentralen Cazagebietes abgeschnitten (Adaisse, Markaba, Qantara), von dort ging eine direkte Verbindung nach Khiam (heute israelisch besetzt). Die Konsequenz für Khiam ist ein geringerer Käuferkreis. Daraus resultiert wiederum ein Einkommensverlust auch der ansässigen Händler in Khiam, die wesentlich von diesem Markt lebten. Seitdem suchen sie ein neues Betätigungsfeld, unter anderem als fliegende Händler auf Märkten in der Bekaa (vgl. Dahr el Ahmar, El Marj). In Khiam ist ein Teil der Läden schon permanent geschlossen.

Bis 1967 versorgte Khiam also einen größeren Raum als Marjayoun, da

- Khiam von der islamischen Dorfbevölkerung in der Caza Marjayoun und im syrischen Grenzraum als Einkaufsort Marjayoun vorgezogen wurde, weil
- Khiam besonders aus dem syrischen Raum und der südlichen Caza oft günstiger zu erreichen war als Marjayoun oder auch Qnaitra,
- Khiams Markt aufgrund des syrischen Angebots besonders preisgünstige Kaufmöglichkeiten bot.

Demgegenüber hat Marjayoun, das seinen Einzugsbereich nicht einbüßte, seine Funktion als zentraler Ort unterer Stufe für die umgebenden christlichen Dörfer bewahren, wenn nicht ausbauen können aufgrund der allgemein fortschrittlicheren Einstellung christlicher ländlicher Bevölkerungsteile auch im Konsumbereich.

V. B. 6. c. Handelsbeziehungen zu Orten höherer Zentralitätsstufe

Das Bild weicht nicht von den der übrigen Zentren im Jabal Amel ab; das heißt, der Großhandel ist vorwiegend auf den Warenbezug aus Beirut ausgerichtet (zum großen Teil Belieferung durch ambulanten Handel), der Einzelhandel auf Marjayouns Großhandel und auf entsprechende Einrichtugen in Nabatiyet und Beirut (Belieferung s. o.). Privatleute kaufen entsprechend ihrer Sozialklasse in Nabatiyet, Saida oder Beirut ein. Eine zusätzliche Modifikation ergibt sich aus der Religionszugehörigkeit: Die christliche Bevölkerung fährt lieber nach Beirut (ca. 4 x im Jahr!), muselmanische höherstehende Kreise (aus Khiam) suchen zunächst Nabatiyet und Saida auf.

V. B. 6. d. Einrichtungen des Gesundheitswesens und ihre Reichweite (s. Abb. 9)

Auch hier ist Marjayoun (als Cazazentrum) besser ausgestattet als Khiam. Seit 1971 gibt es ein staatliches Krankenhaus mit 45 Betten, das außer Patienten der Caza Marjayoun auch noch Kranke aus der Caza Hasbaya aufnehmen soll. Tatsächlich vollzieht sich jedoch eine Teilung der Caza in einen nördlichen Bereich (einschließlich Kreis Hasbaya), der von Marjayoun aus versorgt wird, und einen Mittel- und Südbereich, der nach Nabatiyet bzw. Tebnine tendiert. Effektiv besteht jedoch eine weitgehende Unterversorgung, da in allen drei Krankenhausorten die Bettenzahl nicht zur Behandlung der Fälle ausreicht.

Versorgungsstationen für ambulant Kranke sind dagegen sowohl in Marjayoun als auch in Khiam vorhanden. Khiams Station versorgt die Ortsbevölkerung und die beiden südlich gelegenen

Dörfer, Marjayoun dagegen den nördlichen Teil der Caza (bis Adaisse - Straßenverlauf an der israelischen Grenze!).

In der Ausstattung mit Privatärzten bestehen Unterschiede zwischen beiden Orten. Während in Khiam nur ein Arzt und ein Zahnarzt praktizieren, arbeiten in Marjayoun 4 Ärzte und ein Zahnarzt. Sie versorgen lokale Patienten und Militärangehörige. Zu etwa 20 % kommen auch Patienten aus den umliegenden christlichen Dörfern (zu Zahnärzten ca. 40 %).

V. B. 6. e. Einrichtungen des Schulwesens und ihre Reichweite
(s. Abb. 10)

Im Schulwesen ist Marjayoun ebenfalls besser ausgestattet als Khiam. Während es hier 7 Volks- und 3 Mittelschulen gibt, verfügt Marjayoun über 2 Volks-, 2 Mittel- und 3 Oberschulen (1 staatliche, 2 private). Der Einzugsbereich der staatlichen Oberschule mit 250 Kindern erstreckt sich zu 30 % auf den Ort selbst, zu ca. 37 % auf Khiam und zu 33 % auf die christlichen Dörfer der nördlichen Caza (bis Adaisse) bzw. auch auf das christliche Dorf Kaukaba in der Caza Hasbaya.

Es zeigt sich deutlich, daß Marjayoun einen Einzugsbereich hat, der sich nur auf christliche Dörfer erstreckt. Einzige Ausnahme ist Khiam. Hier wirkt die geringe Entfernung nach Marjayoun sich aus. Mit von Bedeutung ist, daß die Christen im Südlibanon eine Minderheit bilden und daher einen recht starken Zusammengehörigkeitssinn entwickeln.

Auch die Erreichbarkeit des Schulortes unter Entfernungs- und Sicherheitsgesichtspunkten spielt eine Rolle. Letzteres führt z. B. dazu, daß die südlichen, schiitischen Dörfer der Caza Marjayoun nach Bent Jbail tendieren, der Mittelbereich (ebenfalls schiitisch) ist auf Nabatiyet ausgerichtet (s. Abb. 10).

V. B. 6. f. Verwaltungsgrenzen und ihre Beziehung zu zentralörtlichen Einzugsbereichen

Die zentralörtlichen Einzugsbereiche Marjayouns zeigen nur im nördlichen Teil eine Kongruenz mit den heutigen und ehemaligen

Cazagrenzen (mit Ausnahme von Khiam). Sie sind, da sie weitgehend schwer passierbaren Flußtälern folgen, physisch vorgezeichnet (s. Abb. 11). Die Südgrenze des Einzugsbereiches von Marjayoun folgt dagegen der Grenze zwischen christlichen und schiitischen Dörfern (s. Abb. 11). Allerdings entspricht diese Grenze nach Dorfregistern von 1881 in etwa der Nordgrenze der Nahie Hounin in der Caza Marjayoun (etwa Adaisse - Qantara), an die weiter südlich eine zweite Nahie, Houla, anschloß (heute zu Israel gehörig) (s. Abb. 11). Somit hätten die südlichen Einzugsbereiche nach Nabatiyet und Bent Jbail auch eine historisch-administrative Grundlage, wenn auch das heutige Zentrum nicht mit dem ehemaligen Nahiezentrum übereinstimmt. Allerdings ist fraglich, wie lange diese Grenzen bestanden haben, und damit auch, welche Relevanz sie für heutige zentrale Einzugsbereiche haben. Die Unterlagen von 1902 nennen keine der beiden Nahies in der Caza Marjayoun. (Für die französische Mandatszeit erscheint dafür die heutige Caza Hasbaya als Nahie in der Caza Marjayoun.)

V. B. 7. Hasbaya und der Feldmarkt Souk el Khan

Im westlichen Vorland des südlichen Hermon liegt Hasbaya. In typischer Schutzlage erstreckt sich die Siedlung auf der Höhe des zum Hasbany abfallenden Berglandes. Hasbaya, administratives Zentrum der gleichnamigen Caza, hat ca. 3000 Einwohner (1972). Davon gehören ca. 2/3 der drusischen und etwa 1/3 der christlichen Religion an. Einige sunnitische Familien kommen hinzu.

Hasbaya war über Jahrhunderte hinaus Sitz eines Zweiges der Feudalfamilie der Chehabs (nach den Maan-Herrschern bildeten sie die führende Schicht im Libanon). Ein prächtiges Serail, ein Hammam (=Bad) und mehrere große Privathäuser weisen noch heute auf diese Zeit hin.
Auch nach der Neuordnung des osmanischen Reiches behielt es als Cazazentrum seine dominierende Verwaltungsposition. Nach kurzer Unterbrechung in französischer Mandatszeit, in der es Marjayoun zugeordnet wurde, erhielt es im libanesischen Staat wieder Verwaltungsfunktion für die Caza Hasbaya.
Vergleiche mit Reiseberichten des 19. Jh.s machen deutlich, daß Hasbaya einen starken Bevölkerungsschwund, vor allem unter dem Christenanteil der Bevölkerung, verzeichnen mußte. Vor den

Christenmassakern soll Hasbaya nach Berichten von THOMSON
(1883, S. 500) ca. 7000 Einwohner gehabt haben. Davon waren 3/4
Christen und 1/4 Drusen, Sunniten und Juden. Auch CUINET (1898,
S. 422) gibt die Einwohnerzahl noch mit 4088 an (1400 Drusen,
1673 Christen, 1000 Muselmanen).

Die negative Bevölkerungsentwicklung hat bewirkt, daß das heutige Bild Hasbayas, außer einigen Neubauten am Ortseingang, nur wenig von der Beschreibung abweicht, die ROBINSON (Bd. III, 1838, 1852, S. 380) von Hasbaya gibt:

> "The short valley, in which Hasbeiya almost lies hidden, commences at no great distance east of the town. The head of it is in a remarkable amphitheatre, enclosed on three sides by high hills, terraced and covered with vines, fig trees, and olive trees, to their top. The western part is formed by the rocky hill on an around which the city is built, projecting from the southern hills, and confining the valley to a narrow dell along its northern side; thus almost completing the circle of the amphitheatre. The hills on the north and south of this head of the valley rise not less than six or seven hundred feet above it. The eastern side is still higher; the western much lower. The top of this lower projecting hill, above the narrow valley, is occupied by the palace (so called) of the Emir and its appurtenances. Below the palace, on the western declivity, is the Jewish quarter. Back of the palace, towards the south, are the houses of the town rising far up along the side of the higher hill, and covering a large space. They extend also down the northeastern side of the lower projecting hill, quite to the bed of the valley. Indeed, they have already begun to spread across the channel towards the northeast; where, on account of the steepness of the ground, the building stand as high as in the old part of the town. The Busis, after leaving its dell, soon expands; and its channel, passing through a wide open tract, enters the Hasbany a little above the ford."

Dieser Schrumpfungsprozeß eines traditionellen Zentrums (s. o.) geht auf mehrere Ursachen zurück:
- Die Christenmassaker in der ersten Hälfte des 19. Jh.s haben zu einer starken Abwanderungsbewegung unter den übriggebliebenen Christen geführt.
- Der Zerfall des osmanischen Reiches und die Bildung eines selbständigen Libanon hat Hasbaya und sein Cazagebiet in eine Randlage zum neuen Zentrum Beirut (zuvor Damaskus) gebracht. Damaskus war früher Hauptabnehmer der handwerklichen Produktion. Die ungünstigen Anbaubedingungen in der Caza Hasbaya hatten das Handwerk zu einer wesentlichen Nebenverdienstmöglichkeit werden lassen. Bekannt war unter den zahlreichen Handwerksbetrieben besonders die in größerem Umfang durchgeführte Töpferindustrie in Rachaya el Faouqa und die Stoffherstellung in Hasbaya. Bei Hasbaya wurde außerdem früher Bitumen abgebaut.
- Neben der Abseitslage im neuen Staatsgebiet führte auch die ständig rückläufige Bedeutung des traditionellen Handwerks zugunsten maschinell erstellter Konsumgüter aus Beirut dazu,

daß die Handwerksbetriebe in Hasbaya und seinen Cazadörfern ihre Arbeit einstellen mußten (vgl. WIRTH 1971, S. 316). Daher leben heute 80 - 90 % der Bevölkerung in der Caza Hasbaya allein von der Landwirtschaft und von finanziellen Unterstützungen abgewanderter Familienangehöriger (in Rachaya el Faouqa gibt es noch eine geringe Anzahl von Töpfereiwerkstätten).
- Die besonders seit 1970 häufiger stattfindenden Angriffe der Israelis auf Hasbaya und seine Cazadörfer (vor allem auf sunnitische Siedlungen, da sie oft die Fedajin unterstützen) führen zu weiterer Abwanderung der Bevölkerung aus diesem Grenzraum.

V. B. 7. a. Administrative Einrichtungen und ihre Inanspruchnahme

Das Cazazentrum ist mit einem Kaimakam, einem Gendarmerieposten, einem zivilen, zwei sakralen Gerichten, einem Veterinär- und einem Gesundheitsamt ausgestattet. Allerdings erwies sich diese relativ gute Verwaltungsausstattung als wenig zentralitätsfördernd, da die meist zurückgezogen lebende Landbevölkerung eine Abneigung gegen jegliche staatliche Präsenz entwickelt. Durch die Angriffe der Israelis wird diese Abneigung noch verstärkt, da die Regierung wenig unternimmt, um den israelischen Angriffen zu wehren und kaum die durch Bombardierung entstandenen Schäden beseitigen hilft.[1)]

V. B. 7. b. Handels- und Gewerbeeinrichtungen und ihre Inanspruchnahme

Entlang der durch den Ort führenden Hauptstraße reihen sich Handels- und Gewerbebetriebe (ca. 80) im typischen Stil einer orientalischen Kleinstadt (vgl. Rachaya V. A. 8. sowie die Kartierung des Handels- und Dienstleistungssektors von Hasbaya, Abb. 7).

---

1) Die Abneigung gegenüber dem libanesischen Staat wurde in der Zeit der Geländearbeit noch dadurch verstärkt, daß der Kaimakam bei einem Angriff auf Hasbaya geflohen war, obwohl es seine Pflicht gewesen wäre, im Ort zu bleiben. Die Ablehnung staatlicher Institutionen ging in einigen Dörfern der Caza so weit, daß man nicht auf die Befragung eingehen wollte, da man annahm, die Verfasserin käme in staatlichem Auftrag.

Die Einrichtungen machen einen rückständigeren Eindruck als in
den anderen untersuchten Orten des Südlibanon: Der Ladentyp der
kleinen, zur Straße hin offenen Verkaufsstelle mit Holzflügeltüren beherrscht das Bild. Metallrolläden gibt es kaum, Schaufenster, selbst bei Bekleidungs- und Schuhläden, sind gar nicht
vorhanden. Inschriften an Läden und Werkstätten, selbst auf
arabisch, fehlen meist.
Das Angebot der Läden befriedigt vor allem den täglichen bzw.
traditionellen längerfristigen Bedarf. Aus diesem Angebot fallen nur ein Uhrenladen, ein kleines Elektrogeschäft und ein
größeres für Kühlschränke und Kleinmöbel (am Ortseingang) heraus. Auch die Gewerbebetriebe sind überwiegend auf traditionelle Arbeiten eingestellt (Schuster, Barbiere, Schmiede). Zwei
Tankstellen dienen dem Kfz-Service.

Befragungen ergaben (14 Händler), daß diese Handels- und Gewerbebetriebe fast ausschließlich von der Ortsbevölkerung
Hasbayas in Anspruch genommen werden. Nur die unmittelbar an
der unterhalb von Hasbaya mündenden Straße liegenden Dörfer
(Ain Qenya, Chouaia, Chebaa) besuchen unter Umständen Hasbaya,
besonders an dem Wochenmarktstag des Ortes. Ca. 30 Händler bieten dort vor allem Lebensmittel an.
Haupteinkaufsort der Caza ist der *Wochenmarkt Souk el Khan*. Er
findet donnerstags auf freiem Feld an einer verkehrsgünstig gelegenen Khanruine an der Straße Marjayoun - Rachaya statt, ca.
10 km von Hasbaya entfernt. Hier bieten etwa 100 Händler aus
den Zentren des Südlibanon ihre Waren an (Warenspiegel vgl.
Nabatiyet V. B. 3. b., Bent Jbail V. B. 5. a.). Auch ein Viehmarkt ist angeschlossen, auf dem pro Markttag ca. 300 - 400
Schafe aufgetrieben werden. Dieser Viehmarkt reiht den Souk el
Khan unter die bedeutenden Märkte des Südlibanon ein.

Als Einzugsbereich des Marktes konnte nicht nur die ganze Caza
Hasbaya festgestellt werden, sondern darüber hinaus auch der
Ostbereich der Caza Marjayoun (Ibl es Saqi, Khiam, Sarada) bzw.
der nördliche bereits zur Mohafaza Bekaa gehörende Raum bis
Sohmor, der diesen Markt über die nach Marjayoun führende Straße
relativ leicht erreichen kann (s. Abb. 8). CUINET (1896, S.
424), der bereits den Markt Souk el Khan erwähnt, berichtet sogar, daß auch die Caza Qnaitra und die Bevölkerung des Hauran
diesen Markt besuchten.

Am Markttag erledigen die Service-Taxis der umliegenden Dörfer
der Caza Hasbaya und auch Marjayouns den Transport der Besucher,

die zwischen einmal wöchentlich - aus dem nahen Umland - bis einmal in drei Monaten diesen Markt besuchen.

Die Trennung von Verwaltungs- und Marktfunktion eines Ortes ist bereits in der Caza Rachaya, einem gleichartig strukturierten Raum, aufgetreten. Sie kann auch hier vor allem aus den Phänomenen der Erreichbarkeit und eines der Landbevölkerung gemäßen Angebots in Sortiment, Preis und Warendarbietung erklärt werden.

V. B. 7. c. Einrichtungen des Gesundheitswesens und ihre Reichweite

Die Ausrüstung Hasbayas beschränkt sich auf eine kostenlose Krankenstation und einen Privatarzt, der gleichzeitig in der Krankenstation Dienst tut. Die "Moustouseif-Station" ist für die Versorgung der ganzen Caza zuständig. Ihr Einzugsbereich beschränkt sich tatsächlich jedoch vor allem auf einen engeren Kreis von Dörfern um Hasbaya (s. Abb. 9). Weite Wege in das Cazazentrum und mangelnde Verkehrsverbindungen lassen das übrige Cazagebiet unterversorgt.

V. B. 7. d. Einrichtungen des Schulwesens und ihre Reichweite

Die in den anderen Cazahauptorten durchgeführten Untersuchungen erübrigen sich in Hasbaya, da nur Schulen bis zur mittleren Reife vorhanden sind (1 staatliche, 1 private) mit insgesamt 400 Schülern, von denen ca. 30 % der Schüler aus den Dörfern der südlichen Caza stammen. Der nördliche Bereich besucht Mittelschulen in Mimes und Kfar. - Schüler, die eine Oberschule besuchen wollen, müssen nach Marjayoun oder Saida (hier besonders sunnitische Kinder!) fahren (vgl. Abschn. V. B. 1. d., V. B. 6. d.).

V. B. 7. e. Verwaltungsgrenzen und ihre Beziehung zu zentralörtlichen Einzugsbereichen

Die Frage nach der Bedeutung administrativer Grenzen für die heutigen Einzugsbereiche Hasbayas erübrigt sich, da es in den noch am Ort vorhandenen Funktionen so gut wie keine Zentralität entwickelt (Ausnahme: Krankenstation).

Vergleicht man aber stellvertretend für Hasbaya den Einzugsbereich des Marktes Souk el Khan mit den Verwaltungsgrenzen, so ergeben sich Übereinstimmungen mit den mindestens seit 1860/61 - wahrscheinlich jedoch schon seit der Feudalherrschaftszeit - unveränderten Grenzen (s. Abb. 11), und zwar besonders im Norden, Süden und Osten der Caza. Hier lehnen sich die Verwaltungsgrenzen an physische Leitlinien an (Kamm des Jabal Bired Dahr und Hermongebirge). Im Westen folgen die Verwaltungsgrenzen den tief eingeschnittenen Flußläufen des Litani und Hasbani. Hier reicht der Einzugsbereich aber weit über die Verwaltungsgrenze hinaus.

Auch im Falle des Souk el Khan (ebenso wie bei Nabatiyet, Bent Jbail, Markt von Dahr el Ahmar) ist das in Qualität und Preisgestaltung spezifisch auf ländlichen Bedarf eingestellte Angebot bei sonst mangelnder Ausstattung des Raumes mit Handelsfunktionen wirksamer als selbst über lange Zeiten unverändert gebliebene Verwaltungsgrenzen.

V. C. Zusammenfassung zu V. A. und V. B und Hierarchie der zentralen Orte in der Bekaa

V. C. 1. Verwaltung

Als zentrale Orte im Verwaltungssektor sind alle Kreis(Caza)--Zentren, in der Bekaa Hermel, Baalbek, Joub Jannine-Saghbine und Rachaya sowie im Südlibanon Jezzine, Nabatiyet, Sour, Marjayoun, Bent Jbail und Hasbaya anzusehen. Hinzu kommt als Sitz der übergeordneten Bezirks(Mohafaza)-Verwaltung Zahlé bzw. Saida.

Offiziell müßten die Einzugsbereiche der Verwaltungsorte auf Caza- und Mohafazaebene mit den jeweiligen administrativen Grenzen übereinstimmen. Da jedoch nicht alle nachgeordneten Behörden in allen Kreisen vertreten sind, kommt es zur Ausweitung von Zuständigkeiten bei Caza- bzw. bei Mohafazazentren in Angelegenheiten, die durch die jeweilige Cazaverwaltung eigent-

lich erledigt werden müßten. Darüber hinaus lassen sich aber
Bereiche stärkerer und schwächerer Inanspruchnahme der administrativen Funktionen ausgliedern, da die einzelnen Behördentypen verschieden stark beansprucht werden und die Umlandbevölkerung aufgrund verschiedener sozialer und wirtschaftlicher
Struktur ein unterschiedlich starkes Kommunikationsbedürfnis
mit der Verwaltung entwickelt.

V. C. 1. a. Unterschiedliche Ausstattung mit Verwaltungseinrichtungen und ihre Begründung

Die Cazazentren gliedern sich in eine Gruppe relativ "komplett" ausgestatteter Orte mit Kaimakam (etwa Landrat), Gendarmerieposten, Finanzamt, zivilem Gericht und ein oder zwei geistlichen Gerichten - je nach der religiösen Struktur der Caza -, Baubehörde, Gesundheitsamt und einer oder mehreren Dienststellen der Landwirtschaftsbehörde. Zu dieser Gruppe gehört in der Bekaa nur Baalbek (Zahlé ist Mohafazazentrum), im Südlibanon sind es Nabatiyet, Sour und Marjayoun.

In der Gruppe unterausgestatteter Verwaltungsorte fehlt es vor allem an Bau- und Landwirtschaftsämtern (Bekaa: Joub Jannine, Rachaya, Hermel; im Südlibanon: Jezzine, Bent Jbail, Hasbaya). Als Gründe für diese unterschiedliche Ausstattung administrativ gleichrangiger Orte sind zu nennen:

(1) Entfernung zum Mohafazazentrum oder zum nächstgelegenen besser ausgestatteten Cazahauptort

- Die geringe Verwaltungsausstattung von Joub Jannine oder Jezzine erklärt sich z. B. weitgehend aus der nur halbstündigen Fahrtentfernung von Zahlé bzw. Saida.
- Die relativ weite Entfernung aus der nördlichen Bekaa nach Zahlé (unter Umständen bis zu 3 Std. Fahrtzeit mit öffentlichen Verkehrsmitteln) bzw. aus dem östlichen südlibanesischen Bergland nach Saida (ebenfalls bis zu 3 Std. Fahrtzeit) macht es dagegen notwendig, näher gelegene Verwaltungsorte besser auszurüsten (Baalbek, Nabatiyet, Marjayoun).

(2) Unterschiedliche Notwendigkeit der Verwaltungseinrichtung für die betreffende Caza

- Dafür ein Beispiel: Ein Anbauberatungsbüro in der Caza Rachaya (Bekaa) würde bei kaum möglichen landwirtschaftlichen Verbesserungen dort wenig nützen und ist daher überflüssig. Gleiches gilt für die Caza Hasbaya (Südlibanon).

(3) Einrichtung von Behörden aus politischen Motiven
- Ein Beispiel ist hier vor allem Hermel, in dem trotz geringer Wirkungschancen allein zwei landwirtschaftliche Ämter bestehen.

V. C. 1. b. Unterschiedliche Inanspruchnahme einer Behörde und ihre Begründung

Zunächst ist zu unterscheiden zwischen generell stärker die Landbevölkerung auf ein Zentrum ausrichtenden Ämtern, wie Kaimakam, landwirtschaftliche (Beratungs-)Dienststellen, Bauämter und Sozialdienste, und geringere Attraktivität ausübenden Behörden, wie Finanzamt, Gesundheitsamt und Gericht.

Darüber hinaus läßt sich feststellen, daß die zentrierende Kraft der Dienststellen weitgehend abhängig ist von dem relativen Entwicklungsstand des ländlichen Umlandes. Dies gilt besonders für die Landwirtschaftsämter, wie ein Vergleich des Einflußbereiches der landwirtschaftlichen Dienststellen, z. B. von Hermel und Zahlé, deutlich macht. Das auf moderne Weise bewirtschaftete Gebiet der zentralen Bekaa zeigt wesentlich größeres Interesse an den Dienstleistungen der Landwirtschaftsämter als ein unterentwickelter Raum wie die nördliche Bekaa. Die Verwaltungsinstitutionen streben durch ihre Beratung eine Intensivierung der Land- und Viehwirtschaft an, für die in unterentwickelten Gebieten häufig noch gar kein Interesse oder offenes Mißtrauen von seiten der Bevölkerung besteht. In den entwickelteren Gebieten (auch in der südlichen Küstenebene) tendiert die Bevölkerung allerdings bereits dazu, gleich zu den übergeordneten Behörden nach Beirut zu fahren.

In relativ unterentwickelten Gebieten kommt fast nur noch dem Kaimakam und dem Bauamt größere zentrierende Bedeutung zu, letzterem besonders in schiitisch besiedelten Gebieten mit wenig Landflucht und steigender Kinderzahl. Meist schickt die Landbevölkerung Dorfnotabeln (oft Mukhtar) als Delegierte in das Verwaltungszentrum. Kontakte mit der Landbevölkerung derartig strukturierter Gebiete können darüber hinaus nur durch Beamte aufrechterhalten werden, die die einzelnen Dörfer aufsuchen.

Zur Hierarchie der Verwaltungszentralität:

Eine Stufung läßt sich zunächst eindeutig in Cazaorte und Mohafazazentren vornehmen. Letztere sind außer den bereits genannten Einrichtungen höherer Instanz (Polizei, Justiz, Finanzen, Bauwesen, Gesundheitswesen, Landwirtschaft) mit Katasteramt, Malariabekämpfungsamt (nur Zahlé), Sozialdienst und Büro des autonomen "Développement Sociale" (mit Sozialkasse, Wirtschaftsbehörde und der "Direction des Waqf Islamiques" (nur Saida)) ausgestattet. Besondere Inanspruchnahme aus dem Umland zeigen unter diesen nur in Mohafazazentren vertretenen Institutionen die Sozialdienste.

Die Cazaorte lassen folgende Reihung nach der Intensität ihrer Verwaltungsfunktionen zu:

(1) Baalbek, Nabatiyet, Sour, Marjayoun: Relativ "komplett" ausgestattete Verwaltungszentren mit recht gut entwickeltem Einzugsbereich aufgrund von Besuchen der Landbevölkerung im Zentrum und Besuchen der Beamten auf dem Lande.

(2) Hermel: Verwaltungsort recht guter Ausstattung, jedoch nur mit beschränktem Einflußbereich, der vor allem durch Besuche der Beamten bei der Landbevölkerung aufrechterhalten wird.

(3) Rachaya, Hasbaya, Bent Jbail, Jezzine: Verwaltungsorte mit geringer Ausstattung und entsprechend geringer Inanspruchnahme. In vielen Kompetenzbereichen werden sie durch ein nahegelegenes, besser ausgestattetes Cazazentrum oder die Provinzhauptstadt mit verwaltet.

(4) Joub-Jannine/Saghbine: Nur jeweils halbjährige Präsenz der Verwaltung in einem Ort. Geringe Ausstattung und entprechend geringe Inanspruchnahme. Weitgehend "mitverwaltet" durch das Mohafazazentrum Zahlé.

V. C. 2. Handel und private Dienstleistungen (Abb. 8)

In der Bekaa lassen sich fünf wirtschaftlich zentrale Orte ausgliedern: Zahlé, Baalbek, Qabb Elias und der Markt von Dahr el Ahmar (für Rachaya).

Auch der Markt von El Marj hat gewisse zentrale Bedeutung. Da dieser Markt jedoch nicht die Landbevölkerung des Umlandes versorgt, sondern nur bestimmte ortsfremde, nicht voll seßhafte Gruppen (Nomaden, palästinensische Flüchtlinge, syrische Wanderarbeiter), ist er nicht in die Reihe der anderen Zentren einzuordnen.

Die Provinz des Südlibanon ist mit sechs zentralen Orten ausgestattet. Sie stimmen mit Ausnahme von Khiam mit den Cazazentren Saida, Sour, Nabatiyet, Bent Jbail und Marjayoun überein. Hinzu kommt der Markt Souk el Khan in der Caza Hasbaya.

Bei insgesamt fünf Orten, vier davon im Südlibanon, beruht die zentrale Bedeutung ganz oder überwiegend auf einem einmal wöchentlich stattfindenden Markt. Dieses nur periodisch vorhandene Angebot kommt dem spezifischen Bedarf einer traditionellen Landbevölkerung am besten entgegen und kann demzufolge auch heute noch gegenüber den ständigen Einkaufseinrichtungen konkurrenzfähig bleiben.

Erwähnenswert ist, daß diese Märkte im Südlibanon sich auf Orte beschränken, die WIRTH (1971) als mehr oder weniger große "Ackerbürgerdörfer" bezeichnet, d. h. die auch heute noch - mit Ausnahme von Marjayoun - einen sehr hohen Anteil von in der Landwirtschaft beschäftigter Bevölkerung aufweisen.
Dagegen haben die beiden alten städtischen Zentren Saida und Sour keinen derartigen Markt. Dies weist auf ihre (zumindest ehemalige) stärkere Ausrichtung auf lokales städtisches Publikum mit höherem und häufigerem Bedarf hin. (Dies entspräche der klassischen Auffassung der orientalischen Stadt mit geringem ökonomischen Austausch mit dem agraren Umland, vgl. u. a. BOBEK 1938 und DE PLANHOL 1957).

Von den "Ackerbürgerorten" kann dagegen angenommen werden, daß seit Bestehen der Märkte ihnen eine Umlandrelevanz zugestanden werden kann, zumal früher mehr als heute diese Märkte in erster Linie Tauschplätze für die Umlandproduktion waren. Daher ist der Einzugsbereich der "Ackerbürgerorte" z. T. noch heute größer als der der städtischen Siedlungen (vgl. z. B. Nabatiyet und Saida).

Die heutige zentrale Bedeutung von Handel und privaten Dienstleistungen in den Regionalzentren der Provinzen Bekaa und Südlibanon ist im allgemeinen an folgende Bedingungen geknüpft:
(1) *Die Existenz und Linienführung der Straßen, die Entfernungen und das Vorhandensein öffentlicher Verkehrsmittel* bestimmen die Erreichbarkeit eines Zentrums und damit seine zentralörtliche Relevanz.

Beispiele:

- Qabb Elias' langgestreckter Einzugsbereich,
- Ausrichtung der südlichen Cazadörfer von Hermel auf Baalbek,
- Bevorzugung von Dahr el Ahmar gegenüber Rachaya bzw. des Souk el Khan gegenüber Hasbaya,
- Geringe Inanspruchnahme Hermels durch die Cazadörfer aufgrund fehlender Verkehrswege und öffentlicher Verkehrsmittel,
- Die geringe zentrale Bedeutung Marjayouns für die südlichen Cazadörfer wegen der Straßenführung entlang der israelisch besetzten Gebiete,
- Die starke zentrale Stellung Nabatiyets als Knotenpunkt mehrerer Landstraßen.

(2) *Der Bedarf an zentralen Gütern von seiten der Umlandbevölkerung ist nach Sozialstruktur und relativem Entwicklungsstand verschieden.*

Beispiele aus dem Untersuchungsgebiet:

- Zahlés Einzugsbereich erstreckt sich vor allem auf die entwickelte zentrale Bekaa, die sich in ihrem Lebensniveau stark von den übrigen Räumen der Bekaa abhebt;
- Die Märkte von Dahr el Ahmar und Souk el Khan als einmal wöchentlich stattfindende Institution reichen aus, um die Ansprüche der Landbevölkerung auch in der heutigen Zeit zu befriedigen;
- Baalbek kann die südlichen Cazadörfer trotz größerer Nähe zu Zahlé betreuen, da es deren traditioneller Bedarfsstruktur eher entgegen kommt. Gleiches gilt für die ländlichen Siedlungen im Umland Saidas, die auf Nabatiyet ausgerichtet sind.
- Einzelne Orte mit sozialhistorisch bedingten höheren Ansprüchen der Bevölkerung inmitten von Gebieten geringeren Lebensniveaus entwickeln sich zu Selbstversorgerorten, wie z. B. Machgara, Ras Baalbek, Deir el Ahmar, Tebnine.

(3) *Die Verteilung verschiedener Religionsgruppen im Raum beeinflußt die zentralörtlichen Systeme* im Untersuchungsgebiet indirekt insofern, als der relativ verschiedene Entwicklungsstand (s. o.) auf die unterschiedliche Innovationsbereitschaft der verschiedenen Religionsgruppen zurückzuführen ist.

Besonders markante Fälle sind:

- Der weit nach Süden reichende Einzugsbereich des schiitischen Baalbek erklärt sich auch aus der konfessionell gleichen Cazabevölkerung, auf die das nahe christliche Zahlé keine Attraktivität ausübt.
- Die Selbstversorgerorte (s. o.) ließen sich meist als christ-

liche Dörfer in muselmanischer Umgebung feststellen.

- Die "exklaven"-artige Ausdehnung des Einzugsbereiches von Zahlé in den Nordteil der Bekaa erstreckt sich auf christliche Siedlungen.
- Der kleinräumige Einzugsbereich von Marjayoun ist ebenfalls auf christliche Orte begrenzt.

Zur wirtschaftlichen Hierarchie der zentralen Orte:

Eine Hierarchisierung der zentralen Orte im Handels- und Dienstleistungssektor ist schwierig, da die ländliche Bevölkerung im Untersuchungsgebiet im allgemeinen nur eine Nachfrage nach Konsumgütern und Dienstleistungen unterer Bedarfsstufe entwickelt. Dieser Bedarf wird von dem jeweils nächstgelegenen zentralen Ort meist vollständig gedeckt.

Als Ausnahmen sind nur die christlichen Selbstversorgerorte etwa unterer Versorgungsstufe in der nördlichen und südlichen Bekaa zu nennen (Deir el Ahmar, Ras Baalbek, Qaa, Machgara). Dort besteht eine Nachfrage nach höher zu ordnenden zentralörtlichen Funktionen. Zur Bedarfsdeckung sucht man vor allem Zahlé auf (s. weiter unten).

Ebenso problematisch ist es, einheitliche Kriterien für eine untere Versorgungsstufe zu finden, da der unterschiedliche Bedarf der Landbevölkerung nach zentralörtlicher Betreuung in Quantität, Qualität und Intensität je nach der Sozialstruktur der Bevölkerung und dem relativen Entwicklungsstand des Gebietes verschiedenartig ist. Besonders deutlich wird dies in einem Vergleich des zentralörtlichen Angebots und seiner Inanspruchnahme von Zahlé und Baalbek:

Trotz geringerer Umlandbevölkerungszahl (Caza Zahlé und Joub Jannine ohne die Stadt Zahlé: ca. 68.000 Einwohner (1968), Caza Baalbek ohne Baalbek ca. 75.000 Einwohner) hat Zahlé mehr Handelseinrichtungen für die Landbevölkerung aufzuweisen als Baalbek. (Bei Zahlé wurde der nur der städtischen Bevölkerung dienende Geschäftsteil nicht mit berücksichtigt, da es nur um den der Landbevölkerung dienenden Teil geht. Da dies in Baalbek nicht möglich ist, wurden dort alle Handelseinrichtungen gezählt):

Bekleidungsbranche: Textilien, neu und gebraucht, und Stoffläden - Verhältnis von 80 (Zahlé) zu 67 (Baalbek),
Schuhläden: Verhältnis von 27 (Z) zu 13 (B), - inklusive Schuhmacher: 38 (Z) zu 20 (B),
Gemischtwaren: 65 (Z) zu 38 (B),
Geschäfte für Lampen, Elektrogeräte, Möbel: 3 (Z) zu 1 (B),

Autoreparatur und -service: 133 (Z) zu 22 (B).

Demgegenüber ist die Ausstattung an traditionellen Handwerksstätten in Zahlé etwa geringer als in Baalbek:
Kesselflicker: 3 (Z) zu 8 (B),
Ofenhersteller: 2 (Z) zu 5 (B).

Außerdem ergab die Käuferbefragung eine unterschiedlich häufige Inanspruchnahme zwischen Baalbek und Zahlé: Während Zahlé aus dem unmittelbaren Umland meist mehrere Male in der Woche aufgesucht wird, ergibt sich für Baalbek im entsprechenden Bereich nur eine Besuchshäufigkeit von maximal einmal in der Woche (oft weniger). Je weiter die Dörfer vom jeweiligen Zentrum entfernt liegen, desto unterschiedlicher werden die Angaben. In Zahlé sinkt die Inanspruchnahme auf einmal im Monat herab, in Baalbek auf wenige Male im Jahr.

Somit zeigt sich, daß die unterschiedliche Ausstattung und Inanspruchnahme der beiden Zentren eine Folge der unterschiedlichen Umlandnachfrage ist, d. h. für die zum Einzugsbereich Baalbeks gehörende relativ "rückständige" Bevölkerung erfüllen die zentralen Handels-, Dienstleistungs- und Gewerbeeinrichtungen denselben Zweck wie die jeweiligen Zahlés für sein Umland. Es sind also weder die Angebotsgröße eines Ortes noch die Nachfragehäufigkeit von seiten der Landbevölkerung als Indizien heranzuziehen, um verschiedene Zentralitätsgrade unterer Stufe gegeneinander abzuheben.

Unter den zentralen Orten unterer Versorgungsstufe lassen sich daher einmal vollzentral wirkende Orte ausgliedern, d. h. Zentren mit einem mehr oder weniger großen Angebot entsprechend dem Bedarf der Umlandbevölkerung. Solche Zentren verfügen auch über einen (meist recht großen) Einzugsbereich mit einer Besuchshäufigkeit, die ebenfalls vor allem durch den Bedarf der Landbevölkerung nach zentralen Funktionen beeinflußt ist (z. B. Baalbek). Diese vollzentralen Orte teilen sich weiterhin in ständig und nur periodisch wirksame Zentren. Zu letzteren gehören diejenigen Handelsplätze, die nur oder überwiegend nur aufgrund ihrer Wochenmarktfunktion aus dem Umland in Anspruch genommen werden, wie z. B. Dahr el Ahmar, Souk el Khan, Bent Jbail, Marjayoun.

Von den vollzentralen Zentren unterer Versorgungsstufe heben sich zum anderen die nur beschränkt wirksamen Zentren (Hermel,

Khiam) ab, deren zentrale Wirksamkeit in ihrem Einzugsbereich nicht nur durch mangelnde Umlandnachfrage nach zentralen Funktionen reduziert wird, sondern auch durch physische Bedingungen (wie Unwegsamkeit des Geländes) oder politische Faktoren (z. B. Grenzveränderungen).

Obwohl die ländliche Bevölkerung generell mit dem Angebot unterer Bedarfsstufe zufrieden gestellt ist, gibt es doch Zentren, die mit Funktionen höherer Ordnung ausgestattet sind, wie es als augenfälligstes Merkmal die Überlagerung des Einzugsbereiches eines Zentrums A durch denjenigen eines Zentrums B zeigt. (Eine nur randliche Überlagerung sei hier ausgeklammert, da sie relativ häufig an den Rändern der Einzugsgebiete zentraler Orte auch unterer Bedarfsstufe auftreten kann.) Andere Einzugsbereiche relativ großräumig überlagernder Versorgungsgebiete weisen Zahlé, Saida und Nabatiyet auf. Kleinräumigere Überlagerungen bzw. Ausrichtung anderer zentraler Orte auf einen Mittelpunkt haben außerdem Sour und Qabb Elias zu verzeichnen. Zahlé und Saida, so ergab die Untersuchung (vgl. V. A. 1. und V. B. 1.), versorgen das Umland mit mehreren als höher einzustufenden Funktionen: Dies sind

- Belieferung des Umlandes mit spezifisch ländlichem Bedarf. Damit ist sowohl der Ankauf (und die Pflege) landwirtschaftlicher Maschinen und Geräte als auch der Erwerb von Düngemitteln, Insektiziden und Saatgut gemeint.

- Vermarktung oder auch Weiterverarbeitung eines großen Teils der Agrarerzeugnisse des Umlandes. Zahlé hat hier allerdings weitgehend nur noch Vermittlerfunktion zwischen dem Erzeugungs- und Absatzgebiet (Beirut, Ausland).

- Belieferung ländlicher Einzelhändler mit Großhandelsgütern. In Zahlé kommt diese Funktion allein dem ambulanten Großhandel für Gemischt- und Haushaltswaren zu, der die Dorfhändler aufsucht. In Saida dagegen tritt zu diesem ambulanten Großhandel auch noch der Obst- und Gemüsegroßhandel, der ebenfalls nur Einzelhändler des Umlandes bzw. der Nachbarzentren Jezzine und Nabatiyet versorgt.

- Versorgung höherstehender Sozialschichten untergeordneter Zentren mit Konsumgütern und Dienstleistungen höherer Bedarfsstufe (z. B. Textilien oder Einrichtungsgegenstände westlich orientierten Geschmacks, moderne elektrische Geräte, Fotoartikel, Friseure, Schneider, Reparaturhandwerk für Elektrogeräte). Diese Versorgungsfunktion hat infolge der Konkurrenz Beiruts eine nur sehr begrenzte zentralitätsfördernde Bedeutung für Zahlé und Saida.

Die "zusätzlichen" Versorgungsbereiche von Nabatiyet, Sour und
Qabb Elias beruhen demgegenüber nur auf der Belieferung von
Einzelhändlern mit Großhandelsgütern. Während diese Funktion
in Nabatiyet und Qabb Elias von ambulanten Großhändlern ausgeübt wird, die den ländlichen Einzelhandel beliefern, beruht
Sours Versorgungsfunktion auf dem Einkauf von Groß- und Einzelhändlern aus Nabatiyet bzw. nur von Detailhändlern aus Bent
Jbail in Sour selbst.

Die genannten Kriterien machen deutlich, daß eine höhere Versorgung kaum auf der direkten Belieferung ländlicher Konsumenten mit privatem Bedarf beruht. Es werden vielmehr durch derartige Funktionen nur bestimmte Wirtschaftskreise und nichtländliche Sozialschichten angesprochen (Landwirte intensiv genutzter Agrarräume, Groß- und Einzelhändler, Beamte, Angehörige freier Berufe).

Die Hierarchie der zentralen Orte in Handel und privaten
Dienstleistungen ergibt somit folgendes Bild für das Untersuchungsgebiet (s. Abb. 8):

- Zentrale Orte mit mehreren Funktionen höherer Ordnung:
  Zahlé, Saida
- Zentrale Orte mit einer Funktion höherer Ordnung:
  Nabatiyet, Qabb Elias, Sour
- Zentraler Ort mit Funktionen unterer Stufe, voll wirksam:
  Baalbek
- Zentrale Orte mit Funktionen unterer Stufe, periodisch wirksam: Dahr el Ahmar, Souk el Khan, Marjayoun, Bent Jbail
- Zentrale Orte mit Funktionen unterer Stufe, nicht voll wirksam: Hermel, Khiam
- Selbstversorgerorte:
  Joub Jannine, Rachaya, Ras Baalbek, Deir el Ahmar, Qaa, Machgara, Jazzine, Hasbaya, Qana, Tebnine, Jbaa

V. C. 3. Einrichtungen des Gesundheitswesens (Abb. 9)

V. C. 3. a. Krankenhäuser

Die Betrachtung kann auf staatliche Krankenhäuser beschränkt
werden, da die wenigen Privatkrankenhäuser im Untersuchungsgebiet (Zahlé, Saida, Nabatiyet) Sozialschichten versorgen, die
so überwiegend in der jeweiligen Stadt leben, daß kaum ein zen-

tralörtlicher Einzugsbereich entstehen kann. Außer in den Cazas Rachaya, Hasbaya und Nabatiyet (hier zum Zeitpunkt der Untersuchung) gibt es in jeder der anderen Cazas ein staatliches Krankenhaus, wenn auch nur meist seit wenigen Jahren.

Theoretisch entspricht der Einzugsbereich dieser Cazakrankenhäuser den Kreisgrenzen (Rachaya soll von Zahlé mitversorgt werden, Hasbaya von Marjayoun, s. Abb. 9). Praktisch jedoch wird der Einzugsbereich durch die Bettenzahl der Hospitäler, ihren Spezialisierungsgrad und ihre Erreichbarkeit so begrenzt, daß die Krankenhäuser dem Zweck, die jeweilige Caza zu versorgen, meist nicht nachkommen können: Im Südlibanon gilt dies für alle Krankenhäuser, in der Bekaa kommt nur Zahlés Hospital den Anforderungen nach. Eine Hierarchie der Krankenhäuser im Untersuchungsgebiet schließt sich daher von selbst aus.

Auf die fast überall verminderte Zentralität folgt als nächsthöhere Stufe allein Beirut als einziger möglicher Kompensator für die mangelnde Ausstattung im Südlibanon und in der Bekaa.

V. C. 3. b. Krankenstationen (Moustouseifs)

Diese bevorzugt von der Landbevölkerung aufgesuchten Stationen gibt es nicht nur in den Cazazentren (außer Rachaya), sondern z. T. bereits in ländlichen Siedlungen (Cazas Baalbek, Zahlé, Marjayoun und Bent Jbail). Mangelhafte Versorgung zeigen allerdings trotzdem vor allem der Südteil der Caza Saida und die Cazas Sour und Hermel wegen relativ schlechter Erreichbarkeit der bestehenden Zentren. Fahrbare Stationen aus Zahlé bzw. Saida schaffen hier seit kurzem eine gewisse Abhilfe.

Generell bestimmt die Verteilung der Stationen im Raum ihre Einzugsbereiche. Aber auch der Entwicklungsstand des Umlandes und damit das Lebensniveau der Landbevölkerung spielen eine Rolle in ihrer zentralen Bedeutung, da von einem bestimmten Einkommen ab die Landbevölkerung es vorzieht, Privatärzte aufzusuchen (s. o.).

Eine Rangordnung der einzelnen Stationen und ihrer Einzugsgebiete ist kaum aufzustellen, da ein großer Einzugsbereich dieser relativ gleichmäßig ausgestatteten Stationen noch lange nicht auf eine besonders große zentrale Bedeutung schließen läßt, sondern vielmehr eine Folge der geringen Umlandausstattung ist.

V. C. 3. c. Privatärzte

Ärztliche Versorgung gibt es in unterschiedlicher Zahl in allen untersuchten Orten. Ihre zentrale Bedeutung richtet sich in der Bekaa und im Südlibanon nach folgendem:

- Besonders das Lebensniveau der Bevölkerung bestimmt, ob Privatärzte oder "Moustouseif"-Stationen aufgesucht werden. Nur Personen mit höherem als dem normalen ländlichen Lebensniveau und entsprechendem Einkommen wenden sich an Privatärzte. Im Südlibanon gilt dies besonders für die christlich besiedelten Gebiete der Caza Jezzine, in geringerem Maße auch der Caza Marjayoun, in der Bekaa für den höher entwickelten zentralen Teil und für die christlichen Dorfbewohner vor allem in der nördlichen Caza Baalbek (typisches Minoritätenverhalten, vgl. V. A. 1. b.). Die Bevorzugung von Privatärzten gegenüber Krankenstationen ist oft durch Prestigestreben beeinflußt. Es kann jedoch auch der Fall eintreten, daß in einem christlich besiedelten Gebiet auch das Umland gut mit Ärzten ausgestattet ist (z. B. nördliche Caza Jezzine). Somit beschränkt sich der Patientenkreis der Orte im ansonsten zentralen Ort auf die lokale Bevölkerung. Dies entspricht einer Selbstversorgungsstufe, wie sie in der westlichen entwickelten Welt bekannt ist.

- *Aber auch das Vorhandensein von Spezialärzten und Zahnärzten bestimmt die zentrale Bedeutung eines Ortes im Bereich des Gesundheitswesens.* Da eine derartige Versorgung nicht in den kostenlosen Behandlungsstationen gewährt wird, sucht die Landbevölkerung im Bedarfsfall die privaten Spezialisten auf. Spezialärzte sind nur in Saida und Zahlé ansässig. Allein dies erlaubt es, beiden Städten eine höhere Zentralitätsstufe zuzubilligen als den übrigen Orten im Untersuchungsgebiet.

V. C. 4. Staatliche Oberschulen (Abb. 10)

In allen Cazahauptorten der Bekaa mit Ausnahme von Rachaya gibt es ein staatliches Gymnasium, in der Caza Baalbek seit 1972 sogar ein zweites (in Ras Baalbek). Im Mohafazagebiet des Südlibanon sind acht Orte mit staatlichen Gymnasien ausgestattet. Sechs davon befinden sich in Cazazentren. Die zwei übrigen Aufbaugymnasien liegen in ehemaligen Verwaltungszentren (ehem. Nahiehauptorte). Dies macht noch einmal die häufige Parallelität von Verwaltungs-, Schul- und auch Gesundheitseinrichtungen in einem Ort deutlich. Die Anzahl der Schüler in den einzelnen Schulen ist sehr unterschiedlich, gibt aber, da sie sich meist nach der Größe des Schulortes richtet, noch keinerlei Auskunft über die zentrale Bedeutung der Schule (vgl. z. B. Saida, Sour, Zahlé). Dies wird erst aus der Zahl der auswärtigen Schüler ersichtlich.

Die Größe des Schuleinzugsbereiches und das eventuelle Vorhandensein eines weiteren Einzugsgebietes für die in den Schulwochen im Schulort wohnenden Kinder hängt besonders von folgenden Faktoren ab:

- Die Erreichbarkeit des Schulortes mit öffentlichen Verkehrsmitteln besonders unter Entfernungs- und Kostengesichtspunkten wirkt sich vor allem auf den Einzugsbereich der täglich in den Schulort pendelnden Jugendlichen aus. Dies führt z. B. dazu, daß Zahlé aufgrund der besonders guten Verkehrserschlossenheit der zentralen Bekaa (vgl. Service-Taxi-Karte, Abb. 12) einen großen Schulpendlereinzugsbereich hat oder daß Baalbek und mehr noch Hermel aufgrund schlechterer Erreichbarkeit eine geringe Oberschulreichweite besitzen. Im Südlibanon beeinflußt auch der Aspekt eines sicheren Schulweges die Wahl des Schulzentrums. So werden vor allem Marjayoun und Bent Jbail als Schulorte gemieden, falls die Kinder auf dem Weg dorthin die grenznahen Straßen zu Israel benutzen müssen!

- Das Lebensniveau bestimmt die Nachfrage nach höherer Bildung. Dies führt z. B. dazu, daß die Bevölkerung rückständiger Räume, wie die der nördlichen und südlichen Bekaa oder der Caza Sour und Hasbaya im Südlibanon, kaum höhere Schulbildung anstrebt. Die Folge sind "unausgenutzte" Schuleinzugsbereiche (vgl. Abb. 10).

- Der Wunsch besonders religiöser Minderheitengruppen in der Landbevölkerung, ihre Kinder in konfessionell gleiche Schulzentren zu schicken, führt zur Vergrößerung bestimmter Schuleinzugsbereiche oder sogar zu exklaveartiger Zugehörigkeit zu diesen Zentren. Als Beispiele lassen sich anführen in der

Bekaa Ras Baalbek, Qaa, Deir el Ahmar, die an Zahlé angeschlossen sind, ferner die Ausweitung des Einzugsbereiches von Zahlé in die südliche Caza Baalbek und die Ausdehnung des Einzugsbereiches von Joub Jannine auf insbesondere sunnitische Dörfer. Im Südlibanon verzeichnet das sunnitische Saida einige Schüler aus sunnitischen Familien in der Caza Hasbaya; von Khiam (schiitisch) werden Schüler lieber in das gleichstrukturierte Nabatiyet als in das nähere Marjayoun geschickt.

- In der Bekaa ließ sich darüber hinaus feststellen, daß die Wahl oder auch Meidung eines bestimmten Schulortes durch seine besondere Ausbildungsqualität mitbestimmt wurde (besonders Zahlé).

Die genannten Gesichtspunkte ermöglichen es, drei verschiedene Schulzentralitätsstufen aufzustellen: (vgl. Abb. 10)

- unterste Stufe: Schulorte mit einem Einzugsbereich nur täglicher Pendler (in der Bekaa Hermel und Ras Baalbek, im Südlibanon Jezzine, Marjayoun, Bent Jbail, Tebnine, Qana).

- mittlere Stufe: Schulorte mit täglichen Pendlern und in der Schulzeit im Ort in Pension wohnenden Schülern aus einem weiteren Umland (Bekaa: Baalbek, Joub Jannine; Südlibanon: Nabatiyet und Sour).

- höhere Stufe: Schulort mit den gleichen Voraussetzungen wie die zuvor genannten Stufen, aber quantitativ - eventuell auch qualitativ - besserer Schulausstattung. Dies sind Zahlé und Saida.

    Saida unterscheidet sich von dem Bekaazentrum dadurch, daß es auch ein räumlich vom Schulort durch die Einzugsbereiche anderer Schulplätze getrenntes Gebiet (Caza Hasbaya) mit versorgt (vgl. auch Nabatiyet und Khiam!).

Die höchste Schulzentralitätsstufe kommt wie in anderen Sektoren natürlich Beirut zu. Allerdings ist Beiruts Dominanz geringer als im Handelssektor, da der Schulbesuch in Beirut mit höheren Kosten verbunden ist als in den Regionalzentren. Der Einzugsbereich Beiruts beschränkt sich daher meist auf einen kleinen Kreis besser situierter städtischer Familien, die ihre Kinder zudem weniger auf die staatlichen Schulen als vielmehr auf die besseren Privatgymnasien schicken.

VI. ABGRENZUNG DER IN DIESER UNTERSUCHUNG VERWANDTEN ARBEITSMETHODE GEGENÜBER ANDEREN METHODEN DER ZENTRALITÄTSFORSCHUNG

In der vorliegenden Arbeit wurden die Ergebnisse durch Befragung folgender Personenkreise ermittelt: a) repräsentativer Kontaktpersonen im Umland, b) Personen, denen die Wahrnehmung zentralörtlicher Funktionen obliegt, c) Straßenpassanten (begrenzt auf Zahlé, Baalbek, Saida, Sour, Nabatiyet und die Märkte Dahr el Ahmar, El Marj, Souk el Khan).

Die bisweilen auch in Entwicklungsländern angewandte Katalogmethode (s. VORLAUFER 1968, SHAMMANI 1971, usw., vgl. II. B.) erwies sich schon in einem Vergleich zwischen Zahlé und Baalbek (s. V. C. 2.) als nicht brauchbar, da sie nicht die Abhängigkeit der Zentralität eines Ortes von der Entwicklungsstufe des Umlandes deutlich macht. Genauso wenig berücksichtigt diese Methode mögliche Diskrepanzen zwischen Angebot und Nachfrage in manchen Orten (vgl. Bent Jbail, Rachaya). Das Angebot für den höheren städtischen Bedarf würde mit in den Katalog der zentralörtlichen Funktionen eingehen und ein falsches Bild ergeben, da dieser Angebotsteil nicht immer ohne Befragung als "städtisch" identifiziert werden kann.

Die landeskundlich-synthetische Methode (SPITTA 1949, MÜLLER-WILLE 1952, usw., vgl. II. A.) muß ebenfalls als unbrauchbar angesehen werden, da kein genügendes Material, weder historischer noch geographischer Art, zu den relativ kleinräumigen untersuchten Gebieten vorliegt.

Von statistischen Methoden, basierend auf dem aktiven Bevölkerungsteil (SCHLIER 1937) oder dem Bevölkerungsverdienst, der

Bevölkerungsdichte u. a. m. (z. B. AJO 1953), muß abgesehen werden. Es gibt auch hier kein genügend fundiertes und vor allem kleinräumig aufgeschlüsseltes Material für das Untersuchungsgebiet. Diese statistische Methode, basierend auf Bevölkerungszahlen, ist im Libanon ganz besonders erschwert, da seit 1932 keine vollständige Volkszählung mehr stattgefunden hat.

Wegen mangelnder Bevölkerungszahlen für kleinräumige Einheiten kann auch CHRISTALLERS Telefonmethode (1933) nicht berücksichtigt werden, obwohl diese Methode einen Ansatz in der Erstellung einer zentralörtlichen Hierarchie liefern könnte. In den unterentwickelten Teilen des Untersuchungsgebietes sind Telefone noch überwiegend auf zentralitätsausübende Funktionen begrenzt.

Als einzig mögliche statistische Methode zur Erfassung von zentralörtlichen Einzugsbereichen und zur Untersuchung der Hierarchie zentraler Orte kann z. B. in Analogie zu KLÖPPERS Methode der Autobusdichte in Niedersachsen (1952) die Service-Taxidichte und ihre Fahrtrichtung in Fahrpreisdistanz herangezogen werden.

Der Service-Taxi-Karte liegen folgende Angaben zugrunde (Abb. 12):
- Anzahl der Taxis im Untersuchungsgebiet,
- Fahrtrichtung,
- Fahrpreisdistanz.

Die Anzahl der Service-Taxis gibt sämtliche Taxis im Umland der zentralen Orte als auch in den Zentren selbst wieder (Erhebung Herbst 1972). In den zentralen Orten ist die Anzahl der Service-Taxis aufgegliedert nach der Zahl der das Umland befahrenden Wagen (in Saida, Sour und Zahlé auch den innerstädtischen Verkehr einschließend) und derjenigen, die im Pendelverkehr zu anderen Zentren eingesetzt sind. Die der Taxenzahl zugeordneten Pfeile kennzeichnen immer die Richtung, in der der Zielort zu suchen ist, wobei der jeweils nächste Ort als Fahrtziel aufgefaßt wird. (Dies gilt sowohl für die Taxen des Umlandes als auch für die in den Zentren stationierten Autos.) Ferner gibt die Karte die Fahrtentfernung nach Preisgrenzen wieder, die sich als meist konzentrische Formen um die Zielorte legen.

Ein Vergleich dieser Service-Taci-Einzugsbereiche mit den empirisch erarbeiteten zentralörtlichen Einzugsbereichen läßt erkennen, ob sich Übereinstimmungen beider Einzugsbereiche bei einzelnen Zentren ergeben und diese Methode somit zur Erarbeitung zentralörtlicher Einzugsbereiche herangezogen werden kann.

VII. DIE SERVICE-TAXI-DICHTE,-FAHRTRICHTUNG UND FAHRPREISDISTANZ ALS METHODE ZUR ZENTRALITÄTSBESTIMMUNG (s. Abb. 12)

(1) *Folgende Gründe sprechen für die Eignung der Service-Taxis als Indikator für Zentralität:*

- Sie sind das meistbenutzte öffentliche Verkehrsmittel im Land und stellen, da sowohl in Städten als auch in den meisten Dörfern stationiert, eine ständige Verbindung zwischen Stadt und Land her.
- Sie haben, anders als Taxis in westlichen Ländern, feste Fahrtrouten, so daß ein Ort, von dem aus eine größere Anzahl von Taxis in verschiedene Richtungen abfährt und der gleichzeitig Zielpunkt mehrerer Taxirouten ist, als zentraler Ort eingestuft werden kann. Die entferntesten Dörfer, von denen aus noch Taxiverbindungen zum Zielort bestehen, bilden daher die Einzugsbereichsgrenze des zentralen Ortes.
- Die Taxis erheben Festpreise, die so gering sind, daß sie auch von der armen Landbevölkerung in Anspruch genommen werden können. Dieses Verkehrsmittel unterliegt also keiner Sozialprägung. (Die Fahrpreise können u. a. so niedrig gehalten werden, da ein Taxi nie abfährt, bevor sich nicht 5 Fahrgäste gefunden haben.)

(2) *Fahrtrichtungen und Fahrpreisdistanzen der Service-Taxis lassen folgende Rückschlüsse zu:*

- Fast alle Orte im Untersuchungsgebiet mit zentraler Bedeutung, sei es aufgrund nur einer Funktion oder mehrerer Funktionen, haben ein auf sie ausgerichtetes Taxinetz.

  Nur die Einzugsbereiche von Qana und Tebnine (Zentralität im Schul- bzw. Schul- und Gesundheitssektor) spiegeln sich nicht in einem Taxieinzugsbereich wider. Grund ist, daß beide Orte von durchfahrenden Taxis inbesondere auf der Strecke Sour – Bent Jbail bzw. Nabatiyet – Bent Jbail bedienbar sind, denn ihre Einzugsbereiche erstrecken sich vor allem entlang den jeweiligen Straßen.

- Meist endet der durch Taxis an einen Ort angeschlossene Bereich bei einem Fahrpreis oberhalb von 0,75 LL[1]. Dann setzt entweder der Einzugsbereich des nächsten zentralen Ortes ein (vgl. Zahlé, Baalbek, Joub Jannine, Dahr el Ahmar, Saida, Nabatiyet, Marjayoun, Souk el Khan), oder aber es beginnt ein mit öffentlichen Verkehrsmitteln unterversorgter Raum (Hermel, nördliche Bekaa, südlicher Grenzbereich zu Israel). In diesen Räumen liegt die Fahrpreisgrenze meist bei 1,- LL (Südlibanon), kann aber auch bis zu 2,- LL ansteigen (nördliche Bekaa). Nicht nur größere Distanzen von den Dörfern zu den jeweiligen Zentren wirken fahrpreiserhöhend, sondern auch die kurvigen, steigungsreichen Strecken (Südlibanon).

Besonders der Vergleich der Taxi-Fahrpreisentfernungen mit den Handelseinzugsbereichen der zentralen Orte macht deutlich, daß sich der Bereich oberhalb 0,75 LL von dem bis 0,75 LL durch geringere Besuchshäufigkeit im zentralen Ort unterscheidet.

Demzufolge kennzeichnet der Fahrpreis bis zu 0,75 LL der Service-Taxis den Haupteinzugsbereich eines zentralen Ortes auf unterer Bedarfsstufe.

- Einzugsbereichsgrenzen bei 0,50 LL oder nur ein kleiner Bereich bis zu 0,75 LL weisen meist darauf hin, daß die Zentralität eines Ortes nur auf einer oder wenigen schwach wirkenden Funktionen beruht, besonders wenn in nicht allzugroßer Entfernung ein besser ausgerüstetes Zentrum besteht. Beispiele: Joub Jannine, Ras Baalbek, Jezzine, Hermel - Schulfunktion; Dahr el Ahmar, Souk el Khan - Marktfunktion.

Daraus folgt: Die Einzugsbereichsgröße und damit die *Anzahl der auf den Ort ausgerichteten Service-Taxis steigt mit der Anzahl der zentralen Funktionen eines Ortes*, natürlich nur in Relation zur Intensität der Inanspruchnahme aus dem Umland.

- Einige Orte haben Service-Taxi-Einzugsbereiche, die diejenigen anderer Orte ganz oder zumindest zu einem recht bedeuten-

---

[1] Alle Preisangaben beziehen sich auf Fahrpreise von 1972.

den Teil überschneiden.

Dies gilt für Zahlé und Baalbek, Saida, Sour, Nabatiyet und Marjayoun. Bei Baalbek und Marjayoun ist allerdings zu berücksichtigen, daß sie nicht nur Zielort der durch die Taxis dorthin beförderten Personen sind, sondern vielmehr auch als Umsteigeplatz auf der Weiterfahrt nach Zahlé und Beirut bzw. Nabatiyet, Saida und Beirut dienen.

Daraus folgt: *Überlagert der Service-Taxifahrbereich eines zentralen Ortes denjenigen eines anderen Ortes oder bezieht jenen ein, so ist dem erstgenannten Ort zumeist eine in einigen Bereichen (vgl. V. C.) übergeordnetere zentrale Bedeutung zuzuordnen als dem zweiten.*

(3) Die Service-Taxidichte der zentralen Orte und ihres Umlandes läßt folgende Rückschlüsse zu:

- Alle zentralen Orte heben sich durch eine größere Service-Taxi-Anzahl im Ort von den Siedlungen des Umlandes ab. (In fast jedem größeren Dorf ist zumindest ein Taxi stationiert, in den Orten mit zentraler Bedeutung sind es dagegen mindestens 10 Taxis.)

- Auch die Selbstversorgerorte auf unterer Stufe lassen sich durch eine größere Taxizahl von normalen Dörfern unterscheiden (Ras Baalbek, Deir el Ahmar, Tebnine usw.).

- *Die Anzahl der Taxis im Taxifahrbereich eines zentralen Ortes ist ein Maß für den Bedarf der Landbevölkerung an zentralen Funktionen oder ein Maß für die Häufigkeit der Inanspruchnahme der zentralen Orte* (vgl. z. B. Zahlé mit 109 Taxis bis zu einer Fahrpreisentfernung von 0,75 LL im Gegensatz zu Baalbek mit 71 Fahrzeugen in dem entsprechenden Bereich).

Voraussetzung für die Brauchbarkeit dieser Aussage ist allerdings, daß die Service-Taxis hauptsächlich von Personen benutzt werden, die zur Inanspruchnahme zentraler Funktionen in den Ort kommen. Dies gilt weitgehend für das Untersuchungsgebiet, da es pendelnde Arbeitsbevölkerung, die nicht in die Zentralitätsuntersuchung einbezogen wurde, nur begrenzt und in der näheren Umgebung von Saida und Zahlé gibt. - Hinzu kommen diejenigen Personen, die zumeist über diese Orte

weiter nach Beirut fahren. - Die Taxidichte in Saida und
Zahlé darf daher nicht vollständig als Maßstab für ihre
zentrale Bedeutung angesehen werden.

- Die unterschiedliche Taxidichte im Umland eines Zentrums erlaubt es, bei genügend großem Fahrteinzugsbereich aufgrund
von stärkerer und geringerer Taxidichte zwei unterschiedlich
ausgestattete Räume auszuscheiden. Sie entspricht meist der
Fahrpreisgrenze von unter bzw. über 0,75 LL. Somit ist dies
ein weiteres Indiz für die Abgrenzung des Haupteinzugsbereiches eines zentralen Ortes von seinem Ergänzungsgebiet (vollzentrale Orte mit z. T. höheren Funktionen) bzw. von einem
unterversorgten Raum (voll oder beschränkt zentrale Orte unterer Stufe).

(4) Die Grenzen der Service-Taxi-Methode zur Bestimmung zentralörtlicher Einzugsbereiche

- Diese Methode läßt sich nur dort anwenden, wo noch eine
hauptsächlich landwirtschaftlich tätige Landbevölkerung existiert, so daß die Taxieinzugsbereiche der zentralen Orte
nicht auf den Pendelbewegungen der Arbeitsbevölkerung beruhen (s. o.).

- Exklaven im zentralörtlichen Einzugsbereich, wie Zahlé sie
aufweist (besonders nördliche Bekaa), lassen sich selten
durch die Service-Taximethode erfassen, da zumindest bei
größerer Entfernung zum Zentrum direkte Verkehrsverbindungen
dorthin kaum bestehen. Vielmehr fahren die Service-Taxis nur
bis zum nächsten zentralen Ort (z. B. Baalbek), von dem aus
ein Anschluß in das gewünschte Zentrum besteht.

- Die Taxidichte in den Dörfern an den Überlandstraßen, die
bereits von öffentlichen Taxilinien befahren werden, läßt
kaum Rückschlüsse über den Bedarf des Dorfes an Taxi-Fahrten
(und damit zentralörtlichen Einrichtungen) zu, da die Bevölkerung durch vorbeifahrende Taxis mitversorgt wird.

Insgesamt gesehen zeichnet sich ab, daß die "Service-Taxi-Methode" unter Berücksichtigung der Einschränkungen von VII. 4.
(als **Voraussetzung** hauptsächlich ländliche Bevölkerung im Umland, **keine** Berücksichtigung von Exklaven eines Einzugsberei-

ches usw.) genau das nachzeichnet, was die empirischen Einzeluntersuchungen ergeben haben. *Sowohl die zentralörtlichen Bereiche unterer Ordnung in ihrer Umgrenzung als auch die Intensität der Inspruchnahme des jeweiligen Zentrums und auch die Überlagerung durch Einzugs- und Versorgungsbereiche von zentralen Orten mit einer Funktion oder mehreren Funktionen höherer Ordnung (Saida, Zahlé, Nabatiyet) sind im Bild der Taxilinien ablesbar.* Der relativ geringe Entwicklungsstand des privaten Verkehrs, besonders im ländlichen Raum, erlaubt diesen Rückgriff auf öffentliche Verkehrsmittel als Indikator zentralörtlicher Beziehungen (wie bereits grundsätzlich KLÖPPER 1952 darlegte).

Allerdings kann diese Methode nur als ein zusätzliches Hilfsmittel zur Erfassung der Zentralität angesehen werden, denn sie bringt weder zum Ausdruck, worauf die Zentralität eines Ortes beruht noch wodurch sie beeinflußt wird. Da es sich bei der vorliegenden Studie um eine Untersuchung in einem in dieser Hinsicht unbekannten Raum handelt, bedürfen gerade diese Fragen einer Klärung.

Letzteres ist jedoch nur durch die in der Arbeit verwandte Befragungsmethode möglich. Eine Kombination von Befragung und Service-Taxi-Methode bietet sich allerdings zumindest im Libanon geradezu an, da statistische Informationen zu den Servicetaxis ebenfalls nur durch direkte Befragung in den einzelnen Dörfern und den Siedlungen im ländlichen Raum zu ermitteln sind.

VIII. ERGEBNISSE DER GESAMTUNTERSUCHUNG

Die Verfasserin hat sich vorgenommen, am Beispiel des Libanon herauszufinden:
- Welche Funktionen klein- und mittelstädtischer Zentren sind in einem orientalischen Land zentralitätsbildend?
- Welche davon unterscheiden sich graduell oder prinzipiell von

den aus modernen westlichen Ländern bekannten Funktionen (Art und Erkennungsmethode Abschn. I)?
- Ist es möglich, die im Orient zentrierend wirkenden Funktionen nach westlichem Vorbild in mehrere Zentralitätsstufen zu gliedern (Abschn. IV.)?
- Inwieweit wird das zentralörtliche System im Untersuchungsgebiet durch Beiruts starke Vorrangstellung für den ganzen Libanon beeinflußt?

Es wurden 17 Orte untersucht (Abschn. III), sämtlich in denjenigen Teilen des Landes (Bekaa und Südlibanon), die erst nach 1920 dem Libanon angeschlossen wurden. Zuvor gehörten beide Regionen zu den unter türkischer Herrschaft stehenden Verwaltungsgebieten (Vilayets) von Damaskus bzw. Beirut. Das Untersuchungsgebiet kann daher noch weitgehend als orientalischem Grundmuster entsprechend betrachtet werden.

In allen Orten wurde die zentralitätsfördernde Rolle verschiedener Einrichtungen in Verwaltung, Gesundheits- und Schulwesen sowie im Handels-, Gewerbe- und Dienstleistungsbereich untersucht. Als methodischer Arbeitsansatz dienten sowohl die "Katalogmethode", d. h. die Aufnahme und Kartierung aller zentralen Einrichtungen in den Orten selbst, als auch eine Form der "Umlandmethode", nämlich eine Befragung der Landbevölkerung über ihr Gebiet und die Intensität der Inanspruchnahme ihres jeweiligen Zentrums.

Zusätzlich wurden Auskünfte bei Repräsentanten sowohl des Handels als auch privater und staatlicher Dienstleistungen in den zentralen Orten über Herkunftsgebiete und Besuchshäufigkeit ihrer "Kunden" eingeholt. In den größeren Zentren dienten Straßenpassantenbefragungen als weitere Möglichkeit zur Abgrenzung der zentralörtlichen Einzugsbereiche.

Eine Untersuchung über die Dichte, Richtungen und Fahrpreisdistanzen der Service-Taxilinien (Abschn. VI) stellte sich schließlich, in Fortführung von KLÖPPER (1952), als eine brauchbare Indikatormethode heraus, die durch empirische Einzelerhebungen erarbeiteten zentralen Orte und ihre Einzugsbereiche nachzuzeichnen.

Die sachlichen Ergebnisse lassen sich in folgenden Thesen zusammenfassen:

1. Die Existenz und Lage der zentralen Orte im Untersuchungsgebiet ist ein Erbe der Geschichte. Fast alle Orte waren schon zumindest in osmanischer Zeit wenigstens kleinere administrative Zentren. Häufig befanden sich auch Märkte am Ort oder in der Nähe.

Einzige Ausnahme ist Bent Jbail. In jenem Teil des südlichen Jabal Amel ist die Verwaltungsfunktion nach der libanesischen Unabhängigkeit von dem traditionellen Zentrum Tebnine auf das besonders in der französischen Mandatszeit zum Marktzentrum aufgeblühte Bent Jbail übergewechselt.

Auch die beginnende Ausstattung des ländlichen Raumes besonders mit staatlichen Einrichtungen im Gesundheits- und Schulwesen zeigt deutlich eine Bevorzugung von Dörfern mit ehemaliger Nahiefunktion (z. B. Qana, Tebnine, Ras Baalbek).

2. Die administrativen zentralen Einrichtungen im Untersuchungsgebiet haben für ihre Verwaltungsbezirke sehr unterschiedliche, meist geringe Bedeutung. Dies gilt sowohl für die Intensität der Inanspruchnahme der Verwaltungsdienste als auch für die Effizienz der staatlichen Maßnahmen in den nachgeordneten Gemeinden.

Die mangelnde Relevanz der Verwaltungseinrichtungen ist vor allem eine Folge der rückständigen Lebens- und Wirtschaftsstufe des Bereiches. Daraus folgt: *Die Bedeutung der Verwaltungseinrichtungen ist abhängig vom Entwicklungsstand des zugehörigen Bereiches.* Je nach dem Lebensstandard der Landbevölkerung erfolgen verschieden häufige Besuche bei den Verwaltungsdiensten; dabei werden die Besuche durch die "Nachfrager" selbst oder durch delegierte Personen durchgeführt. In einzelnen Teilen des Untersuchungsgebietes ist ein Kontakt mit den Dorfbewohnern überwiegend nur durch die Dörfer besuchenden Beamten aufrechtzuerhalten.

3. Generell läßt sich eine Gruppe von häufiger in Anspruch genommenen Verwaltungseinrichtungen, wie Dienststellen für die

Landwirtschaft, Bauamt, Sozialbehörden und Kaimakam (Mohafez), von einer solchen weniger häufig benötigter Institutionen, wie Finanzamt, Gesundheitsbehörde und Planungsamt, unterscheiden.

4. Trotz eindeutiger Instanzenabgrenzung von Caza-(Kreis-)gebieten gegeneinander oder gegen Mohafaza-(Provinz-)gebiete übergehen besonders fortschrittliche ländliche Bevölkerungsteile untere Instanzen. Sie wenden sich gleich an die höher geordneten Dienststellen (Mohafazaverwaltung bzw. die Landesministerien in Beirut). Dies kann als eine Folge der starken Verwaltungskonzentration mit Entscheidungsrecht meist nur in Beirut angesehen werden.

5. *Die Ausstattung der zentralen Orte mit Einrichtungen des Einzelhandels und Gewerbes ist nur dann zentralitätsrelevant, wenn durch Sortiment, Preis, Aufmachung und oft Kreditmöglichkeit ein ländliches Publikum angesprochen wird.* Folgende Ladentypen haben sich in zentralen Orten als umlandsrelevant erwiesen:
- Läden mit großem Warenangebot in vielen verschiedenen Artikeln überwiegend traditionell-orientalischer oder primitiv-westlicher Art,
- Läden mit Angebot besonders für den periodischen und längerfristigen Bedarf,
- zur Straße hin offene Läden oder solche mit einer Holzfront, in die mehr oder weniger große Glasscheiben und eine Ladentür eingesetzt sind,
- Läden mit höchstens in Ansätzen dekorierten Schaufenstern,
- Läden mit relativ seltenen Aushängeschildern und Beschriftungen, nur in arabischen Schriftzeichen.

6. *Die Großhandelsfunktion der zentralen Orte, die auf dem Verkauf der Agrarproduktion und der Belieferung vor allem ländlicher Einzelhändler beruht, geht ständig zugunsten des kapitalkräftigeren und moderneren Großhandels von Beirut zurück.* Höhere Preise für Agrarerzeugnisse bzw. ein besseres, breiteres und oft auch billigeres Angebot an Konsumgütern för-

dern die Ausrichtung auf Beirut. Die allgemein leichte Erreichbarkeit der Hauptstadt aus dem gesamten Untersuchungsgebiet begünstigt zusätzlich diese Entwicklung. Darüber hinaus versorgen besonders Beiruter Großhändler und Hersteller den ländlichen Einzelhandel durch periodisch die Dörfer abfahrende Lieferwagen. So geraten selbst recht traditionell eingestellte Bevölkerungskreise in rückständigen Gebieten mit bislang noch vorherrschender Orientierung auf den Großhandel im eigenen Regierungsbezirk mehr und mehr in den Einflußbereich Beiruts.

7. Die Grenzen der zentralörtlichen Bereiche verlaufen meist dort mit Verwaltungsgrenzen konform, wo verkehrssperrende physische Leitlinien (Gebirgsketten, Flußschluchten) zugrunde liegen (z. B. Libanongebirge, Flüsse Hasbani oder Qasmiyé). Diese physischen Grenzen, die oft auch in der älteren Verwaltungsgliederung erkennbar sind, bilden in erster Linie Kommunikationsschranken, an die sich - wahrscheinlich - die Verwaltungsgrenzen angelehnt haben.

Da selbst moderne Straßenbauten, meist wohl alten Verkehrswegen folgend, diese natürlichen Hindernisse oft umgehen, beeinflussen die ehemaligen Kommunikationsschranken auch heute noch die Orientierung der Landbewohner auf bestimmte lokale Zentren (Beispiele: Abgrenzung des Ostbereiches von Nabatiyet zu Marjayoun, des nördlichen Südlibanon mit Jezzine gegen die südliche Bekaa).

Ist das nicht der Fall, so decken sich Einzugsbereichsgrenzen meist nicht mit administrativen Grenzen (z. B. Grenze der Bereiche von Zahlé und Baalbek, Baalbek und Hermel, Marjayoun und Bent Jbail). Sowohl die Inanspruchnahme von Einrichtungen des Handels, des Gewerbes und von privaten Dienstleistungen als auch die Versorgung durch staatliche Einrichtungen im Gesundheits- und Schulwesen überschreiten die Kreisgrenzen.

8. *Häufiger als an Verwaltungseinheiten orientieren sich Einzugsbereiche an der Verteilung unterschiedlicher Sozial-, hier Religionsgruppen* (s. auch VIII. 11.). Sie beeinflussen das Angebot der zentralen Orte und die Intensität ihrer Beanspruchung

wie folgt:

- Die Einzugsbereichsgrenzen folgen oft Grenzen zwischen verschiedenen Sozial-, hier Religionsgruppen, selbst innerhalb eines Ortes (z. B. Dorf Beit Shama auf der Grenze des Einzugsbereiches von Zahlé und Baalbek).

- Besonders in Räumen mit religiösen Minderheiten kommt es zu außerökonomischen Verschiebungen in der Abgrenzung der Zentralitätsbereiche, da die jeweilige Minderheit bestrebt ist, ihren Bedarf in dem religiös gleichstrukturierten Zentrum zu decken. Dies gilt selbst bei größerer Entfernung zum religiös gleichen Ort als zu dem zentralen Ort einer anderen Religionsgemeinschaft (z. B. christliche Dörfer zwischen Baalbek und Zahlé).

- Wird die Entfernung zu einem derartigen Zentrum zu groß für die Bedarfsdeckung unterer Stufe, entwickelt sich der Ort zu einem "Selbstversorger" beschränkter unterer Stufe. Man sucht "sein" Zentrum dann nur noch zur höheren Bedarfsdeckung auf. Dies gilt besonders für christlich besiedelte Dörfer (Deir el Ahmar, Ras Baalbek, Qaa, Machgara).

- Besonders Christen, vor allem wenn sie als Minorität in einem Gebiet siedeln, heben sich von andersgläubigen Bewohnern der umliegenden Dörfer ab, indem sie zentrale Funktionen einer höheren Bedarfsstufe eher nutzen. Dies gilt vor allem für den Einkauf von Konsumgütern und die Inanspruchnahme privater und damit kostenpflichtiger Institutionen im Gesundheits- und Schulwesen (z. B. Christen der Caza Marjayoun, des südlichen Chouf und der Caza Jezzine).

9. In der Versorgung der Landbevölkerung mit sozialen Funktionen bzw. Gütern und Dienstleistungen des privaten Bedarfs (direkt an Verbraucher) kommt allen zentralen Orten gleichrangig untere Versorgungsstufe zu. Die kaum vorhandene Nachfrage der Landbevölkerung nach Diensten und Waren höheren Bedarfs, besonders im privaten Bereich, kann als Kennzeichen für eine relativ rückständige Lebensweise angesehen werden, die für viele Entwicklungsräume typisch ist.

10. Obwohl die zentralen Orte im Verhältnis zu ihrem Umland weitgehend gleich eingestuft werden können, sind sie nicht gleichwertig. Die Intensität der Inanspruchnahme der zentralen Orte aus den Siedlungen ihres Bereiches ist regional extrem verschieden (z. B. Zahlé und Hermel). Sie richtet sich nach dem relativen Entwicklungsstand des betreffenden Gebietes. Auch die regionale Unterschiedlichkeit der Wirtschaftsentwicklung von

der Subsistenz- zur Marktwirtschaft ist als Charakteristikum eines Entwicklungslandes anzusehen.

11. *Die Gründe für den unterschiedlichen Entwicklungsstand des Landes und damit der unterschiedlichen Inanspruchnahme der zentralen Orte, für Quantität und Qualität des zentralörtlichen Angebots sind im Bildungs- und Lebensstandard der Umlandbevölkerung zu suchen.* Für diese wiederum ist aus historischen Gründen zur Zeit im Untersuchungsgebiet die religiöse Differenzierung als ursächlich anzusehen (WIRTH 1967). Folgende Religionsgruppen bestimmen die Lebensform und den Wirtschaftsgeist in den untersuchten Regionen:

- Die Schiiten, hier als Metualis vertreten, leben in zwei räumlich getrennten Regionen des Untersuchungsgebietes. In der nördlichen Provinz Bekaa leben sie als Gruppe niederen Bildungsniveaus mit weitgehender Subsistenzwirtschaft und daher sehr geringer Nachfrage nach zentralen Funktionen. Im Südlibanon (Jabal Amel) stellen sie dagegen eine etwas fortschrittlichere Bevölkerungsschicht, die besonders durch den Anbau von Spezialkulturen (Tabak) über ein relativ gutes Einkommen verfügt und stärker marktorientiert ist. Florierende Märkte orientalischer Prägung in ihren Wohngebieten sind Haupteinkaufs- und z. T. auch noch Absatzplätze.

- Die Drusen, im unwegsamen Grenzraum zu Syrien (Hermongebirge) angesiedelt, sind noch ähnlich rückständig wie die Metualis der nördlichen Bekaa. Sie versorgen sich weitgehend selbst. Ihr Konsumbedarf ist durch wenige Wochenmärkte zufriedengestellt.

- Die Christen, in größerer Zahl in der zentralen Bekaa sowie in den Cazas Chouf, Jezzine und Marjayoun wohnend, bilden meist die fortschrittlichste und daher auch zentralörtlichen Funktionen am ehesten aufgeschlossene Gruppe. Ihr oft relativ hoher Entwicklungsstand führt allerdings bereits zu einer bevorzugten Nutzung eines höheren Grades der Zentralität, als das Untersuchungsgebiet sie anzubieten hat. Fahrten nach Beirut gewinnen daher immer mehr an Bedeutung. Dies gilt besonders für den Südlibanon; in der Bekaa ist Zahlé dagegen noch eher ein Alternativzentrum. Gleichzeitig besteht die Tendenz, vom Lande in die Stadt, d. h. in die Provinzzentren oder gar nach Beirut, zu ziehen.

- Die Sunniten stellen in den untersuchten Regionen nur geringe Bevölkerungsteile auf dem Lande. Sie passen sich weitgehend den ihnen benachbarten Religionsgruppen an (in der zentralen Bekaa den Christen, im Hermongebirge den Drusen).

12. *Die zentralörtlichen Bereiche der untersuchten Orte sind nicht immer gleichmäßig intensiv und flächendeckend, sondern z. T. in Bereiche unterschiedlicher Inanspruchnahme zentralörtlicher Einrichtungen gegliedert* (z. B. Regionen mit unterschiedlicher Besuchshäufigkeit des Marktes). Daneben gibt es Räume effektiver Unterversorgung, auch dort, wo ein entsprechender Bedarf vorhanden ist (z. B. Hermel). In solchen Fällen ist besonders die schlechte Erreichbarkeit des nächsten Zentrums dafür verantwortlich. Eine Verbesserung der Versorgungslage wird in einigen Gebieten durch Einsatz fahrbarer Dienste (ambulante Krankenversorgung, ambulanter Handel) angestrebt, die turnusmäßig die unterversorgten Landgebiete aufsuchen. Bisher führt dies vor allem zur Ausweitung des Einzugsbereiches von Beirut und den Provinzzentren, da sie derartige Leistungen bisher am ehesten anbieten.

13. *Das durch Einzelbefragungen in den zentralen Orten und in den ländlichen Siedlungen der entsprechenden Bereiche festgestellte Bild der Versorgungs- und Einzugsbereiche der zentralen Orte unterer Stufe deckt sich fast genau in Ausdehnung und Intensität mit dem Bild des Service-Taxiliniennetzes* (Abb. 12). Auch die zentralen Orte mit höheren Funktionen im Untersuchungsgebiet (z. B. Zahlé, Saida) treten in der Service-Taxi-Karte hervor: Ihre Taxinetze überlagern diejenigen anderer Zentren. Selbst eine unterschiedliche Intensität der Inanspruchnahme eines Zentrums ist aus der jeweiligen Taxidichte im Umland abzulesen (vgl. Abschn. VI).

Es zeigt sich somit, daß die auf KLÖPPER (1952) zurückgehende zentralörtliche Methode bei dem heutigen Entwicklungsstand eines orientalischen Landes, d. h. bei nur geringem Individualverkehr, durchaus als Indikator für Ausdehnung und Erschließungsgrad eines zentralörtlichen Bereiches verwendet werden kann.

Das sachliche Ergebnis wird deutlich in den Karten Abbildung 8, 9, 10 und 12. Hervorzuheben ist die Ungleichgewichtigkeit der einzelnen zentralörtlichen Bereiche. Es gibt auf unterer Ebene mindestens folgende Grade der "Durchdringungsintensität":

1. völlig unterversorgte Gebiete

Kennzeichen:

Umland	- verkehrsferne Lage - mangelnde Verkehrserschließung - geringe Siedlungsdichte - extensive Landnutzung, vorwiegend Viehwirtschaft - weitgehende Subsistenzwirtschaft - niedriges Lebensniveau - Versorgung erfolgt weitgehend durch ambulanten Handel
Zentrum	- noch nicht ausgebildet
Beispiele:	Randgebiete der Provinz Bekaa, vor allem im Antilibanon

2. Gebiete traditioneller Zentralität, aber objektiver Unterversorgung im Sinne eines modernen Staates

Kennzeichen:

Umland	- verkehrsferne Lage - unzureichende Verkehrsverbindungen - recht geringe Siedlungsdichte - Agrargebiet wenig intensiver Nutzung - Großgrundbesitz des traditionellen Typs mit Pächtern (in Ebenengebieten und flachem Bergland) - weitgehende Subsistenzwirtschaft, entsprechend geringer Bedarf an zentralen Funktionen
Zentrum	- seit alters her vorhanden - mangelnde Ausstattung, vor allem im Gesundheits- und Schulwesen - einfaches Handels- und privates Dienstleistungsangebot - Versorgung des lokalen Handels noch überwiegend durch Lieferwagen - teilweise auch Wochenmärkte in der Nähe des Zentrums
Beispiele:	Berglandgebiet der nordwestlichen Provinz Bekaa mit Hermel, libanesisches Hermongebiet mit Rachaya und Hasbaya

3. Gebiete ausreichender Versorgung, entsprechend der derzeitigen Bedarfsstruktur

Kennzeichen:

Umland	- gute Verkehrserschlossenheit - meist dichte ländliche Besiedlung

| | - Großgrundbesitz (s. o.), aber auch in zunehmendem Maße kleiner bis mittelgroßer bäuerlicher Besitz
          | - beginnende Intensivierung der Landwirtschaft (Spezialkulturen) mit Marktorientierung des Absatzes

Zentrum   - meist traditionelles Nahzentrum
          - fast völlige Ausrichtung auf ländliche, überwiegend traditionelle Nachfrage
          - zusätzlich Wochenmärkte im Zentrum
          - weitgehend die Umlandbevölkerung zufriedenstellende Ausstattung mit zentralörtlichen Einrichtungen (außer im Gesundheitswesen)

Beispiele: nördliche Bekaa mit Baalbek, südliche Bekaa mit Qabb Elias, nördlicher und südlicher Jabal Amel mit Nabatiyet und Bent Jbail.

4. Gebiete modernisierter Versorgung

Kennzeichen:

Umland   - relativ nahe Lage zum Hauptwirtschaftszentrum des Landes
          - gute Verkehrserschlossenheit
          - Agrargebiet mit intensiver, recht moderner Nutzung
          - Grundbesitz kleiner bis mittlerer Größe
          - Nutzung durch Besitzer selbst, z. T. mit Lohnarbeitern
          - relativ hohes Einkommen
          - zunehmend westlich orientiertes Konsumverhalten
          - Abwanderungstendenzen vom Lande in das Nahzentrum oder in weiter entfernte größere Zentren (vor allem Beirut)

Zentrum   - Angebot in Qualität und Quantität auf die "höheren" Ansprüche der Umlandbewohner ausgerichtet
          - relativ moderne Großhandelsvermarktung, allerdings mit zunehmender Konkurrenz Beiruts
          - teilweise Verarbeitung der Umlandproduktion
          - anspruchsvollere Ausstattung im Schul- und Gesundheitssektor (z. B. zahlreiche Privatärzte, Spezialisten, private höhere Schulen, berufsbildende Schulen)

Beispiele: zentrale Bekaa mit Zahlé, südliche Küstenebene mit Saida

5. Sonderbedingungen der "Selbstversorgerorte" unterer Bedarfsstufe

Kennzeichen: Ortsbevölkerung mit höheren Ansprüchen als in den Dörfern der Umgebung (oft Minoritätengruppe christlicher Religion!)
          - zu große Entfernung zu einem adäquaten Zentrum zur Deckung täglicher und häufig benötigter periodischer Bedarfsgüter

- Ansammlung von Versorgungsfunktionen, besonders im Handel, zur Deckung eines beschränkten einfachen Bedarfs
- teilweise beginnende zentralörtliche Ausstattung im Schul- und Gesundheitssektor
- oft ehemalige Verwaltungsfunktion als Nahiezentrum

Im Bereich der "höheren" Zentralität, die eindeutig auf Verwaltungs- und Handelsfunktionen beschränkt ist, sind nur die Orte Zahlé und Saida mit mehreren Funktionen höherer Stufe sowie Nabatiyet, Sour und Qabb Elias mit je einer Funktion höherer Stufe zu nennen. (Selbstverständlich haben sie in der Versorgung unterer Stufe ihr eigenes Gebiet.)

Kennzeichen:
- große Orte mit (weit) über 10.000 Einwohner
- verkehrsgünstige Lage zum Hauptzentrum des Landes
- traditionelles Handelszentrum mit z. T. alter städtischer Funktion (Saida, Sour)
- meist traditionelle Verwaltungsbedeutung höherer Stufe (Saida: Paschalikzentrum, später Distriktzentrum in der französischen Mandatszeit; Zahlé: Distrikthauptort unter französischem Mandat)

Die höhere zentralörtliche Bedeutung Saidas und Zahlés beruht auf folgenden Einrichtungen bzw. Versorgungsfunktionen:

a) Sitz der Provinzregierung

b) Provinzkrankenhaus (wenn auch besonders Saida seinen Zuständigkeitsbereich kaum versorgen kann)

c) Spezialärzte

d) Stationierung der ambulanten Krankenversorgung

e) Versorgung des Umlandes mit speziell landwirtschaftlichem Bedarf (Maschinen, Düngemittel, Insektizide, Saatgut)

f) Verarbeitung oder (und) Vermarktung eines großen Teils der Agrarproduktion (bei Zahlé meist nur noch Vermittlung aus dem Herkunftsgebiet direkt nach Beirut oder ins Ausland)

g) Belieferung des ländlichen Einzelhandels durch ambulanten Großhandel

Indizien:
- Saida und Zahlé überlagern die Einzugs- und Versorgungsbereiche anderer Zentren (besonders Abb. 8)
- Ihre Taxinetze überlagern die anderer Fahrtziele (Abb. 12)

Die Orte Nabatiyet, Sour und Qabb Elias beschränken ihre höhere Zentralitätsstufe auf die Versorgung des Umlandes mit Großhandelsgütern a) durch Einkauf beim Obst- und Gemüsegroßhandel von Sour, b) durch ambulante Belieferung der ländlichen Einzelhändler eines Gebietes, das auf privater Verbraucherebene bereits durch einen anderen Ort versorgt wird.

Das Untersuchungsgebiet zeigt ein Übergangsstadium vom "Entwicklungsland" zu einem modernen Staat. Hier findet ein Selektionsprozeß unter den historischen kleinen Zentren statt, den es auch in Mitteleuropa im 19. Jh. gab. Bemerkenswert im Untersuchungsgebiet ist das räumliche Nebeneinander verschiedener Stadien zwischen dem alten traditionsverhafteten System orientalischer Kleinzentren mit nur sehr lockeren Beziehungen zum Umland und jenem modernen Grad von Stadt-Land-Verflechtungen, der durch die alten kleinen Zentren nicht mehr zu befriedigen ist. Begünstigt durch moderne Verkehrsverbindungen, wird das alte historische System hierarchischer, wenn auch wenig effektiver zentralörtlicher Systeme gesprengt, und es kommt zur Dominanz weniger großer Zentren. Die geringe Landesgröße des Libanon bringt mit sich, daß allein Beirut mehr und mehr diese Vorrangstellung einnimmt. Die bereits aus anderen Ländern bekannten Probleme in sozialer, wirtschaftlicher und verkehrsmäßiger Hinsicht als Folge solcher Entwicklung sollten genügen, im Libanon verstärkt Maßnahmen zu ergreifen, die dem starken Zentralisierungssog. Beiruts entgegenwirken.

ANHANG

1. Befragungsbogen für den Handel

I. *Warenbeschaffung*

    1. Welche verschiedenen Warengruppen führen Sie?

    2. Wo wurden die Waren gekauft?

    3. Besorgen Sie selbst den Einkauf der Waren oder werden Sie beliefert? Von wo?

    4. Wie oft fahren Sie zum Einkauf der Waren bzw. wie oft werden Sie beliefert?

    5. Warum fahren Sie nach x oder y zum Einkauf bzw. lassen sich von dort beliefern?

    6. Wie erfolgt der Transport der Waren?

II. *Einzugsbereich der Kunden*

    1. Rekrutiert sich Ihre Kundschaft vorwiegend aus dem Ort oder aus dem Umland?

    2. Wenn beides vorhanden: Wie verhält sich etwa die prozentuale Aufgliederung der Käufer?

    3. Aus welchen Dörern kommt die Umlandskäuferschaft?

    4. Welches sind die entlegensten Dörfer, aus denen man kommt?

    5. Warum kommt man Ihrer Meinung nach zum Einkauf in diesen Ort?

    6. Geben Sie Kredite an die Käufer? Wenn ja, in welcher Höhe, für welchen Zeitraum?

    7. Wie oft kommen Käufer aus dem Umland?

    8. Gibt es außer der ortsansässigen oder der Umlandskäuferschicht auch noch andere Käuferkreise (Durchreisende, Touristen)?

III.

    1. Seit wann besteht das Geschäft?

    2. Hat sich ein Wandel im Käufereinzugsbereich oder in der Beschaffung der Waren ergeben?

Der Fragenkomplex I wurde meist glaubwürdig und z. T. auch ausführlich beantwortet, besonders in christlichen Orten bzw. wenn der Dolmetscher den Händlern bekannt war.

Bei Frage II.5. gab es oft Ausflüchte. Ebenso ungenau wurden die beiden Fragen des Komplexes III beantwortet. Sie konnten nicht ausgewertet werden. Eine mißtrauische Einstellung zu der Befragung war vor allem in Sour, Khiam und Hasbaya festzustellen. Dementsprechend gering mußte die Zahl der Befragten gehalten werden.

Es wurden befragt:

Zahlé	127 Einzelhändler
	12 Großhändler
	85 Gewerbebetriebe
Chtaura	20 Einzelhändler
	3 Großhändler
Rayak	45 Einzelhändler
Joub Jannine	30 Einzelhändler
El Marj	25 Händler
Qabb Elias	35 Einzelhändler
Machgara	25 Einzelhändler
Rachaya	25 Einzelhändler
Dahr el Ahmar	40 Markthändler
Baalbek	80 Einzelhändler
	5 Großhändler
Hermel	25 Einzelhändler
Saida	184 Einzelhändler
	9 Großhändler
	34 Gewerbebetriebe
Jezzine	25 Einzelhändler
Nabatiyet	74 Einzelhändler
	75 Markthändler
	6 Großhändler
Sour	74 Einzelhändler
	8 Großhändler
Bent Jbail	35 Einzelhändler
	58 Markthändler
Marjayoun	25 Einzelhändler
	20 Markthändler
Khiam	8 Einzelhändler (Befragung abgebrochen)
Hasbaya	14 Einzelhändler (Befragung abgebrochen)

2. Befragung der Straßenpassanten

(nur dann durchgeführt, wenn sich ergab, daß der Befragte kein Ortsansässiger war)

1. Woher kommen Sie?
2. Mit welchem Transportmittel sind Sie gekommen?
3. Aus welchem Grund sind Sie hier?
4. Kommen Sie auch aus anderen Gründen her? (Je nach der Antwort auf Frage 3 wird als Alternative Einkauf, Arztbesuch, Verwaltungsbesuch, Aufsuchen von Verwandten oder Bekannten genannt.)
5. Suchen Sie auch andere Orte auf? (Zentren der Umgebung, Mohafazazentren als Beispiele genannt.)
6. Wie oft kommen Sie hierher?
7. Wie oft fahren Sie nach x, nach y (s. Frage 5)?
8. Welchen Beruf haben Sie? (Bei Frauen: hat Ihr Mann?)

Befragt wurden Straßenpassanten in:

Zahlé	405	Straßenpassanten
Baalbek	300	"
Saida	480	"
Sour	53	(Befragung abgebrochen wegen Störung)
Nabatiyet	230	"
	100	Marktbesucher
Dahr el Ahmar	150	"
El Marj	80	"
Souk el Khan	73	"

Da die Fragen unverfänglich waren, wurden sie meist glaubwürdig beantwortet. Ausführliche Antworten wurden allerdings selten gegeben, vor allem nicht von Frauen. Besonders skeptisch verhielten sich Marktbesucher (meist sozial tief stehende Bevölkerungsgruppen).

Generell hing die Ausführlichkeit der Beantwortung der Fragen vom Lebensstandard der Befragten ab.

3. Befragungsbogen für die ländlichen Siedlungen

I. Fragen zur Bevölkerung

1. Wieviele ständig ansässige Bewohner hat das Dorf?
2. Wie groß ist die Zahl der Abgewanderten?
3. Wohin sind sie abgewandert?
4. Wie groß ist die Zahl der Emigrierten?
5. Wohin geht bzw. ging die Emigrationsbewegung?

II. Religion

1. Welche Religionsgruppen leben im Dorf (prozentuale Aufgliederung)?
2. Gibt es eine eigene Kirche oder Moschee im Dorf?
3. Welchen Ort sucht man bei größeren religiösen Festen auf?

III. Arbeitsbevölkerung

1. Wie groß ist der aktive Bevölkerungsteil?
2. Wieviele Personen arbeiten im Dorf, wieviele sind Pendler?
3. Wohin pendeln letztere?
4. Wie ist die Aufgliederung nach Wirtschaftssektoren im Dorf und unter den Pendlern?
5. Wo liegen eventuell vorhandene Industriebetriebe?
6. In welchem Ort (welchen Orten) arbeitet man im Dienstleistungssektor?
7. Wie hoch ist der Verdienst im außerlandwirtschaftlichen Bereich?

IV. Landwirtschaft

1. Wie groß ist die Landwirtschaftsfläche des Dorfes?
2. Wieviel Prozent dieses Landes sind bäuerlicher Besitz, wieviel Pachtland?
3. Wie gliedern sich die Besitzflächen etwa größenmäßig auf?
4. Wem gehört das Pachtland? Wo lebt der eventuell private Verpächter?

5. Was wird angebaut?
6. Wie erfolgt die Vermarktung der Anbauprodukte?
7. Wohin werden sie verkauft?
8. Bestehen feste Bindungen an einen oder mehrere Großhändler in x oder y (eventuell durch Kreditvergabe)?
9. Wie erfolgt der Transport der Produktion nach x oder y?
10. Wie hoch ist der Verdienst aus der Landwirtschaft?
11. Gibt es noch zusätzliche Erwerbsquellen, eventuell aus einem Nebenberuf oder aus der Unterstützung abgewanderter oder emigrierter Familienangehöriger?

V. *Bedarfsdeckung*

1. Wo kauft man den täglichen Bedarf? Worin versorgt man sich eventuell selbst?
2. Wieviele Geschäfte gibt es im Dorf? Welcher Art?
3. Wo kauft man Gegenstände längerfristigeren Bedarfs (Beispiele)?
4. Wie oft besucht man den Ort x oder y zum Einkauf?
5. Bei größeren Einkaufszentren: Bevorzugen Sie einen bestimmten Ortsteil zum Einkaufen?
6. Welche anderen Gründe können einen Besuch in x oder y beeinflussen?
7. Gibt es eventuell Bindungen (Kredite) an bestimmte Händler?
8. Wie kommt man nach x oder y?

VI. *Öffentliche Verkehrsmittel*

1. Wieviele Service-Taxis gibt es im Dorf?
2. Wohin und ca. wie oft fahren sie täglich?
3. Kommen Service-Taxis anderer Orte durch dieses Dorf bzw. an diesem Dorf vorbei und nehmen sie Fahrgäste mit?
4. Welche anderen Transportmöglichkeiten werden in Anspruch genommen?

VII. *Öffentliche Dienstleistungen*

1. Gibt es Schulen, Krankenversorgung im Dorf?
2. Wohin gehen die Kinder zum Besuch höherer Schulen?
3. Wieviele Kinder sind es aus dem Dorf?

4. Wohin geht man zur Konsultierung eines "dispensaire"?

5. Werden auch Privatärzte aufgesucht?

6. Wo geht man zum Zahnarzt?

VIII. Ehemalige Zentralität

1. Welcher Ort war nach Ihrer Meinung der Einkaufsort der Bevölkerung vor 50 Jahren?

2. Wie häufig wurden diese Zentren aufgesucht?

3. Wer führte die Besuche durch?

Befragt wurden in der Mohafaza Bekaa 67 ländliche Siedlungen von insgesamt 213 (1964), in der Mohafaza Südlibanon 82 von insgesamt 404 (1964) plus 7 in der südlichen Caza Chouf der Mohafaza Mont Liban.

Bei der genannten großen Dorfanzahl (offizielle libanesische Statistik 1970) ist zu berücksichtigen, daß noch nicht einmal die Hälfte der genannten "villages" als Dörfer oder auch nur Weiler bezeichnet werden können. Es handelt sich um Einzelsiedlungen, die manchmal sogar schon wüst gefallen sind.

Daher kann davon ausgegangen werden, daß mindestens in 1/3 der ländlichen Siedlungen des Untersuchungsgebietes Befragungen durchgeführt wurden.

Die Antworten konnten meist als glaubwürdig angesehen werden. Die Ausführlichkeit der Antworten hing davon ab, ob der begleitende Dolmetscher im Dorf bekannt war und welcher Religionsgruppe die Dorfbevölkerung angehört. Ausführlich antworteten meist die befragten Personen - Muhktar, Lehrer oder ein anderer Angehöriger der Dorfnotabeln, - in christlichen Dörfern. Aber auch die schiitischen Siedlungen im Jabal Amel waren zu ausführlichen Antworten meist bereit. In sunnitischen und vor allem in drusischen Wohngebieten stand man der Befragung meist sehr skeptisch gegenüber und verweigerte unter Umständen auch Auskünfte. Gleiches gilt für die schiitische Bevölkerung in der Caza Hermel. Schließlich war noch der Lebensstandard der ländlichen Bevölkerung von Bedeutung für die Auskunftsfreudigkeit. Besonders aufgeschlossen zeigten sich die Befragten in der gut entwickelten zentralen Bekaa (in der Nähe der landwirtschaftlichen Versuchsanstalt Tel Amara!) und ebenfalls in Gebieten mit mehr gewerblich tätiger als landwirtschaftlich tätiger Bevölkerung (z. B. Caza Jezzine, Caza Chouf).

LITERATUR

ABIODUN, J. O.: Central Place Studies in Abehuta Province, South Western Nigeria. - J. of Regional Science, Philadelphia 8. 1968, H. 1, S. 57 - 76.

ABIODUN, J. O.: Urban Hierarchy in a Developing Country. - Econ. Geogr. 45. 1967, H. 4, S. 347 - 367.

AJO, R.: Contributions to "Social Physics". - Lund Studies, Ser. B, Nr. 11, Lund 1953.

AJO, R.: Liikennealeuiden kehitt minen Snomessa. - Helsinki 1945.

AJO, R.: Tampeteen liikennealeu. - Helsinki 1944.

ALEXANDERSSON, G.: The Industrial Structure of American Cities. - Lincoln 1956.

AL-SAMMANI, M. D.: A Study of Central Villages and their Served Envelope as Planning Units for Rural Development in Sudan. - Ekistics, Athen, 32. 1971, H. 189, S. 124 - 133.

ANDRADE, P. C. u. SUNIL GUHA: Planning Rural-Urban Growth centres in India. - Urban and Rural Planning Thought, New Delhi 15. 1972, No. 1, S. 17 - 28.

ANGLES, M.: Bulletin d'Alliance Israélite. - (o. O.) 1902.

ARNOLD, H.: Das System der zentralen Orte in Mitteldeutschland. - Ber. z. dt. Landeskde. 9. 1952, H. 2, S. 353 - 362.

BAEDEKER: Palästina und Syrien. - Leipzig 1891.

BAEDEKER: Palestine et Syrie. - Leipzig 1912.

BECKER, H.: Das zentralörtliche Gefüge im Kreise Steinfurt. - Münster 1957.

BENGTSSON, R.: The Structure of Retail Trade in a small swedish Town. - Lund Studies Ser. B. 1962.

BERRY, B. J. L.: Geography of Market Centres and Retail Distribution. - Englewood Cliffs, New York 1967.

BERRY, B. J. L.: Relationship between Regional Economic Development and the Urban System. The Case of Chile. - Tijdschr. v. Econ. en Soc. Geogr., Rotterdam 60. 1969, H.5, S. 283 - 307.

BOBEK, H.: Über einige funktionale Stadttypen und ihre Beziehung zum Lande. - In: C. R. Congr. Intern. Géogr., Amsterdam 1938, Bd. 2, Sec. 3a, Leiden 1938.

BOUSTEDT, O.: Zentrale Orte in Bayern. - Z. d. Bayer. Stat. Landesamtes 84. 1952, H. 1/2.

BRACEY, H. E.: Social Provisions in Rural Wiltshire. - London 1952.

BRACEY, H. E.: Towns as Rural Service Centres, an Index of Centrality with special Reference to Somerset. - Transactions and Papers, London 1953.

BRUSH, J. E.: The Hierarchy of Central Places in South West Wisconsin. - Geogr. Rev. 43. 1953, S. 380 - 402.

BUTEC: Prévisions sur l'Evolution des Besoins en Main d'Oeuvre au Liban 1980. - Beirut 1970.

CARVALHO, M.: Regional Physical Planning in Kenya, a Case Study. - Ekistics, Athen, 27. 1969, H. 161, S. 232 - 237.

CHANDRASEKHARA, C. S.: The Role of growth Focii in regional Development Strategy. - In: Urban and Rural Planning Thought, New Delhi 15. 1972, H. 1, S. 1 - 16.

CHEVALLIER, D.: La Société du Mont Liban. - Paris 1971.

CHRISTALLER, W.: Die zentralen Orte in Süddeutschland. - Jena 1933.

CUINET, V.: Syrie, Liban et Palestine. - Paris 1896.

DAHL, S.: Karte zur Geographie des Schwedischen Innenhandels. - Geogr. Rdsch. 7. 1955, S. 163 - 168.

DAVIES, W. K. D.: Some Considerations of Scale in Central Place Analysis. - Tijdschr. v. Econ. en Soc. Geogr. 1965, S. 221 - 227.

DESHPANDE, C. D.: Markets, Villages and Periodic Fairs of Bombay, Karnatal. - Indian Geogr. Jour. 16. 1940, S. 48 bis 58.

DICKINSON, R. E.: The Distribution and Function of the Smaller Urban Settlements of East Anglia. - Geography 17. 1932, S. 19 - 31.

DUSSELDORP, D. B. W. M., van: Planning of Service Centres in Rural Areas of Developing Countries. - Wageningen 1971.

EDDE, J.: Manuel de Géographie, Liban. - Beirut 1964.

EISELEN, F. C.: Sidon, a Study in Oriental History. - New York 1907.

FLEMING, W. B.: The History of Tyre. - New York 1915.

FRICKE, W.: Sozialfaktoren in der Agrarlandschaft des Limburger Beckens. - Frankfurt 1959 (Rhein-Mainische Forschungen, H. 48).

GAUTHIER, J. u. E. BAZ: Aspect général de l'Agriculture Libanaise. - Beirut 1960-61.

GODLUN, S.: The Function and Growth of Bus Traffic within the Sphere of Urban Influence. - Lund Studies in Geography, Ser. B., No. 18, 1956.

GORMSEN, E.: Tlaxcala - Chiautempan - Apizaco. - In: Heidelberger Studien zur Kulturgeographie. Festschr. f. Gottfried Pfeifer. Wiesbaden 1966, S. 115 - 132 (Heidelberger Geogr. Arbeiten, H. 15).

GORMSEN, W.: Zur Ausbildung zentralörtlicher Systeme beim Übergang von der semiautarken zur arbeitsteiligen Gesellschaft. Erdkunde 25. 1971, S. 108 - 118.

GROVE, D. J. u. C. I. HUZZAR: The Application of Central Place Theory in the Regional Planning of a Developing Country. - In: Town and Country, Planning Summer School, University of Exeter 1964, S. 93 - 107.

HABERLAND, G.: Groß-Haiderabad, Wachstum und Wandel einer indischen Stadt. - Diss. Hamburg 1960.

HACHEM, N.: Libanon. Socio-ökonomische Grundlagen. - Opladen 1969.

HAHN. H.: Der Einfluß der Konfession auf die Bevölkerungs- und Sozialgeographie des Hunsrücks. - Bonn 1950 (Bonner Geogr. Abh. 4).

HAHN, H.: Konfession und Sozialstruktur. Vergleichende Analysen auf geographischer Grundlage. - Erdkunde 12. 1958, S. 241 bis 253.

HAURANI, A. H.: Minorities in the Arab World. - London 1947.

HIMADEH, S. R.: Economic Factors underlying soc. Problems in the Arab Middle East. - Middle East Journal 1. 1951, Nr. 3.

HÜTTEROTH, W.-D.: Ländliche Siedlungen im südlichen Inneranatolien in den letzten vierhundert Jahren. - Göttingen 1968 (Göttinger Geogr. Abh., H. 46).

KADE, G.: Die Stellung der zentralen Orte in der kulturlandschaftlichen Entwicklung Bugandas (Uganda). - Frankfurt/M. 1969 (Frankfurter Wirtschafts- und Sozialgeographische Schriften, H. 6).

KAR, N. R.: Economic Character of Metropolitan Sphere of Influence of Calcutta. - Geogr. Rev. India, Kalkutta 25. 1963, H. 2, S. 108 - 137.

KAR, N. R.: Urban Hierarchy and Central Functions around Calcutta in Lower West Bengal, India, and their Significance. - In: Proceed. of the IGU Symposium in Urban Geography, Lund 1962.

KERR, M. H.: Lebanon in the Last Years of Feudalism, 1840-68. - Beirut 1959.

KEWENIG, W.: Die Koexistenz der Religionsgemeinschaften im Libanon. - Berlin 1965 (Neue Kölner Rechtswiss. Abh., H. 30).

KLAASEN, TORMAN, KOYEK: Hoodfliinen van de sociaal-economische aufwikkeling der gemeente Amersfoort van 1900 - 1970. - Leiden 1949.

KLAER, W. K.: Eine Landnutzungskarte von Libanon. - Heidelberg, München 1962 (Heidelberger Geogr. Arb., H. 10).

KLAER, W. K.: Libanon. - In: Geographisches Taschenbuch 1966 - 69. Wiesbaden 1968. S. 117 - 129.

KLÖPPER, R.: Das Netz der zentralen Siedlungen in Niedersachsen. - In: Verhandl. d. 28. dt. Geographentages Frankfurt 1951, Remagen 1952. S. 165 - 169.

KLÖPPER, R.: Entstehung, Lage und Verteilung der zentralen Siedlungen in Niedersachsen. - Remagen 1952 (Forsch. z. dt. Landeskunde, Bd. 71).

KLUCZKA, G.: Die Entwicklung der zentralörtlichen Forschung in Deutschland. - Ber. z. dt. Landeskde. 38. 1967, S. 275 bis 304.

KLUCZKA, G.: Zentralörtliche Bereichsgliederung und wirtschaftsräumliche Einheiten im mittelrheinischen Raum. - In: Die Mittelrheinlande. Festschr. z. 36. dt. Geographentag in Bad Godesberg, Wiesbaden 1967. S. 142 - 149.

KLUCZKA, G.: Zentrale Orte und zentralörtliche Bereiche mittlerer und höherer Stufe in der BRD. - Bonn-Bad Godesberg 1970 (Forsch. z. dt. Landeskunde, Bd. 194).

KOPP, H.: Städte im östlichen iranischen Kaspitiefland. - Erlangen 1973 (Erlanger Geogr. Arbeiten, H. 33). Aus: Mitt. Fränk. Geogr. Ges. 20. 1973.

KREMER, A.: Mittelsyrien und Damaskus. - Wien 1853.

KUHNEN, F.: Strukturveränderungen in der Landwirtschaft des Libanon. - Berichte über Landwirtschaft 40. 1962, S. 171 - 198.

LAMBOOY, J. G.: City and City Region in the Perspective of Hierarchy and Complementarity. - In: Zentralitätsforschung, hrsg. von P. Schöller, Darmstadt 1972. S. 132 - 164. Aus: Tijdschr. v. Econ. en Sociale Geogr. 1969.

LAMPING, H.: Zur Relevanz administrativer Zentren und Einheiten für die Entwicklung zentraler Orte und ihrer Bereiche. - Würzburg 1970 (Würzburger Geogr. Arb., H. 32).

LECHLEITNER, H.: Die Rolle des Staates in der wirtschaftlichen und sozialen Entwicklung Libanons. - Wien 1972 (Wiener Geogr. Schriften, H. 36/37).

LEHMANN, H.: Die zentralen Orte und ihre kartographische Darstellung als Problem der Raumforschung und Landesplanung. - In: Dt. Geographentag Frankfurt 1951, Tagungsber. u. wiss. Abh. Remagen 1952. S. 155 - 157.

LINDSTAHL, S.: A Plan for Investigation of Central Places in Agricultural Communities with special Reference to the swedish speaking Region of Ostro-Bethnia, Finland. - Lund Studies 1962.

LONGRIGG, S. H.: Syria and Lebanon under French Mandate. - Beirut 1958.

LOOMIS P. u. BEAGLE: Rural Social Systems. - New York 1950.

MATZNETTER, J.: Das Entstehen und der Ausbau zentraler Orte und ihrer Netze an Beispielen aus Portugiesisch Guinea und Südwest Angola. - In: Festschr. f. Erwin Scheu. Nürnberg 1966.

MEYFIELD, R. C.: Conformations of Service and Retail Activities. - Lund Studies, Ser. B, Nr. 24, Lund 1962.

MEYFIELD, R. C.: The Range of a Central Good in the Indian Panjab. - Ann. of Assos. of Amer. Geogr. 5. 1963, H. 1, S. 38 - 49.

MEYNEN E., R. KLÖPPER u. J. KÖRBER (Hrsg.): Rheinland-Pfalz in seiner Gliederung nach zentralörtlichen Bereichen. - Remagen 1957 (Forsch. z. dt. Landeskde., Bd. 100).

MIKESELL, M. W.: The Role of Tribal Markets in Morocco. - Geogr. Rev. 48. 1958. S. 494 - 511.

MICHAUD, J. u. J. J. POUJOULAT: Correspondance d'Orient 1830 - 1831. - Paris (o. J.).

MORISSETT, J.: The Economic Structure of American Cities. - Papers and Proceedings, Regional Science Ass., Vol. 4, 1958.

MÜLLER-WILLE, W.: Westfalen. Landschaftliche Ordnung und Bindung eines Landes. - Münster 1952.

NANTET, J.: Histoire du Liban. - Paris 1963.

NEEF, E.: Das Problem der zentralen Orte. - Petermanns Geogr. Mitt. 94. 1950, S. 6 - 17.

O'CONNER, A. M.: The Cities and Towns of East Africa - Distribution and Functions. - In: Ostafrikanische Studien, Ernst Weigt zum 60. Geburtstag. Nürnberg 1968. S. 41 - 52 (Nürnberger Wirtschafts- und Sozialgeographische Arbeiten, Bd. 8).

ODELL, P. R.: The Hinterlands of Melton Mowbracy and Coalville. - Institute of British Geographers, Transactions and Papers 1944.

OLSSON, G.: Zentralörtliche Systeme, räumliche Interaktion und stochastische Prozesse. - In: Wirtschafts- und Sozialgeographie, hrsg. v. D. Bartels. Köln, Berlin 1970.

PATIL, S. R.: A comparative Study of Rank-Size Relationship of the Urban Settlement of Mysore State. - Indian Geogr. Jour. 44. 1969, H. 1/2, S. 35 - 43.

PETHE, VASANT, BARADI: Cities of India, Functional and Locational Aspects. - Artha Vijnana (Pocna) 13. 1971, H. 4, S. 381 - 390.

PLANHOL, X. de: Le Monde Islamique. - Paris 1957.

QUBAIN, F. J.: Crisis in Lebanon. - Washington 1961.

REED, W. E.: Indirect Connectivity and Hierarchies of Urban Dominance. - Ann. of Assoc. of Amer. Geogr. 60. 1970, H. 4, S. 770 - 785.

République Libanaise, Ministère du Plan: Mission IRFED: Besoins et Possibilités de Développement du Liban. 3 Bde. - Beirut 1960.

République Libanaise, Ministère du Plan: Enquête par Sondage sur la Population Active. 5 Bde. - Beirut 1972.

République Libanaise, Ministère du Plan: Liban, Prévisions sur les Besoins en Main d'Oeuvre et les Besoins en Formation. - Beirut 1966 (MAROUN-Studie).

République Libanaise, Ministère du Plan: La Population du Liban, Enquête par Sondage 1964. - Beirut 1967.

ROBINSON, E.: Biblical Researches in Palestine and the adjacent Regions. - (o. O.) 1838, 1853. Neuauflage Jerusalem 1970.

ROTHER, L.: Die Städte der Cukurova: Adana - Mersin - Tarsus. - Tübingen 1971 (Tübinger Geogr. Studien, H. 42).

SADAKA, R. u. D. BOJILOV: Wholesale Markets for Agricultural Produce in Lebanon, A. Ec. Nr. 7-b. - Beirut 1967.

SAFA, E.: L'Emigration Libanaise. - Beirut 1960.

SALIBI, K. S.: The Modern History of Lebanon. - London 1965.

SANLAVILLE, P.: La Personnalité Géographique du Liban. - Revue de Géogr. de Lyon 44. 1969, S. 375 - 394.

SANLAVILLE, P.: Les Régions Agricoles du Liban. - Rev. de Géogr. de Lyon 38. 1963, S. 45 - 89.

SANTOS, M.: Villes et Régions dans un Pays Sous-Developpé: l'Exemple du Reconcavo de Bahia. - Ann. de Geogr. 74. 1965, S. 678 - 694.

SAXENA, N. P.: Occupational Structures, Population Size and Central Place Considerations regarding Urban Centres in India. - Geogr. Observer 3. 1967, S. 1 - 14.

SCHLIER, O.: Die zentralen Orte des Deutschen Reiches. - Z. Ges. f. Erdkde. zu Berlin 1937, S. 161 - 170.

SCHÖLLER, P.: Aufgaben und Probleme der Stadtgeographie. - Erdkunde 7. 1953, S. 161 - 184.

SCHÖLLER, P.: Die rheinisch-westfälische Grenze zwischen Ruhr- und Ebbegebirge. - Remagen 1953 (Forsch. z. dt. Landeskde., Bd. 72).

SCHÖLLER, P.: Der Westerwald, Struktur, Grenzen und Raumbeziehungen. - Münster 1954.

SCHÜTTLER, A.: Der Landkreis Düsseldorf-Mettman, Regierungsbezirk Düsseldorf. - Ratingen 1952 (Die Landkreise in Nordrhein-Westfalen, Reihe A, Nordrhein, Bd. 1).

SCOTT, P.: The Hierarchy of Central Places in Tasmania. - The Australian Geographer 9. 1964.

SMAILES, A. E.: The Urban Hierarchy in England and Wales. - Geography 29. 1944, S. 41 - 51.

SPITTA, P.: Die nahzentralen Orte in der Stadt Oldenburg. - Dt. geogr. Blätter 45. 1949, S. 81 - 206.

STEWIG, R.: The Patterns of Centrality in the Province of Bursa, Turkey. - Geoforum 18. 1974, S. 47 - 53.

SUYDER, D. E.: Commercial Passenger Linkages and the Metropolitan Nodality of Montevideo. - Econ. Geogr. 38. 1962, H. 2, S. 95 - 112.

SVENTO, I.: Der Handel mit ländlichen Erzeugnissen im Regierungsbezirk Oulu und in den angrenzenden Gebieten. - Acta Geographica, Helsinki, 20. 1968, No. 23, S. 329 - 344.

SVENTO, I.: Die Einflußgebiete der Zentren im Regierungsbezirk Oulu. - Fennia 99. 1970, No. 9, S. 1 - 46.

TANNOUS, A. J.: Land Reform. - Middle East Journal 15. 1951, No. 1.

THOMSON, E.: The Land and the Book, Lebanon, Damaskus and Beyond Jordan. - London 1886.

THOUMIN, R.: Géographie Humaine de la Syrie Centrale. - Paris 1936.

TUOMINEN, O.: Das Einflußgebiet der Stadt Turku im System der Einflußgebiete SW-Finnlands. - Fennia 71. 1949, Nr. 5, S. 1 - 138.

ULLMAN, E. L. u. M. F. DACEY: The Minimum Requirements Approach to the Urban Economic Base. - Lund Studies in Geography, Ser. B., Nr. 24, 1962.

United Nations: World Populations Prospect. - New York 1966.

VAPNARSKY, C. A.: On Rank-Size Distributions of Cities: a Sociological Approach. - Econ. Development and Cultural Change, Chicago, 17. 1969, H. 4, S. 584 - 595.

VAUMAS, E. de: La Répartition Confessionelle au Liban. - Rev. de Géogr. Alpine 43. 1955.

VAUMAS, E. de: Le Liban. - Paris 1954.

VOLNEY, C. F. (Comte de Chassabeuf): Voyage en Egypte et en Syrie. - Paris 1859.

VORLAUFER, K.: Das Netz der zentralen Orte in ausgewählten Räumen Tanzanias und die Bedeutung des zentralörtlichen Prinzips für die Entwicklung des Landes. - In: Tagungsber. u. wissenschaftl. Abhandl., 38. Dt. Geogr.-Tag Erlangen 1971, Wiesbaden 1972.

VORLAUFER, K.: Die funktionale Gliederung von Groß-Kampala und die Hierarchie der innerstädtischen Versorgungszentren. - In: Ostafrikan. Studien, Weigt-Festschrift. Nürnberg 1968, S. 93 - 113.

WANMALI, S.: Regional Planning for Social Facilities: an Examination of Central Place Concepts and their Application. Maharashra, National Institute of Community Development, Hyderabad 1970.

WEULERSSE, J.: La Primauté des Cités dans l'Economie Syrienne. - C. R. Congr. Intern. Geogr. Amsterdam 1938. Bd. 2, Sec. 3a. Leiden 1938, S. 233 - 239.

WEULERSSE, J.: Paysans de Syrie et du Proche Orient. 2. Aufl. - Paris 1946.

WIRTH, E.: Syrien. Eine geographische Landeskunde. - Darmstadt 1971 (Wissenschaftliche Länderkunden).

WIRTH, E.: Zur Sozialgeographie der Religionsgemeinschaften im Orient. - Erdkunde 19. 1965, S. 265 - 284.

WIRTH, E.: Strukturwandlungen und Entwicklungstendenzen der orientalischen Stadt. Versuch eines Überblicks. - Erdkunde 22. 1968, S. 101 - 128.

ZAIDI, I.: Measuring the locational complementarity of central places in West Pakistan. - Econ. Geogr. 44. 1968, H. 3, S. 218 - 239.

ZIMPEL, H. G.: Vom Religionseinfluß in den Kulturlandschaften zwischen Taurus und Sinai. - Mitt. d. Geogr. Gesellschaft in München 48. 1963, S. 123 - 171.

Mikrofilme (aus Privatbesitz Hütteroth), die als Quellen benutzt wurden:

Beirut Vilayeti Salnamesi (Regierungsjahrbuch des Vilayet Beirut). 1322 H. = 1902 n. Chr.

Suriye Salnamesi (Regierungsjahrbuch für Syrien) 1299 H. = 1881 n. Chr.

Karten:

Carte administrative du Liban au 200 000e, hrsg. v. d. Direction des Affaires Géographiques (Armée Libanaise) 1965.

Carte du Liban der Brigarde topographique du Corps Expéditionnaire de Syrie en 1860-61, dressé au dépot de la guerre par le Capitaine d'Etat Major Gelis sous le Ministère de S. E. Le Maréchal Comte Randon.

Topographische Karte 1 : 200 000 ("Levant") des Service Géographique des F. F. C. 1945.

Die Aufnahmen zu den folgenden Bildern stammen von der Verfasserin.

Sonderabdrucke aus den
Mitteilungen der Fränkischen Geographischen Gesellschaft

Erlanger Geographische Arbeiten

Herausgegeben vom Vorstand der Fränkischen Geographischen Gesellschaft

Heft 1. *Thauer, Walter:* Morphologische Studien im Frankenwald und Frankenwaldvorland. 1954. IV. 232 S., 10 Ktn., 11 Abb., 7 Bilder u. 10 Tab. im Text, 3 Ktn. u. 18 Profildarst. als Beilage.
ISBN 3 920405 00 5   kart. DM 19,—

Heft 2. *Gruber, Herbert:* Schwabach und sein Kreis in wirtschaftsgeographischer Betrachtung. 1955. IV, 134 S., 9 Ktn., 1 Abb., 1 Tab.
ISBN 3 920405 01 3   kart. DM 11,—

Heft 3. *Thauer, Walter:* Die asymmetrischen Täler als Phänomen periglazialer Abtragungsvorgänge, erläutert an Beispielen aus der mittleren Oberpfalz. 1955. IV, 39 S., 5 Ktn., 3 Abb. 7 Bilder.
ISBN 3 920405 02 1   kart. DM 5,—

Heft 4. *Höhl, Gudrun:* Bamberg — Eine geographische Studie der Stadt. 1957. IV, 16 S., 1 Farbtafel, 28 Bilder, 1 Kt., 1 Stadtplan. — *Hofmann, Michel:* Bambergs baukunstgeschichtliche Prägung. 1957. 16 S.
ISBN 3 920405 03 X   kart. DM 8,—

Heft 5. *Rauch, Paul:* Eine geographisch-statistische Erhebungsmethode, ihre Theorie und Bedeutung. 1957. IV, 52 S., 1 Abb., 1 Bild u. 7 Tab. im Text, 2 Tab. im Anhang.
ISBN 3 920405 04 8   kart. DM 5,—

Heft 6. *Bauer, Herbert F.:* Die Bienenzucht in Bayern als geographisches Problem. 1958. IV, 214 S., 16 Ktn., 5 Abb., 2 Farbbilder, 19 Bilder u. 23 Tab. im Text, 1 Kartenbeilage.
ISBN 3 920405 05 6   kart. DM 19,—

Heft 7. *Müssenberger, Irmgard:* Das Knoblauchsland, Nürnbergs Gemüseanbaugebiet. 1959. IV, 40 S., 3 Ktn., 2 Farbbilder, 10 Bilder u. 6 Tab. im Text, 1 farb. Kartenbeilage.
ISBN 3 920405 06 4   kart. DM 9,—

Heft 8. *Burkhart, Herbert:* Zur Verbreitung des Blockbaues im außeralpinen Süddeutschland. 1959. IV, 14 S., 6 Ktn., 2 Abb., 5 Bilder.
ISBN 3 920405 07 2   kart. DM 3,—

Heft 9. *Weber, Arnim:* Geographie des Fremdenverkehrs im Fichtelgebirge und Frankenwald. 1959. IV, 76 S., 6 Ktn., 4 Abb., 17 Tab.
ISBN 3 920405 08 0   kart. DM 8,—

Heft 10. *Reinel, Helmut:* Die Zugbahnen der Hochdruckgebiete über Europa als klimatologisches Problem. 1960. IV, 74 S., 37 Ktn., 6 Abb., 4 Tab.
ISBN 3 920405 09 9   kart. DM 10,—

Heft 11. *Zenneck, Wolfgang:* Der Veldensteiner Forst. Eine forstgeographische Untersuchung. 1960. IV, 62 S., 1 Kt., 4 Farbbilder u. 23 Bilder im Text, 1 Diagrammtafel, 5 Ktn., davon 2 farbig, als Beilage.
ISBN 3 920405 10 2   kart. DM 19,—

Heft 12. *Berninger, Otto:* Martin Behaim. Zur 500. Wiederkehr seines Geburtstages am 6. Oktober 1459. 1960. IV, 12 S.
ISBN 3 920405 11 0   kart. DM 3,—

Heft 13. *Blüthgen, Joachim:* Erlangen. Das geographische Gesicht einer expansiven Mittelstadt. 1961. IV, 48 S., 1 Kt., 1 Abb., 6 Farbbilder, 34 Bilder u. 7 Tab. im Text, 6 Ktn. u. 1 Stadtplan als Beilage.
ISBN 3 920405 12 9   kart. DM 13,—

Heft 14. *Nährlich, Werner:* Stadtgeographie von Coburg. Raumbeziehung und Gefügewandlung der fränkisch-thüringischen Grenzstadt. 1961. IV, 133 S., 19 Ktn., 2 Abb., 20 Bilder u. zahlreiche Tab. im Text, 5 Kartenbeilagen.
ISBN 3 920405 13 7   kart. DM 21,—

Heft 15. *Fiegl, Hans:* Schneefall und winterliche Straßenglätte in Nordbayern als witterungsklimatologisches und verkehrsgeographisches Problem. 1963. IV, 52 S., 24 Ktn., 1 Abb., 4 Bilder, 7 Tab.
ISBN 3 920405 14 5   kart. DM 6,—

Heft 16. *Bauer, Rudolf:* Der Wandel der Bedeutung der Verkehrsmittel im nordbayerischen Raum. 1963. IV, 191 S., 11 Ktn., 18 Tab.
ISBN 3 920405 15 3   kart. DM 18,—

Heft 17. *Hölcke, Theodor:* Die Temperaturverhältnisse von Nürnberg 1879 bis 1958. 1963. IV, 21 S., 18 Abb. im Text, 1 Tabellenanhang u. 1 Diagrammtafel als Beilage.
ISBN 3 920405 16 1   kart. DM 4,—

Heft 18. Festschrift für Otto Berninger.

Inhalt: Erwin Scheu: Grußwort. — Joachim Blüthgen: Otto Berninger zum 65. Geburtstag am 30. Juli 1963. — Theodor Hurtig: Das Land zwischen Weichsel und Memel, Erinnerungen und neue Erkenntnisse. — Väinö Auer: Die geographischen Gebiete der Moore Feuerlands. — Helmuth Fuckner: Riviera und Côte d'Azur — mittelmeerische Küstenlandschaft zwischen Arno und Rhone. — Rudolf Käubler: Ein Beitrag zum Rundlingsproblem aus dem Tepler Hochland. — Horst Mensching: Die südtunesische Schichtstufenlandschaft als Lebensraum. — Erich Otremba: Die venezolanischen Anden im System der südamerikanischen Cordillere und in ihrer Bedeutung für Venezuela. — Pierre Pédelaborde: Le Climat de la Méditerranée Occidentale. — Hans-Günther Sternberg: Der Ostrand der Nordskanden, Untersuchungen zwischen Pite- und Torne älv. — Eugen Wirth: Zum Problem der Nord-Süd-Gegensätze in Europa. — Hans Fehn: Siedlungsrückgang in den Hochlagen des Oberpfälzer und Bayerischen Waldes. — Konrad Gauckler: Beiträge zur Zoogeographie Frankens. Die Verbreitung montaner, mediterraner und lusitanischer Tiere in nordbayerischen Landschaften. — Helmtraut Hendinger: Der Steigerwald in forstgeographischer Sicht. — Gudrun Höhl: Die Siegritz-Voigendorfer Kuppenlandschaft. — Wilhelm Müller: Die Rhätsiedlungen am Nordostrand der Fränkischen Alb. — Erich Mulzer: Geographische Gedanken zur mittelalterlichen Entwicklung Nürnbergs. — Theodor Rettelbach: Mönau und Mark, Probleme eines Forstamtes im Erlanger Raum. — Walter Alexander Schnitzer: Zum Problem der Dolomitsandbildung auf der südlichen Frankenalb. — Heinrich Vollrath: Die Morphologie der Itzaue als Ausdruck hydro- und sedimentologischen Geschehens. — Ludwig Bauer: Philosophische Begründung und humanistischer Bildungsauftrag des Erdkundeunterrichts, insbesondere auf der Oberstufe der Gymnasien. — Walter Kucher: Zum afrikanischen Sprichwort. — Otto Leischner: Die biologische Raumdichte. — Friedrich Linnenberg: Eduard Pechuel-Loesche als Naturbeobachter.

1963. IV, 358 S., 35 Ktn., 17 Abb., 4 Farbtafeln, 21 Bilder, zahlreiche Tabellen.
ISBN 3 920405 17 X   kart. DM 36,—

Heft 19. *Hölcke, Theodor:* Die Niederschlagsverhältnisse in Nürnberg 1879 bis 1960. 1965. 90 S., 15 Abb. u. 51 Tab. im Text, 15 Tab. im Anhang.
ISBN 3 920405 18 8   kart. DM 13,—

Heft 20. *Weber, Jost:* Siedlungen im Albvorland von Nürnberg. Ein siedlungsgeographischer Beitrag zur Orts- und Flurformengenese. 1965. 128 S., 9 Ktn., 3 Abb. u. 2 Tab. im Text, 6 Kartenbeilagen.
ISBN 3 920405 19 6   kart. DM 19,—

Heft 21. *Wiegel, Johannes M.:* Kulturgeographie des Lamer Winkels im Bayerischen Wald. 1965. 132 S., 9 Ktn., 7 Bilder, 5 Fig. u. 20 Tab. im Text, 4 farb. Kartenbeilagen.
ISBN 3 920405 20 X   kart. DM 16,—

Heft 22. *Lehmann, Herbert:* Formen landschaftlicher Raumerfahrung im Spiegel der bildenden Kunst. 1968. 55 S., mit 25 Bildtafeln.
ISBN 3 920405 21 8   kart. DM 10,—

Heft 23. *Gad, Günter:* Büros im Stadtzentrum von Nürnberg. Ein Beitrag zur City-Forschung. 1968. 213 S., mit 38 Kartenskizzen u. Kartogrammen, 11 Fig. u. 14 Tab. im Text, 5 Kartenbeilagen.
ISBN 3 920405 22 6   kart. DM 24,—

Heft 24. *Troll, Carl:* Fritz Jaeger. Ein Forscherleben. Mit e. Verzeichnis d. wiss. Veröffentlichungen von Fritz Jaeger, zsgest. von Friedrich Linnenberg. 1969. 50 S., mit 1 Portr.
ISBN 3 920405 23 4   kart. DM 7,—

Heft 25. *Müller-Hohenstein, Klaus:* Die Wälder der Toskana. Ökologische Grundlagen, Verbreitung, Zusammensetzung und Nutzung. 1969. 139 S., mit 30 Kartenskizzen u. Fig., 16 Bildern, 1 farb. Kartenbeil., 1 Tab.-Heft u. 1 Profiltafel als Beilage.
ISBN 3 920405 24 2   kart. DM 22,—

Heft 26. *Dettmann, Klaus:* Damaskus. Eine orientalische Stadt zwischen Tradition und Moderne. 1969. 133 S., mit 27 Kartenskizzen u. Fig., 20 Bildern u. 3 Kartenbeilagen, davon 1 farbig.
ISBN 3 920405 25 0   kart. DM 23,—

Heft 27. *Ruppert, Helmut:* Beirut. Eine westlich geprägte Stadt des Orients. 1969. 148 S., mit 15 Kartenskizzen u. Fig., 16 Bildern u. 1 farb. Kartenbeilage.
ISBN 3 920405 26 9   kart. DM 25,—

Heft 28. *Weisel, Hans:* Die Bewaldung der nördlichen Frankenalb. Ihre Veränderungen seit der Mitte des 19. Jahrhunderts. 1971. 72 S., mit 15 Kartenskizzen u. Fig., 5 Bildern u. 3 Kartenbeilagen, davon 1 farbig.
ISBN 3 920405 27 7   kart. DM 16,—

Heft 29. *Heinritz, Günter:* Die „Baiersdorfer" Krenhausierer. Eine sozialgeographische Untersuchung. 1971. 84 S., mit 6 Kartenskizzen u. Fig. u. 1 Kartenbeilage.
ISBN 3 920405 28 5   kart. DM 15,—

Heft 30. *Heller, Hartmut:* Die Peuplierungspolitik der Reichsritterschaft als sozialgeographischer Faktor im Steigerwald. 1971. 120 S., mit 15 Kartenskizzen u. Fig. u. 1 Kartenbeilage.
ISBN 3 920405 29 3   kart. DM 17,—

Heft 31. *Mulzer, Erich:* Der Wiederaufbau der Altstadt von Nürnberg 1945 bis 1970. 1972. 231 S., mit 13 Kartenskizzen u. Fig., 129 Bildern u. 24 farb. Kartenbeilagen.
ISBN 3 920405 30 7   kart. DM 39,—

Heft 32. *Schnelle, Fritz:* Die Vegetationszeit von Waldbäumen in deutschen Mittelgebirgen. Ihre Klimaabhängigkeit und räumliche Differenzierung. 1973. 35 S., mit 1 Kartenskizze u. 2 Profiltafeln als Beilage.
ISBN 3 920405 31 5   kart. DM 9,—

Heft 33. *Kopp, Horst:* Städte im östlichen iranischen Kaspitiefland. Ein Beitrag zur Kenntnis der jüngeren Entwicklung orientalischer Mittel- und Kleinstädte. 1973. 169 S., mit 30 Kartenskizzen, 20 Bildern und 3 Kartenbeilagen, davon 1 farbig.
ISBN 3 920405 32 3   kart. DM 28,—

Sonderbände

Im Gegensatz zu den vorstehenden Heften der Erlanger Geographischen Arbeiten ist der Inhalt der Sonderbände nicht in den Mitteilungen der Fränkischen Geographischen Gesellschaft erschienen.

Sonderband 1. *Kühne, Ingo:* Die Gebirgsentvölkerung im nördlichen und mittleren Apennin in der Zeit nach dem Zweiten Weltkrieg. Unter besonderer Berücksichtigung des gruppenspezifischen Wanderungsverhaltens. 1974. 296 S., mit 16 Karten, 3 schematischen Darstellungen, 17 Bildern und 21 Kartenbeilagen, davon 1 farbig.
ISBN 3 920405 33 1 kart. DM 82,—

Sonderband 2. *Heinritz, Günter:* Grundbesitzstruktur und Bodenmarkt in Zypern. Eine sozialgeographische Untersuchung junger Entwicklungsprozesse.
ISBN 3 920405 34 X In Vorbereitung

Sonderband 3. *Spieker, Ute:* Libanesische Kleinstädte. Zentralörtliche Einrichtungen und ihre Inanspruchnahme in einem orientalischen Agrarraum.
ISBN 3 920405 35 8